철학을 만나는 시간

처음 만나는 쉬운 프랑스 철학 입문서

철학을
만나는 시간

philosophy

CECI N'EST PAS UN MANUEL
DE PHILOSOPHIE

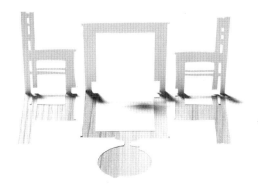

샤를 페팽(Charles Pépin) 저
이세진 역

삼양미디어

차 례

철학하기에 좋은 세 가지 태도

1. 읽기 힘든 책을 대하는 좋은 태도

중요한 철학 저작들은 대부분 읽기가 힘들다. 문제는 우리가 '전부다 이해하지 못한다'와 '아무것도 이해하지 못한다'를 혼동한다는 데있다. 전부를 다 이해하지 못하기 때문에 오히려 흥미가 샘솟고, 이해해보고 싶다는 욕망이 싹트는 법임을 사람들은 쉽게 잊는다. 그러한 욕망은 성욕이나 공격본능 못지않게 자연스러운 것이지만 특정한 조건이 갖추어져야만 수면으로 떠오른다. 그리고 그 조건 중 하나가 아마도 한 번읽어서는 언뜻 이해되지 않는 글, 나아가 심하게 이해하기 어려운 글과의 만남일 것이다. 따라서 읽기 힘든 책을 대하는 방법은 단순하다. 계속 읽으면 된다. 이해하지 못하면서 계속 읽으라. 전부 다 이해하지는못해도, 심하게는 거의 알아들을 수 없더라도 그저 받아들이고, 읽어나가라. 그것이 진정한 철학적 경험이며, 이를 경험하는 과정에서 종종 철

6

학적 탐구의 실마리를 찾을 수 있다. 이해가 안 된다고 짜증내기보다는 저자의 언어와 글에 자신을 맡겨라. 그리고 한 줄이라도 이해가 되거든 기뻐하라.

사르트르의 《존재와 무*》는 이런 경험을 쌓기에 더없이 좋은 입문서이다. 사르트르는 이 책에서 매우 기술적인 내용과 함께 일상 속의 사례를 이용해 비교적 접근하기 어렵지 않은 내용을 제시한다. 덕분에 계속 읽어나가다 보면 앞에서 이해 못했던 대목을 뒤늦게 알아듣게 된다. 어떤 철학자의 생각을 일부만이라도 이해할 수 있다면 그것으로 좋다. 《존재와 무》를 읽으면서 제일 쉬운 대목들만이라도 이해한다면, 여러분은 이미 사르트르를 만난 것이며 무엇보다도 하나의 세계관을 접한 셈이다. 인간에 대한 그의 생각, 사물과 타자와의 관계에 대한 생각을 접하는 것이다. 바닷물에 뛰어들 듯 철학적 고전들 속으로 뛰어들어보자. 물에서 즐겁게 놀면 그뿐이지 꼭 물에 대해서 전부 이해를 할 필요가 있을까?

전부 이해하지 못하는 데에도 재미를 붙여보길 바란다. 모든 것을 이해하게 되는 날이면 여러분은 현자가 되겠지만, 그날은 철학을 하기에 너무 늦을지도 모른다.

---

*존재와 무
1943년 출간된 프랑스 현대 철학자이자 대표적인 실존주의 사상가인 장–폴 사르트르의 저작이다. 실존주의 철학서로 서문이 특히 난삽하고 어렵기로 유명하다.

2. 문제의식을 발견하는 좋은 태도

디오게네스*나 소크라테스가 활동하던 때부터 철학은 순수한 사유의 작업인 동시에 어떤 자세 혹은 태도로 여겨졌다.

마침 좋은 논제가 주어졌을 때, 답안을 작성할 시간이 충분할 경우도 있지만 그렇지 않은 경우도 있다. 세 가지 논제에 대해서 답해야 하는데 답안지에는 아직 한 자도 쓰지 못했고 연습장에 어지러운 메모만 가득하다. 어떻게 해야 할까?

우선 주제를 받아들이자. 좋은 주제, 나쁜 주제는 없다. 좋은 태도와 나쁜 태도가 있을 뿐이다. 논제의 첫인상에 너무 연연하지 말고 논제가 무슨 말을 하는지 있는 그대로 받아들여야 한다. 맨 처음 떠오르는 생각이 좋은 답이 되는 경우는 드물다. 용어를 꼼꼼하게 분석하고 논제를 여러 방향으로 생각해 보라. 논술을 잘하는 비법은 논제가 처음 제시된 형태를 놀라움으로 받아들이되 분석을 통하여 그 논제가 지향하는 바를 발견하는 데 있다.

주제를 접하자마자 자연스럽게 떠오르는 생각들을 꼭 적어 두어야 한다. 일단 주제에 깊이 파고든 다음에는 자연스럽게 참신한 생각이 떠오르는 경우는 드물다. 하지만 용어 분석에 들어가면 최초의 생각들이 또

---

*디오게네스

그리스의 키니코스 학파의 대표적 철학자이다. 가난을 부끄러워하지 않고 만족하는 삶을 실천했다. 인간의 자연스러운 욕구를 가장 쉬운 방법으로 만족시키는 것이 행복이며, 자연스러운 것은 부끄럽거나 흉하지 않으므로 감출 필요가 없고, 관습과 제도는 반자연적이므로 따라서는 안 된다고 역설했다.

다른 사유의 길을 열어주기도 한다.

'좋은 선택'이 따로 정해져 있지 않다는 점을 꼭 기억해야 한다. 어떤 것이 좋기 때문에 원하는 것이 아니라 내가 원하기에 그것이 좋은 것이라는 스피노자의 역발상을 기억하라.

그다음부터 어떤 목표를 지향하는 진지한 내용들이 시작된다. 논제가 요구하는 '특정한' 문제의식을 찾으려고 하지 말고 '어떤' 문제의식을 찾아라. 언제나 주제로 돌아가야 한다. 이 조언을 문자 그대로 따른다. **논제를 연습장에 큰 글씨로 써놓는다.** 그리고 나서 여러분이 연습장에서 오가는 작은 사람이라고 생각한다. 여러분은 그 논제로 돌아가야 한다. 연습장에 써놓은 단어들 중에서 **논제에 부합하는 것은 초록색 선으로 연결**하고 **논제와 연결되지 않는 것은 빨간색 선으로 연결**한다. 이제 한데 연결한 단어들 중에서 서로 **모순되는 것들이 없는지 살핀다.**

예를 들어 "모든 문화를 존중해야 하는가?"라는 논제가 나왔다 치자. 존중의 좋은 점은 우리와 동떨어진 것, 사뭇 다른 것을 존중한다는 점이다. 각 문화마다 의식과 가치의 차이가 있다. 그러니까 '존중'과 '문화'는 초록색으로 한데 연결할 수 있다. 그러나 정말로 차이를 존중하려면 시간이 걸리며 때로는 느리고 고통스러운 반목을 거쳐야 한다. 이런 점을 고려하더라도 '모든' 문화를 '존중'할 수 있을까? 아닐 것이다. 그러니 '모든'과 '존중'은 빨간색 선으로 연결한다. '다른' 문화를 존중할 수는 있지만 '모든' 문화를 존중할 수 있을까? 이제 이 의문은 놀라움이 되고 놀라움은 의혹을 드러낸다. 도입부, 그러니까 서론을 이러한 내용으로 작성하면 된다. '존중'은 단순히 용인하는 것이 아니다. 그저 눈을 감아주는 것은 관용이며, 존중은 차이를 좀 더 적극적으로 받아들이는 태도다. 이 점을 고려하면 '존중'과 '모든' 사이에 한 번 더 빨간 줄이 들어갈 수 있다. 우리는 모든 문화를 용인할 수는 있지만 존중까지는 할 수 없을 테니 말이다.

'문화'는 어느 한 인간 집단의 고유한 가치와 생활방식 전체라고 할 수 있다. 그렇다면 나치즘은 어떤가? 존중하기는커녕 싸우고 물리쳐야 할 문화가 아닌가? 이제 '문화'와 '존중'도 빨간색 줄로 다시 연결할 수 있겠다. 이런 것이 용어 분석 작업이다. 용어를 하나하나 정의한다기보다는 이 용어가 저 용어와 만날 때, 또 다른 용어와 만날 때 각기 어떻게 작용하는가를 보는 작업이다. 논제에서 '~해야 하는가?'라는 표현은 도덕적 의무를 환기시킨다. '존중'이라는 단어도 그렇다. 그러니 '존중'과 '해야 하는가' 사이를 초록색 선으로 연결한다. 그런데 누가 이 의무를 부여하는가? 누가 우리에게 명령하는가? 내가 어떤 사람을 존중한다면 그 마음은 반드시 내 안에서 우러나야 하지 않는가? 만약 나의 존중이 누군가의 강요에 지나지 않는다면 그 존중 자체가 성립되지 않으니 말이다! 그러므로 다시 '존중'과 '해야 하는가' 사이를 빨간색 선으로 연결해 본다.

자, 이제 우리는 논제*로 돌아왔다. 이제 다시 논제에서 벗어나 논지를 전개해 보자. **서로 모순되는 두 방향을 다 전개해 보는 것이다.** 예를 들어 본론1은 '그렇다, 모든 문화를 존중하고 차이를 받아들여야 한

---

*논거와 논제, 논지
논거란 이론이나 논리, 논증의 근거를 말하며 **논제**는 논문이나 토론, 논설의 주제나 제목을 뜻하고 **논지**는 논하는 말이나 글의 취지, 논리적 흐름과 기조를 말한다.

다.' 로 전개하고, 본론2는 '아니다, 존중해야 할 문화와 배척해야 할 문화를 구분해야 한다.' 로 전개할 수 있겠다. 이처럼 서로 상반되는 두 논지를 경쟁시켜 보는 것이 이 논술이 제기하는 문제의식일 것이다. 자, 이미 문제의식과 본론 두 부분이 나왔다. 이제 결론은 저절로 따라올 것이다.

주어진 발췌문을 설명하라는 논술도 같은 방식으로 해결할 수 있다. 단, 이런 논제는 저자의 주장과 그에 대한 비판적인 시각을 나란히 비교하는 것이 중요하다. 또한 이러한 논제에서는 항상 주어진 발췌문으로 돌아가야 한다. 발췌문 안에서 서로 관련 있는 단어들, 어구들을 찾고 분석할 수 있어야 하는 것이다. 예를 들어 사르트르에게 '계획' 이라는 단어가 어떤 의미를 지니는지를 물었다면, 주어진 발췌문 속에서 그 답을 찾아야 한다. 물론 이런 답안을 쓸 때에도 단순한 설명에서 벗어나 자기 주장으로 나아가야 한다. 그 부분이 바로 비판적 시각을 전개하는 부분이 될 것이다. 그 후, 두 부분의 대결이 이루어짐으로써 저자의 주장(정)과 그에 대한 비판적 시각(반)을 절충하거나 비판을 바탕으로 한 보완책이 결론(합)으로 나온다.

3. 좋은 아이디어를 떠올리기에 적합한 태도

주장과 논증을 발전시키기 위해서는 질문을 얼마나 많은 차원들에 적용시킬 수 있는지 생각해 보아야 한다. 정치, 종교, 경제, 사회, 형이상학, 운동, 의학……. 이 방법을 통해 사방에서 아이디어를 얻을 수 있다. 예를 들어 "기술을 두려워해야 하는가?"라는 논제를 생각해 보자. 이 논제를 정치의 영역에 적용해 보면 민주주의에서 전문가들이 차지하는 역할에 대한 논쟁이 바로 떠오른다. 종교와 신화의 영역으로 옮겨가면 불을 훔친 죄목으로 신들에게 벌을 받은 프로메테우스가 떠오른다. 프로메테우스가 훔친 불은 결국 기술의 상징이라고 볼 수 있기 때문이다. 또한 시험관아기 같은 난임시술에 대해서 가톨릭교회가 반대하는 입장을 표명하는 것도 일종의 기술에 대한 두려움을 반영한다고 하겠다. 이처럼 논증과 관점을 다각화하려는 노력은 생각을 펼치는 데 큰 도움이 된다.

그다음에 할 일은 일반적인 견해와 거리를 두는 것이다. 상식이나 진부한 생각에 쉽게 동조해서는 안 된다. 일반적인 견해에 의문을 품고 의혹 제기하기를 주저하지 말아야 한다. **우선 주어진 논제에 대해서 대다수는 어떻게 생각할지 추정해 보고 그러한 생각의 한계를 짚는 것부터 시작하라.**

마지막으로, 논제에 사용된 단어들을 바탕으로 개념들을 구분하자. 이러한 작업은 생각보다 꽤 어렵다. 그래도 일단 시도하는 것만으로도 보상을 받을 수 있을 것이다. '기술을 두려워해야 하는가?' 여기에 답하기 위해 '~해야 한다'를 **도덕적 의무로 해석**할 수도 있고, **필요의 의미로 해석**할 수도 있을 것이다. 우리는 기술을 의무적으로 두려워해야 하는가? 아니면 그저 기술을 두려워할 필요도 있다는 뜻인가? 이러한 **개념 구분이 논제에 대한 여러분의 탐색을 더욱 풍요롭게 한다.**

주체

Chapter 1

+

Keyword

의식, 무의식, 지각, 타인, 욕망, 실존, 시간

LA SUJET

주체는 스스로 정의되는가,
타인과의 관계 속에서 정의되는가?

"나는 생각한다."라는 문장에서 주체는 생각하는 '나'이다. "나는 행복해."또는 "나는 샤를 페팽입니다."처럼 자신에 대해 말하는 문장에서 주어에 해당하는 존재인 것이다. 이처럼 생각하거나 행복한 '나'를 주체라고 부르는데, 주체가 생각하거나 행복하기 위해서 다른 사람이 있어야 할 필요는 없다. 주체가 생각하거나 행복하다는 것을 알기 위해 다른 사람이 필요한 것은 아니기 때문이다. 하지만 어떤 사람들은 다른 사람들과 관계를 맺고 있어야만 자신이 어떤 생각을 하고 행복한지 아닌지를 알 수 있다고 주장하기도 한다. 사르트르와 메를로 퐁티 는 상호주관성을 통해서만 자신에 대해 알 수 있다고 했다. 그러므로 나라는 주체는 스스로 정의되든가 상호주관성을 통해 정의될 수 있다.

의식이라는 주제도 마찬가지이다. 데카르트는 "나는 생각한다, 고로 존재한다."라는 명제를 통해 '나' 라는 자신은 다른 사람들과 상관없이 자신의 의식(코기토)만으로 존재할 수 있다고 말했다.

> '나는 생각한다, 고로 나는 존재한다.' 라는 이 진리는 매우 확고하고 분명하여 아무리 터무니없는 가정들을 모두 동원해도 흔들리지 않는다는 것을 주목하고서 나는 주저 없이 내가 찾고 있던 철학의 제1원리로 삼을 수 있겠다고 판단했다.
>
> 데카르트, 《방법서설》

　데카르트의 이야기대로라면, '나' 라는 주체가 자기 존재를 인식하는 데 타자는 필요치 않다. 오로지 그 자신의 존재만 필요할 뿐이다. 의식과 주체의 관계를 비판하기 위해 데카르트의 유아론(唯我論)*을 언급하기도 한다. 그러나 어떤 사람들은 주체가 자신의 존재를 타인이 알아주기 바란다고 생각한다. 이로 인해 '의식' 의 개념은 완전히 바뀐다. 주체에 속해 있던 자기 의식은 '객관적'이 되기를 열망한다. 즉, 의식이 타인을 만나야 한다는 뜻이다. 이것을 주장한 학자가 헤겔이다. 헤겔은 다른 사람들과 교류하기 전까지의 주체는 자신에 대해서 애매한 느낌, 즉 '주관적 의식' 밖에 가질 수 없다고 지적하며, 주체는 다른 사람들과 관계

---

*유아론

실제로 존재하는 것은 자아뿐이며, 다른 모든 것은 자아의 관념이거나 현상일뿐이라는 입장이다. 극단적인 형태의 주관적 관념론으로, 버클리나 피히테 등에서 발견할 수 있다. 독아론, 독재론, 솔립시즘, 주아론 등으로 불리기도 한다.

할 때에만 자신의 가치를 객관적으로 의식할 수 있다고 보았다. 우리는 다른 사람들과 부대끼면서 이 객관적인 자기의식에 도달할 수 있다는 것이다.

헤겔의 유명한 '주인과 노예의 변증법*'이 여기에서 나온다. 이 주장 속의 서로 부대끼며 사는 노예들은 고립되어 있는 주인보다 자기 처지가 낫다는 것을 안다. 그 이유는 노예들과 달리 주인은 자신에 대한 주관적 감정밖에 갖고 있지 않기 때문이다. 비록 헤겔은 '상호주관성'이라는 용어를 쓰지 않았지만 그러한 개념을 가장 먼저 도입했다.

헤겔과 인정에 대한 욕구

"인간은 다른 사람에게 나서고 인정받기 원하는 한에서만 인간이다. 아직 타자에게 사실상 인정받지 못한 인간에게는 타자가 그의 행위의 표적이다. 그는 타자에게 인정을 받으며, 타자에게 인간으로서의 실체와 가치를 의존하며, 그의 삶의 의미를 타자에게 집중한다."

알렉상드르 코제브, 《헤겔 강독 입문》

---

*주인과 노예의 변증법

노예제도가 존재하던 시절, 두 사람이 싸워 하나는 이기고 나머지 하나는 죽음이 두려워 항복해 노예가 되었다. 전자는 주인이 되고, 후자는 노예가 되었다. 주인이 된 전자는 노동하지 않고, 노예의 시중에 익숙해져 나태해진다. 반면 노예는 끊임없이 노동하여 자연을 정복할 수 있게 되었다. 이로 인해 노예는 자유를 얻게 된 반면 주인은 노예의 시중의 노예가 되고 만다. 변증법의 구조로 살펴보면 아래와 같다.

정 : 싸움으로 주인과 노예가 정해지고, 노예는 그 대가로 노동을 제공하며 주인에게 봉사한다.
반 : 주인은 노예에게 물질 전반을 의존한다.
합 : 일을 통해 자아를 찾게 된 노예는 주인의 주인이, 혼자 고립된 주인은 노예의 노예가 된다.

이러한 문제제기는 무의식이라는 주제와 직결된다. 프로이트처럼 무의식이 존재한다고 생각한다면, 그것은 곧 주체가 스스로 정의되지 않으며 타자들과의 관계에서 구성된다고 생각한다는 뜻이다. 프로이트는 주체에게 무의식이 존재하는 이유는 억압이 있기 때문이라고 보았다. 문명은 우리에게 사회와 충돌을 일으키는 자신의 본성을 누르고 다스리며 살아갈 것을 요구한다. 때문에 문명 속에서 다른 사람들과 살아가는 주체에게는 자연히 무의식이 생길 수 밖에 없다.

지각을 할 수 있는지의 여부도 여기에서 중요한 작용을 한다. 주체가 스스로 정의된다면, 세상 사물을 지각하는 데 다른 사람들은 필요가 없다. 하지만 메를로퐁티의 생각대로, 주체가 다른 사람들과의 관계를 통해서 구성된다면 세상 사물에 대한 주체의 지각도 달라진다. 이 경우, '나'라는 주체의 지각은 다른 사람들의 지각을 가정함으로써, 그러니까 모두가 같은 세상을 지각하고 있다고 암묵적으로 전제함으로써 이루어진다. 다시 말해 주체와 지각 대상 사이에도 타자들이 있다는 것이다.

"그저 혼자서 올바를 수는 없다. 완전히 혼자라면 존재하는 것이 아니다."

메를로퐁티, 《철학 예찬》

"화가나 조각가가 풍경 속에나 기념비 근처에 인물들을 세워놓고 구도를 잡는 것은 부수적인 장식을 좋아해서가 아니다. 인물들은 척도를 제공하고 거기서 한걸음 더 나아가 관찰자의 현실적 관점에 없어서는 안 될 잠재성을 덧붙임으로써 가능한 관점들을 구성한다."

미셸 투르니에, 《방드르디, 태평양의 끝*》

그러므로 '타인'을 기준으로 삼는 태도는 이러한 문제의식에서 직접적으로 나온다. 주체가 스스로 정의된다면 자기의식의 모험, 나아가 세계에 대한 지각의 모험에 타인이 낄 자리는 없다. 하지만 헤겔, 사르트르, 메를로퐁티처럼 그 반대로 생각하는 경우에는 나에 대한 의식의 중심에 타인이 있다. 정신분석학은 이러한 생각을 더욱 첨예하게 발전시켰다. 프로이트가 말하는 전이는 어머니, 아버지, 형 등과 맺었던 결정적 관계가 분석가와의 관계로 옮겨짐으로써 그러한 관계의 의미와 파장이 드러나는 것이다. 그러한 전이는 주체의 자기의식에 발전을 가져올 수 있다.

지각의 장 속, 구조로서의 타인

"타인은 나의 지각의 장에서 대상이 아니요, 나를 지각하는 주체도 아니다. 타자는 무엇보다도 지각의 장 속에 존재하는 구조이다. 그 구조가 없다면 지각의 장은 제대로 기능하지 못한다. 그 구조는 현실의 인물들, 다양한 주체들에 의해 실행되지만 일반적인 조직 조건으로서 이미 그 실행 이전에 존재한다. […] 공포에 질린 얼굴, 그것은 내가 아직 알지는 못하

---

*미셀 투르니에의 《방드르디, 태평양의 끝》

1924년 프랑스 파리에서 출생한 미셀 투르니에는 프랑스 소르본느와 독일 튀빙겐에서 철학을 전공했다. 1967년 첫 소설인 《방드르디, 태평양의 끝》으로 아카데미 프랑세즈의 소설 대상을 수상했으며, 그 다음 소설인 《마왕》으로 1970년 콩쿠르 상을 수상했다. 《방드르디, 태평양의 끝》은 대니얼 디포의 《로빈슨 크루소》를 바탕으로 한 작품으로, 제목의 '방드르디'는 《로빈슨 크루소》에서 로빈슨 크루소가 원주민에게 붙여준 이름인 '프라이데이'의 프랑스 어 발음이다.

지만 공포를 자아내는 가능한 세계의 표현, 혹은 공포를 자아내는 세계
내 어떤 것의 표현이다."

질 들뢰즈, 《미셸 투르니에와 타인 없는 세상》, 《의미의 논리》

누구, 위대한 신들, 그 누구!
"시각적 환상, 허깨비, 착란, 눈 뜨고 꾸는 꿈, 몽환, 광기, 청각의 교란…
그런 것을 막는 가장 확실한 성벽은 우리의 형제, 우리의 이웃, 우리의
친구 혹은 원수, 하여간 누구, 위대한 신들, 그 누구인 것이다!"

미셸 투르니에, 《방드르디, 태평양의 끝》

타인의 위치를 생각하다 보면 '욕망'의 문제까지 건드리게 된다. 스
스로 정의되는 주체는 홀로 욕망의 대상들에 직면해 다양한 욕망들을
중재해야 한다. 데카르트가 말하는 자유가 바로 이런 의미이다. '자유의
지'는 타인이나 욕망에 대해서 주체의 의식이 독립적임을 뜻한다. 반대
로 주체가 상호주관성으로 정의된다면, 주체와 욕망 사이에도 타자가
개입해 있다고 보는 것이다. 이때 욕망은 모방성을 띤다. 즉, 나는 다른
이들이 욕망하는 것을 욕망한다는 것이다. 욕망하기 위해서 타자들을
필요로 하며, 헤겔의 생각대로라면 심지어 주체로서 인정받기 위해 욕
망의 가치를 타자들에게 인정받기까지 해야 한다. 헤겔은 인간과 욕망
의 이 특별한 관계에 인간의 고유성이 있다고 보았다. 동물은 욕망이 채
워지면 그만이지만 인간은 욕망의 충족으로 만족하지 않는다. 인간은
그 이상을 원한다. 인간은 욕망의 충족만 원하는 것이 아니라 자기 욕망
의 가치를 타인들에게 인정받기 원한다.

마지막으로, '실존'과 변화하는 '시간'에 시선을 돌려 보자. 주체가 스스로 정의된다면 그는 항상 그러할 것이다. 인생과 타자에 대한 경험이 주체의 가치를 좌우하지 않을 것이며 주체가 살아 있는 동안 그 가치는 늘 유지될 것이다. 하지만 주체가 상호주관성으로 정의된다면 그는 평생을 살아가며 새로운 만남을 거듭함에 따라 다시금 정의될 것이고, 새로운 방향을 모색할 것이며, 계속 수정될 것이다. 이때 시간은 주체가 타자들을 만나며 가치를 획득하는 중요한 틀이 된다. 상호주관성에 천착했던 사르트르가 "한 인간은 그가 한 행동들의 총합에 지나지 않는다."라고 했던 것도 바로 그런 의미에서였다. 주체가 마침내 자신을, 자기 실존의 의미를 객관적으로 깨닫기 위해서는 일생이 필요하다. 인간의 자유는 시간 속에서 작용한다. 개인의 삶이라는 '시간'의 끝, 즉 죽음이 닥쳤을 때에 인간의 자유는 정지한다. 인간이 늘 '되기/생성'의 상태에 있다가 거기서 벗어난다는 뜻이다. 그것이 죽음이다.

사르트르와 상호주관성의 세계

"코기토에 의해 직접적으로 자신을 파악한 인간은 타자들을 만난다. 그는 그들을 자기가 살아가기 위한 조건으로 본다. 그는 자기가 어떠어떠하다고 (재치 있다, 못됐다, 질투심이 많다) 말할 수 있으려면 타자들이 그렇다고 인정해야만 한다는 것을 깨닫는다. 나에 대한 어떤 진실을 얻으려면 타자들을 거쳐야 한다. 타자는 나 자신에 대한 앎에는 물론, 나의 실존에도 없어서는 안 된다. […] 그렇게 해서 우리는 곧바로 상호주관성이라고 할 수 있는 세계를 만난다. 바로 이 세계에서 인간은 자신의 존재, 타자들의 존재를 결정한다."

장 폴 사르트르

데카르트는 실존주의자인가?

"나는 있다. 나는 현존한다. 이 명제는 확실하다. 하지만 언제까지 그러할까? 내가 생각하고 있음을 아는 한에서 그렇다. 내가 생각하기를 그친다면 나는 존재하기를, 현존하기를 그칠 것이기 때문이다."

르네 데카르트, 《형이상학적 성찰》, 〈제2성찰〉

철 학 선 생 님 께 질 문 !

Q 철학이 게으른 저를 좀 더 부지런한 인간으로 만들어줄 수 있을까요?

게으르다. 아니, 왜 부지런을 떨어야 하는데요? 이런 의문을 품는 것도 타당하잖아요? 어쨌든 강제적으로 의지를 우선시하는 이 시대에 그리스적인 색채를 떠올리게 하는 반가운 질문입니다. 소크라테스 이전 시대의 철학자 파르메니데스*는 '일자(一者)'라는 개념을 내놓았는데 이 일자는 완벽한 부동성으로 파악될 수 있습니다. 일자의 관점에서 보면 인간의 활동은 헛된 요동에 불과합니다. 플라톤 역시 소란스럽고 저열한 이 세상을 내려다보는 천상의 특징을 불멸, 필연, 불변성 등으로 파악했지요. 아리스토텔레스도 여러 활동의 위계를 정하면서 아무것도 하지

---

*파르메니데스

고대 그리스의 철학자이자 엘레아학파의 시조이다. 이성만이 진리이며 변화를 인지하게 하는 감각은 오류의 근원일 뿐이라고 주장했고, 존재론과 인식론에 영향을 주었다. 만물은 물과 같이 흐르며 변화야 말로 만물의 참 모습이라고 주장한 헤라클레이토스의 주장과 달리 파르메니데스는 운동이나 수는 없는 것을 있다고 하는 것 같은 허위를 안고 있으며, 오직 존재하는 것만이 진리이고 없는 것이란 존재하지 않을 뿐 아니라 생각할 수도 없는 것이라고 주장했다.

않고 부동의 진리에 탄복하는 현자의 관조적 삶을 가장 으뜸으로 쳤습니다. 그다음 가는 활동이 정치이고, 인간이 기본적 욕구를 충족시키기 위해 '바쁘게' 움직여야 하는 경제 활동은 순위에서 한참 뒤쳐집니다. 그리스 인들이 인간의 활동을 높게 치지 않았던 이유는 그들이 '절대자'에 대해서 갖고 있던 생각 때문입니다. 형이상학적 이해가 인간의 바쁜 활동에 대한 그리스인들의 비판을 떠받치고 있었던 것이지요. 그러니까 '의미있는 것은 없다.'는 생각 때문에 그들이 인간 활동을 헛되이 보았다기보다는 불변불멸의 상위적 형태와의 관계 속에서 의미를 찾으려 했기 때문이라고 봐야 합니다. 가치는 불변하니까 인간의 활동은 가치가 폄하되는 것이지요. **그러니까 자신은 가치, 신, 절대자를 어떻게 생각하는지 한 번 돌아보세요! 어쩌면 그 과정에서 게으름의 이유를 발견할지도 모릅니다.**

> "존재는 전에 없었고 앞으로도 없을 것이다. 존재는 지금 이 순간에 전적으로 있으며 연속된 하나(일자)이기 때문이다."
>
> 파르메니데스

헤겔은 반대로 인간 활동에 가장 높은 가치를 부여한 철학자입니다. 인간 활동은 가장 심원한 욕망인 인정받고자 하는 욕망, 이 세상에서 자신의 가치를 객관화하고자 하는 욕망을 채울 기회를 제공합니다. 그런데 헤겔이 신적 표상으로 생각했던 '절대정신' 혹은 '이성'은 불변하는 것이 아니라 움직이는 것이었습니다. 그 절대정신의 변화가 바로 역사의 변화를 만듭니다. 역사는 문명의 진보를 통해 구체적으로 자기를 실현함으로써 스스로를 자각하는 신의 노력일 뿐입니다.

헤겔, 역사와 신의 전진

"최상의 의무, 절대정신의 본질은 자기 자신을 알고 실현하는 것이다. 그
것이 역사 안에서 절대정신이 성취하는 바다. 몇 가지 결정된 형식에서
그렇게 되며, 그 형식들이 바로 역사의 민족들이다. 각 민족들은 하나의
단계를, 세계사에서의 한 단계를 나타낸다."

헤겔, 《역사에서의 이성》

이처럼 활동하는 신 개념과 더불어 인간의 활동은 헛된 동요가 아니
라 사업(작품)으로 다시 가치를 띠게 됩니다. 인간은 이 불안한 신의 이미
지대로 행동을 통해 불안을 몰아내려 하지요. 기독교인들은 인간의 활
동, 특히 '선한 활동'을 중시하는데 우리는 기독교에서도 창조주 하느
님, 천지를 만들기 위해 부동성에서 벗어나 '일해야 했던' 신의 이미지
를 볼 수 있습니다. 그러니 신, 절대자, 제일원리(뭐라고 불러도 상관없습니다)
에 대한 자신의 생각을 살펴보세요. 그런다고 게으름을 버릴 순 없겠지
만(부지런해지는 것이 철학의 목적은 아니니까요) 모든 것이 형이상적이라는 깨달
음은 얻을 겁니다. 누가 알겠어요, 그러다 어떤 생각에서 힘을 얻게 될지
도 모르죠.

불가능을 바라는 것은
부조리한가?

늘 자기를 좋아하지 않는 상대와 연애를 하고 싶어 하는 사람들에 대해서 사람들은 뭐라고 이야기할까? 엉뚱하다? 바보 같다? 하지만 정말 이 사람의 짝사랑은 아무런 의미가 없을까? 공리주의*의 논리대로라면 분명히 아무런 의미가 없다. 남자는 괴로워하고 애를 태우며 기대하지만…… 결국 아무것도 얻지 못할 것이기 때문이다. 부조리는 계산을 따져보아 비생산적이고 사리에 어긋나는 것을 말한다. 이 남자

---

*공리주의

19세기 중반 영국에서 나타난 사상으로, 효용과 행복의 증진을 가치 판단의 기준으로 한다. 어떤 행위의 옳고 그름은 그 행위가 인간의 이익과 행복을 늘리는 데 얼마나 기여하는가에 따라 결정된다고 보았다. 효용이나 행복 등의 쾌락에 최대의 가치를 두는 철학 및 사상적 경향을 '공리주의'로 통칭하기도 한다. 대표적인 철학자로는 19세기 영국의 제레미 벤담, 제임스 밀, 존 스튜어트 밀 등이 있다.

는 쓸데없는 짓을 하는 셈이다.

하지만 아무런 의미도 없고 발전 가능성이 없으므로 불가능한 사랑을 원하는 마음까지 사리에 어긋난다고 말하기는 어렵다. 짝사랑을 통해서 자신에 대해서 좀 더 잘 알게 될 수도 있고, 감수성이나 상상력이 풍부해질 수도 있다. 짝사랑은 정말 순전히 몰상식한 짓일까?

제시된 물음은 우리에게 또 다른 물음들을 떠올리게 한다.

욕망에서 중요한 것은 무엇일까? 욕망의 충족인가 아니면 욕망 그 자체인가? 또한 불가능하다는 판단은 객관적인가? 오늘은 불가능할지라도 내일은 가능할 수도 있지 않을까? 더욱이 지금은 유례없이 기술이 빠르게 발전하는 시대가 아닌가? 그러니 지금 불가능한 일이 앞으로도 불가능하고 사리에 어긋나는 일이라고 감히 말할 수 있을까? 불가능이란, 사람을 피폐하게 만드는 욕망인 파괴적인 유토피아*의 반영인가, 아니면 긍정적인 조절 작용을 할 수도 있는 이상의 반영인가?

이렇게 생각해 보자. 불가능한 일을 바라는 사람이 고통을 겪고 심하게는 미칠 수도 있다는 이유로 그러한 욕망 자체를 부조리하다고 해야만 할까? 논리적으로 손익을 따진다면 분명히 비합리적인 욕망이지만, 반대로 불가능한 것에 대한 욕망 – 특히 충족될 수 없는 욕망 – 을 인간의 속성으로 보아야 하지는 않을까?

---

*파괴적 유토피아

토마스 모어가 그의 저서 《유토피아》에서 '어디에도 없는(ou-)'와 '장소(toppos)'라는 두 그리스 어를 더하여 만든 단어가 유토피아이다. 유토피아는 '이상적인 장소'나 '좋은 장소'를 뜻하기도 하지만 '어디에도 없는 장소'라는 뜻을 가지기도 한다. 이 책에서 유토피아는 후자 쪽의 뜻에 더 가깝다. '파괴적 유토피아'란 건설적인 도움이 되지 않으며 파괴적인 효과를 내는 장소, 혹은 목표라고 볼 수 있다.

본론 1

불가능을 바라는
것은 사리에 어
긋난다.

논거 1
불가능을 욕망하
는 것은 부조리
하다.

욕망은 반드시 충족되어야 하는 것이라고 본다면 **불가능을 바라는 것은 사리에 어긋난다.** 사실, 만족을 얻지 못하고 좌절하고 실망하고 괴로워하게 될 것이 뻔하지 않은가. 여기서 부조리는 어차피 원하는 것을 얻지 못할 행동의 비합리성을 나타낸다. 공리주의식으로 보자면, 욕망의 대가로 아무것도 얻을 수 없는 행동은 터무니없는 행동이다. 그러니까 자기를 전혀 좋아하지 않고, 심지어 다른 사람을 좋아하는 사람을 계속 원하는 것은 부조리한 행동이라는 것이다. 그 사람의 욕망은 닿을 수 없는 대상에게 향해 있다. 그리고 그 욕망의 방향을 돌리지 못한 탓에, 다른 좋은 사람을 만날 기회마저 놓치고, 결국 혼자 지치고 힘들어질 것이다. 이러한 태도는 욕망 충족이 금지된다는 점에서 피학증에 가깝다고 볼 수도 있다. 만약 욕망을 충족시키는 것이 인생의 목표 중 하나라면 불가능을 바라는 태도는 사리에 어긋난다.

또한 이러한 태도는 사리에 어긋나는 차원을 넘어 위험해질 수도 있다.

개인의 차원에서 보자면 불가능한 사랑을 원하는 사람이 불만에 시달린 나머지 정신적으로 불안해지거나 타인이나 자신에게 해를 입힐지도 모른다. 그런 예는 역사 속에서도 많이 찾아볼 수 있다. 제니 콜롱과의 사랑을 이루지 못하고 정신착란에 시달리다 자살해 버린 제라르 드 네르발*도 그 예다.

---

*제라르 드 네르발

19세기 프랑스의 시인이자 소설가이다. 괴테의 《파우스트》를 번역해 소개하는 것으로 문단에 등단한 뒤 다양한 방면에서 이름을 알렸다. 여배우 제니 콜롱을 사랑한 나머지 그녀를 위해서 잡지 《극의 세계》를 간행하는 것으로 재산을 탕진해 버렸다. 제니 콜롱이 다른 남자와 결혼한 후에는 오히려 그녀를 신격화해 자신의 작품에 투영했다.

정치적으로 살펴보면, 불가능을 지향하는 정치체제일수록 최악의 살상을 저지르는 경우가 많다. 스탈린주의자들은 완전평등을 지향했고, 캄보디아에서 폴 포트가 이끄는 크메르 루주*는 새로운 인류를 세우고자 했다. 여기서 불가능은 파괴적인 유토피아, 혹은 끔찍한 폭력을 수용하는 형태의 이데올로기로 나타난다.

불가능은 현실의 영역 밖에 존재한다. 때문에 불가능을 지향하면 현실과 괴리가 생길 수밖에 없는데, 이것이 위험하다. 현실을 보지 못하게 되면 최악의 범죄들이 일어날 수 있기 때문이다. 세상을 완전히 바꾸고자 했던 크메르 루주의 정신 나간 욕망 때문에 얼마나 많은 이들이 죽음을 당했는가. 스탈린이 그의 계획에 반대하는 이들을 제거하거나 강제수용소로 보낸 것도 그가 '완전평등'이라는 불가능을 바랐기 때문이다. 알튀세르는 이데올로기를 현실에 대한 암시이자 환영으로 정의했다. 현실과의 관계가 막연하기 때문에 암시이며, 이데올로기에 사로잡힌 인간은 자신의 잘못을 교정할 수 없고 그 이데올로기를 맹신하기 때문에 환영이라는 것이다. 현실과의 괴리는 가장 단순한 의미에서의 인간 현실, 즉 인생과 고통이라는 현실에서 괴리될 위험을 뜻한다.

---

*크메르 루주

1975년부터 1979년까지 캄보디아를 지배했던 급진적인 공산주의 단체로, 노동자와 농민의 유토피아를 건설하겠다는 명분으로 국민들을 집단농장에서 강제 노동시키고, 농지개혁을 단행했다. 반대파를 무자비하게 숙청 및 살해하여, 전체 인구의 25퍼센트가 목숨을 잃었다. 농촌중심 공산주의 사회 건설을 이유로 지식인과 전문기술자들을 기회주의자로 몰아 처형하였다.

"이데올로기는 그 단어 자체가 가리키는 대로 관념(idée)의 논리 (logique)[…] 경험에 대한 사유의 해방이다."

한나 아렌트, 《전체주의의 기원》

"이데올로기는 현실의 암시–환영이다."

루이 알튀세르

게다가 불가능한 욕망에서 기인한 부조리와 고통은 폭력성으로 이어진다. 아마도 그런 이유에서 불가능한 욕망에 괴로워하는 이들은 현실에서 도피하려고 자살을 택하는 것일지도 모른다. 불가능을 바라는 상태가 계속되는 삶은 견디기 어렵기 때문이다.

불가능을 욕망하는 인간의 고통과 광기를 생각한다면 에피쿠로스주의와 스토아주의의 공통된 목표를 이해하기가 좀 더 수월할 것이다. 이 두 학파는 불행을 자초하지 않으려면 불가능한 것은 욕망하지 말라고 가르친다.

에피쿠로스는 우리에게 자연스럽고 필요한 욕망, 자연의 섭리 안에서 충족시킬 수 있는 욕망의 대상을 지향하라고 제안한다. 그는 욕망을 자연스럽고 필요한 것(살기 위해 먹고 마시고 싶은 욕망 등)과 그렇지 않은 것(권력, 명예, 불멸 등)으로 구분하고, 후자의 욕망은 고통만을 안겨 주기 때문에 다른 쪽으로 눈을 돌려야 한다고 주장했다. 불가능한 것을 더 이상 바라지 않는 것이 지혜로운 삶의 행복, 즉 아타락시아의 조건이다. 아타락시아는 정신적·신체적으로 평정한 상태, 특히 불가능을 욕망함으로써 일어나는 고통이 없는 상태를 뜻한다.

불가능한 것은 포기하라. 사람들 사이에서도 신처럼 살아라.

"욕망 가운데 어떤 것은 자연스럽고 어떤 것은 헛되다고 여겨야 하며 자연스러운 욕망 중에서도 어떤 것은 반드시 필요한 것이지만 어떤 것은 자연스럽기는 해도 꼭 필요하지는 않다는 것을 알아야 한다. 필요한 욕망 중에서도 행복에 필요한 욕망, 신체를 평온하게 보전하는 데 필요한 욕망, 삶 그 자체에 필요한 욕망이 있다. 그런데 이 문제를 완벽하게 성찰한 이는 신체의 건강과 영혼의 평안에 필요한 취사선택을 할 수 있다. 복된 삶의 목표란 그런 것이기 때문이다. 우리는 매사에 그러한 목표를 유념하여 고통과 불안을 피하고자 한다. 우리가 일단 그 목표에 이끌려 살면 영혼의 폭풍우는 사라지고 생명체는 더 이상 잃어버린 것을 찾듯 헤매거나 몸과 마음의 선을 충족시키기 위해 다른 것을 구하려 하지 않을 것이다."

에피쿠로스, 《메노이케우스에게 보낸 편지》

이 편지에서 에피쿠로스는 다음과 같은 멋진 결론을 끌어낸다.

"이러한 문제들과 그에 결부된 다른 문제들에 대하여 그대는 밤낮을 가리지 말고 스스로 생각하여라. 그리하면 그대는 자나 깨나 고통 받지 않을 것이며 사람들 사이에서 신과 같이 살리라. 불멸의 선을 통해 사는 사람은 사멸하는 동물들과 전혀 다를 것이기 때문이다."

우리는 다른 고대철학 사조에서도 이 같은 욕망에 대한 가르침을 발견할 수 있다. 스토아학파는 '내가 어떻게 하느냐' 욕망의 만족이 달려 있는 대상들, 욕망의 만족을 확신할 수 있는 대상들만을 원하라고 가르친다. 스토아학파는 행복은 자신이 어떻게 할 수 없는 것을 얻으려고 애

쓰지 않는 데 달려 있으며, 이성과 의지로 불가능한 것을 바라지 않는 자세에 도달할 수 있다고 보았다. 마르쿠스 아우렐리우스 같은 스토아주의자는 불가능한 것은 자신이 어찌할 수 없으니 고통을 낳을 뿐이므로 아타락시아를 안겨 주고 지혜를 깨우쳐 주는 가능한 것을 바라야 한다고 주장했다. 그런 욕망은 반드시 괴로운 삶으로 이어지며 행복을 좌절시킨다고 생각했기 때문이다. 데카르트가 다분히 스토아주의적인 자세로 강조했듯이 결코 충족시킬 수 없는 욕망이 있다면 세상의 이치보다는 자기 욕망을 바꾸는 편이 낫다. 실제로 스토아학파에게서 세상사는 운명에 순종해야 하며 자신의 허망한 욕망 때문에 그러한 이치를 거스르려고 해 봤자 소용없다는 생각을 볼 수 있다. 결국 있는 그대로의 세계, 유일하게 가능한 세계이자 필요한 세계를 바랄 수밖에 없으며 세상의 이치를 받아들일 수밖에 없다. 그리고 그것은 의지의 문제일 뿐이다.

> "어느 어리석은 자가 나에게 말하기를 자유로운 인간은 매사를 그가 바라는 대로 할 수 있으므로 자기도 모든 일이 자기 마음대로만 이루어졌으면 좋겠다고 하더군. 아, 벗이여, 광기와 자유는 결코 함께할 수 없네. 자유는 몹시 근사할 뿐만 아니라 합당한 것일세. 무모한 욕망을 품고 매사가 우리 생각대로만 되기를 바라는 것만큼 비이성적이고 사리에 어긋나는 일이 어디 있겠는가. […] 아닐세, 벗이여, 자유는 일이 그대 뜻에 따라서가 아니라 마땅히 일어나야 할 순리대로 일어나기를 바라는 바로 그 자세라네."

> 에픽테토스, 《대담》 1권 XXXV

"그대에게 달린 일은 그대에게 달리지 않은 일을 받아들이느냐 마느냐다."

마르쿠스 아우렐리우스

논지 전환

그렇지만 에피쿠로스학파나 스토아학파의 가르침을 따른다면 인간이 가진 고유의 아름다움과 욕망 중에서 무엇이 얼마나 남을지 의문이 든다.

정말로 에피쿠로스주의자가 되어 자연스럽고 필요한 것만을 바라며 우리의 욕망을 단순한 욕구와 필요에 한정한다면 아무 문제가 없을까? 세상의 이치를 거스르기보다는 자신의 욕망을 단념한다면, 의지에 힘입어 그저 있는 그대로의 것만을 바라는 스토아주의자가 된다면 이것 또한 아무 문제가 없을까? 하지만 욕망이라는 것 자체가 원래 우리에게 없는 것, 우리가 아닌 것을 바라는 것 아닌가?

에피쿠로스주의와 스토아주의는 합리적이고 이성적인 가르침을 따르면 피할 수 있는 인간의 고통, 부조리한 것으로 판단되는 고통과 싸운다는 점에 그 공통적인 매력이 있다. 하지만 고통을 그렇게까지 피해야만 할까? 고통이 그렇게까지 사리에 어긋나는 것일까? 행복보다 고통이 우리 자신에 대해서 더 많은 것을 가르쳐주지는 않는가? 이룰 수 없는 사랑에 괴로워하는 사람의 예를 다시 한 번 생각해 보자. 정말로 그 끈질긴 짝사랑에 아무런 의미도 없다고 말할 수 있을까?

불가능을 바라는 것이 정말 사리에 어긋난다면, 첫째로 모든 고통은 필연적으로 사리에 어긋나는 것이라야 하고 둘째로 그 불가능성이 객관적인 판단이라야만 한다. 그런데 확실하게 딱 잘라 불가능하다고 말할 수 있는 것이 있을까? 이제까지는 상대에게 아무런 매력을 못 느꼈더라

본론 2

정말로 부조리한가?

논거 1
불가능한 것이 가능해지는 경우도 있다.

도 어느 순간 마음이 바뀔 수 있지 않을까? 이카로스의 신화에서 볼 수 있듯이 고대 그리스 인들에게 하늘을 난다는 것은 불가능한 꿈이었다. 그러나 지금은 비행기나 패러글라이딩 등으로 하늘을 날 수 있다. 지난 50년간 이룩한 과학기술의 발전은 인류의 역사에서 그 나머지 기간에 이룩한 발전과 맞먹을 정도이다. 그러므로 '불가능하다' 는 판단의 객관성을 의심할 여지는 충분하다. 인간의 가장 극단적인 욕망, 불멸의 꿈조차 지금은 옛날처럼 순전히 허튼소리만은 아니다. 이미 인간의 신체를 냉동보관하고 정보과학기술을 이용하여 의식의 내용을 이동시키는 방법도 검토하고 있으니 말이다. 그렇다면 불가능을 꿈꾼다고 해서 꼭 사리에 어긋난다고 할 수만은 없을 것이다. **불가능은 가능이 될 수도 있기 때문이다.**

논거 2
불가능을 욕망하기에 '발전' 할 수 있는 것이다.

　불가능한 욕망이 사리에 어긋난다고 할 수 없는 또 한 가지 이유는 인간은 충족시킬 수 없는 것을 바람으로써 발전하기 때문이다. 인간이 하늘을 날 수 없던 시대에도 그러한 욕망은 이성과 상상력을 비롯한 인간의 능력들을 발전시키는 데 중요한 원동력이 되었다. 이카로스의 신화는 채울 수 없는 욕망의 위험을 상징하지만, 이카로스와 레오나르도 다빈치를 나란히 놓고 생각할 수도 있다. 다빈치는 하늘을 날고 싶다는 꿈을 꾸며 '날틀' 같은 가상의 장치들을 구상했기에 학자이자 예술가로서 발전할 수 있었다.

　욕망은 이성의 영역과 대립되는 신체의 영역에만 속하는 것이 아니다. 프루스트의 《잃어버린 시간을 찾아서》를 보면, 스완은 오데트를 사랑하면서 점점 더 섬세해지고 감수성과 상상력이 풍부해진다. 수학자 로르카는 "여인숙의 매혹은 그곳으로 향하는 길에 있다."라고 했다. 그는 욕망을 충족시키느냐 마느냐보다는 매혹적이고 풍요롭고 흥미로운 것을 욕망하는 것이 중요하다는 말을 하고 싶었을 것이다. 어쩌면 바로 그 때문에 우리의 욕망은 충족되기가 무섭게 재빨리 새로운 대상을 찾아 나서는지도 모른다. 알베르 카뮈는 《시시포스의 신화》에서 "산꼭대기와의 싸움 그 자체가 인간의 마음을 족히 가득 채운다."라고 했다. 시시포스는 신들의 벌을 받아 커다란 바윗덩어리를 산꼭대기로 올려야 하지만 바위는 꼭대기에 다다르자마자 다시 굴러 떨어진다. 카뮈는 이 문장에서 인간의 마음을 채우는 것은 소유가 아니라 추구 그 자체라고 말한다. 욕망은 기대와 소망, 투사(投射)와 상상을 동반하기에 욕망의 만족보다 욕망 그 자체가 중요하다는 것이다. 단순히 **욕망을 만족시키는 삶보다 욕망하며 사는 삶이 더 풍요로울 수도 있다.** 일단 욕망이 충족된 후에는 금세 권태에 빠질 수도 있기 때문이다.

욕망이 충족되기가 무섭게 바로 새로운 대상을 찾는 인간들의 모습을 보면서 우리는 욕망이란 원래 욕망하는 대상을 초월해 있는 것이 아닌가 생각해 보게 된다. 그래서 플라톤은 우리의 욕망은 사실 불멸성을 지향하기 때문에 결코 완전히 충족될 수 없다고 설명하기도 했다. 모든 욕망은 알고 보면 불멸에 대한 욕망이다. 우리의 기대를 충족시킬 유일한 대상은 불멸이며, 그렇기 때문에 우리에게 만족이란 있을 수 없다.

모든 욕망은 불멸에 대한 욕망

"생각해 보십시오. […] 아킬레우스가 파트로클로스를 뒤따라 죽은 것, 당신들의 왕 코드로스가 자식들에게 왕국을 넘겨주기 위해 미리 죽은 것과 같은 행동들을요. 자신들의 덕이 후세에도 사람들의 기억 속에 영원히 살아남으리라 생각하지 않았다면 어찌 그런 일을 할 수 있었겠습니까? 어림도 없는 일이지요. 사실 모든 사람은 불멸의 덕과 그처럼 영예로운 명성을 얻고자 자기들이 할 바를 하고 있다고 생각합니다. […] 인간은 불멸을 사랑하니까요."

플라톤, 《향연*》

헤겔은 이와 비슷한 추론을 전개하여 모든 욕망의 바탕에는 인정받고자 하는 욕망이 있다고 말한다. 우리가 어떤 물건이나 생활양식을 원하는 것은 사실 남들이 우리의 가치를 인정해 주길 바라기 때문이라는 것이다. 하지만 헤겔에 따르면 우리는 우리가 영원불멸할 수 없는 존재임을 알기 때문에 그 바람을 결코 충분히 채울 수 없다.

그렇다면 불가능을 원하는 것이 욕망의 본질 자체라고 할 수 있지는 않을까? 불멸, 자신의 가치에 대한 최종적이고 전적인 인정, 나아가 능력, 완벽, 완전한 행복까지···. 우리는 몰래 이런 불가능한 것들을 바라고 있는 것은 아닐까? 그리고 그런 것이 욕망의 힘 아닐까? 불가능한 것을 바라지 말라면 인간의 욕망에서 무엇이 남을까?

아마도 이 지점에서 욕구와 욕망을 구분해 보아야 할 것이다. 욕구는 대개의 경우 충족이 가능하다. 욕망은 불가능한 것을 원한다는 점에서

***플라톤의 《향연》**

그리스의 철학자 플라톤이 스승인 소크라테스를 찬미하기 위해 만든 철학서이다. 비극시인인 아가톤의 집에서 열린 '향연(饗宴)'에서 아가톤과 파이드로스, 파우사니아스, 에뤽시마코스, 아리스토파네스, 소크라테스, 디오티마, 아키비아데스가 사랑의 신 에로스를 찬양한 연설을 액자형식으로 구성하였다. 본문은 소크라테스에게 만티네이아의 여인이자 무녀인 디오티마가 하는 말이다.

욕구와 다르다. 따라서 불가능을 욕망한다 해서 사리에 어긋날 것은 없다. 아니, 불가능을 바라는 것이 욕망의 숨겨진 의미 그 자체라고 할 수 있다. 하지만 인간이 불멸이나 완벽, 인정, 행복처럼 절대적이고 불가능한 것을 지향하더라도 사리에 어긋나지 않는 이유는 다른 데 있다. 그러한 욕망이 우리의 삶에 의미를 부여하기 때문이다.

이제 불가능에 대한 욕망 중에서도 충족되지 않을지언정 삶에 의미를 주고 긍정적인 작용을 하는 욕망과 지나치게 현실과 떨어져 긍정적인 힘을 발휘하지 못하는 욕망을 구분해야 한다. 불가능하지만 조절 작용을 하는 이상과 불가능할 뿐 아니라 위험하기까지 한 유토피아는 다르기 때문이다.

논지 전환

인간의 삶에 의미를 주는 것을 사리에 어긋난다고 할 수는 없다. 물론 이성적으로 판단한다면 불멸의 꿈은 무모하며 사리에 맞지 않다. 하지만 그런 욕망이 인생에 의미를 부여하거나 인생의 방향을 제시하는 경우가 많다. 아이를 낳고 기르는 일, 예술가의 창조적인 예술작품, 일에 대한 열정 등은 모두 불멸에 대한 욕망을 원동력으로 삼는지도 모른다. 하나의 욕망은 동시에 여러 대상들로 향할 수 있다. 욕망이 주체의 무의식에 뿌리를 내리고 있다면, 그래서 비록 그 대상에는 다다를 수 없어도 의미가 있다면 더욱더 그렇다.

본론 3
조절 작용을 하는 이상은 삶에 의미를 부여한다. 그러므로 그런 것을 욕망한다 해서 사리에 어긋나지는 않는다.

논거 1
불가능 하지만 의미를 준다.

정치를 예로 들어보자. 국가들 간의 영원한 평화를 바라는 것은 사실 비현실적이다. 하지만 그러한 바람이 부조리한 것은 아니다. 이 다다를 수 없는 목표가 있기 때문에, 우리는 국제관계를 개선하려고 더욱 노력하게 되는 것이다. 그러한 목표가 우리의 행동과 역사적 현실에 대한 연구에 어떤 틀이나 전반적인 지침을 제공한다. 칸트가 《영구평화론》과

《세계시민주의의 관점에서 바라본 보편사의 이념》에서 발전시킨 주제가 바로 이것이다. 칸트는 이 같은 이상에 심취하여 처음으로 국제연맹사상을 내놓았고, 실제로 1919년 국제연맹의 설립자들에게 직접적인 영향을 주었다.

칸트, 국제연맹과 조절 기능을 하는 이상

"그렇다면 가장 작은 국가들에 이르기까지 모든 국가들은 자력을 통해서가 아니라 […] 오직 이 국가들의 거대한 연합을 통해서, 그들이 합친 힘과 그들의 의지를 모아 만들어진 법의 심판에 기대어 그들의 권리와 안전을 지킬 수 있을 것이다. 이러한 생각이 열광을 자아내는 듯 보이고 생 피에르*나 루소는 실제로 그렇게 될 날이 머지않았다 생각하여 웃을지도 모르지만 사람들이 서로를 옭아매는 이 절망의 불가피한 출구는 그것뿐이다. 국가들이 받아들이기 힘들어할지라도 그러한 국제기구는 야만인이 자기 멋대로 할 수 없게 하는 해결책과 비슷한 해결책을 국가들에게 강제로 부과해야 한다. 야만적 자유를 포기하고 법이 지배하는 제도 내에서 평화와 안정을 구해야 한다는 말이다."

칸트, 《세계시민주의의 관점에서 바라본 보편사의 이념》

---

*생 피에르

프랑스의 작가이자 성직자로, 평화를 유지하기 위해 국제기구를 설립하자고 처음으로 주장하였다. 1713년 발표한 그의 대표적 저서 《영구평화론》은 국제평화와 관련된 기초문서가 되었으며 칸트, 루소를 비롯한 많은 평화론자들에게 큰 영향을 주었을 뿐 아니라 20세기까지 영향을 미쳤다.

영구평화는 아마도 성취될 가능성이 거의 없겠지만, 영구평화를 바라는 것 자체가 조절 기능을 하는 이상이 되었고, 실제로 국제연맹을 낳았다. 나아가 국제연합 설립의 원동력이 되었으며 국제법과 국제질서에 영향을 주었다. 국제연합과 그 밖의 여러 국제기구들이 반드시 최선의 기능을 한다고 볼 순 없다. 하지만 그러한 기구들이 '좋은 방향으로 나아가고' 있으며 평화로운 국제관계를 지향한다고 말할 수는 있다.

> "인간의 이성에는 관념뿐만 아니라 이상도 있다. […] 그러한 이상들은 (규제 원리로서) 실천적 덕을 지닌다."
>
> 칸트, 《순수이성비판》

그렇지만 파괴적 이데올로기와 조절 기능을 하는 이상의 경계선은 여전히 찾기 어렵다. 공산주의도 처음에 이상이었지만 스탈린 체제에서 참사를 낳는 이데올로기로 변질되었다. 한 가지 확실한 것은, 둘을 나누는 경계선은 대개 이데올로기의 대가로 수많은 인명이 희생당한 후나 이상의 긍정적인 효과로 한 발자국 앞으로 나아갈 때 뚜렷하게 보이곤 한다는 것이다. 두 가지 모두 '불가능'으로 명명되지만 현실과 맺는 관계는 하늘과 땅 차이다. 이데올로기는 현실을 부정할 위험이 있으나 이상은 현실을 조절하려고 한다.

그러므로 가능한 것을 해내기 위해서라도 불가능한 것을 바라보아야 하는 것은 아닌가 생각해 볼 수 있다. 프랑스대혁명 당시 혁명주의자들은 '정치를 통해 민중의 행복을 꾀한다'라는 불가능한 목표를 지향했다. 그 덕분에 그나마 가능한 것, 즉 자유와 권리의 구체적 발전을 거머쥘 수

논거 2
불가능한 것을 바라보기에 가능한 것에 도달한다.

있었다. 막스 베버는 《소명으로서의 정치*》에서 "끊임없이 불가능한 것을 공략하지 않는다면 가능한 것에도 결코 도달할 수 없다."라고 했다. 이 말은 불가능한 것을 공략하고 욕망해야만 돌파구가 생기고 현실에서 뭐라도 해 볼 수 있다는 뜻일 것이다.

막스 베버의 말은 다다를 수 없는 목표를 아무리 지향해 본들 아무런 소용없다는 제한적인 합리성의 관점에서 벗어날 수 있게 해 준다. 불가능한 욕망이 부조리하지 않다는 것은 그 욕망을 통해 개인이 발전할 수 있기 때문이 아니라 그 욕망이 우리를 현실 개혁으로 이끈다는 점 때문이다. 대대적인 혁명을 꿈꾸어야만 몇 가지 작은 개혁이라도 성취할 수 있는 법이다.

논거 3
재정의된 욕망 교육 : 불가능한 것을 바라는 법을 배워라.

그래서 우리가 받아야 할 욕망에 대한 교육은 고대인들과 같은 불가능한 것을 바라지 않는 법이 아니라 올바른 불가능을 바라는 법이다. 세상을 그저 받아들인 고대인들과 달리 현대를 살아가는 우리들은 세상을 바꾸고 싶어하기 때문이다. 이러한 욕망 교육은 환멸이 두려워 이상주의를 배척하는 것이 아니라, 이상과 현실이 맞지 않아 환멸이 들더라도 환멸을 견디고 현실을 개척하도록 노력하는 자세를 가르쳐 줄 것이다. 막스 베버는 이러한 재능을 '소명으로서의 정치'라고 불렀다.

---

*막스 베버의 《소명으로서의 정치》

〈소명으로서의 정치〉라는 제목으로 막스 베버가 진행했던 강의를 모아 1919년 출간한 책이다. 합리성을 중요하게 생각했던 그는 현실적으로 정치를 지배층과 피지배층의 권력을 둘러싼 투쟁으로 보았으며, 근대화의 흐름에 따라 정치가와 관료가 직업으로 떠오름에 따라 대중적인 투표제를 통한 지도자 민주주의를 제안했다. 그리고 이 지도자는 '정치인으로서의 소명을 받은 사람이 되어야 한다.'고 주장했다.

"자기가 보기에 세상이 너무 어리석거나 비열하여 그가 주려는 것을 누릴 자격이 없을지라도 자신은 무너지지 않으리라 확신하며 '그래도!' 라고 말할 수 있는 자, 오직 그런 자에게만 정치는 '소명' 일 수 있다."

막스 베버, 《소명으로서의 정치》

불가능한 것을 바라면 안 되는 것인가에 대해 답변하기 위해서는 두 세계관이 필요하다. 첫 번째 세계관은 좁은 의미에서 합리적이고 공리주의적이며 현실적이지만 에피쿠로스학파나 스토아학파의 케케묵은 생각이라고도 평가할 수 있는 생각이다. 이 세계관에서는 불가능한 것을 바라서는 안 된다. 그러한 욕망은 말이 안 되며, 쓸데없고, 계산에 걸맞지 않으며, 마조히스트적이기까지 하므로 이성의 목소리에 귀를 기울이고 노력하여 떨쳐내야 한다.

그리고 현실적이기보다는 이상주의적인 또 다른 세계관, 아마도 좀 더 현대적이라고 할 만한 세계관이 있다. 인간의 고통을 물리쳐야만 하는 적으로 삼는 데 집착하지 않기에 그 세계관 속에도 불가능성은 의미를 갖는다. 이 세계관에서 불가능성을 바라는 것은 현실과 더 나은 관계를 맺기 위한 조건이며, 인간으로서의 조건을 더욱 잘 충족하면서 살아가기 위한 방법처럼 보인다. 따라서 **불가능한 것을 욕망함으로써 그 욕망과의 접점에서 나를 더욱 발전시키고, 그 희망으로 더욱 풍요로워져서 최소한 가능한 것에라도 도달할 수 있다.** 단, 한 가지 조건이 있다. 꿈과 망상, 이상과 유토피아를 구분하는 경계를 넘지는 말아야 할 것이다.

"네가 성찰하고, 관찰하고, 깨우치되
회의에 빠지거나 파괴자가 되지 않는다면
꿈을 꾸되 그 꿈에 매몰되지 않고
생각하되 생각만이 목적이 아니라면
[…] 아들아, 너는 남자가 될 것이다."

베러디야드 키플링, 《만약》

Q 내가 정말로 원하는 것을 어떻게 아나요?

대부분의 철학자들이 자신의 진정한 욕망을 알기 위해서 소란한 세상에서 한 발짝 물러나 자신의 내면을 들여다보고 세심하게 성찰을 하라고 권고할 것 같지요? 전혀 그렇지 않습니다. 데카르트, 알랭, 헤겔, 사르트르 등 많은 철학자들은 자신이 원하는 걸 알려면 먼저 행동해야 한다고 하지요. **실제로 그 길에 뛰어들어 그 선택이 옳았는지 옳지 않았는지 경험해 봐야 한다**는 거죠.

이처럼 행동을 중시하는 이유는 첫째, 성찰이 다가 아니기 때문입니다(데카르트적인 의미에서 우리의 오성(entendement)에는 한계가 있습니다). 대학에 가는 게 낫다는 주장과 기술을 배우는 편이 낫다는 주장은 양쪽 모두 얼마든지 찾아볼 수 있지만 우리의 오성은 제한적이므로 둘 중 어느 쪽이 절대적으로 나의 바람에 맞는 길인지 증명하기란 불가능합니다. 그렇지만 결단은 내려야 하고 이 지점에서는 지성보다는 의지가 작용하지요.

알랭은 데카르트에 대해 설명하면서 "행동의 비밀은 시작에 있다."라고 했습니다. 데카르트는 형이상학적 진리의 세계와 행동의 세계를 구분했는데요. 행동의 세계에서는 우리 선택의 가치나 우리 행동의 결과에 확신을 가질 수 없습니다. 그럼에도, 의혹이 있어도 뛰어드는 것이 용기입니다. 의혹에 기꺼이 몸을 던지는 것이지요. 그래서 나 역시 우리가 열망하는 것을 정말로 알 수는 없지만 **모르면서도 선택한다**는 바로 그 점에 위대함이 있다고 말하고 싶습니다!

둘째, 어떤 활동이 여러분의 인간적 능력, 이를테면 지성, 감성, 상상력 등을 계발해준다면 그 활동은 여러분에게 잘 맞는 겁니다. 이것은 **존재와 활동의 만남**입니다. 그리고 모든 만남이 그렇듯 만남이 아름다운 이유는 그 만남이 어떻게 나아갈지 미리 알 수 없기 때문입니다. 그러니 어떤 길이 '내가 진짜로 원하는 것'과 부합할지 그렇지 않을지는 일단 가보지 않으면 모르고, 그래서 더 좋습니다.

셋째, '내가 진짜로 원하는 것'에 작은 의미라도 있는지를 알아야 합니다! 그러자면 나에게는 어떤 본질, 심오한 본성이 있어야 할 테지요. 하지만 사르트르라면 결코 그렇지 않다고, 우리는 '본질'이 아니라 '존재'일 뿐이라고, 존재는 본질에 선행한다고 말할 텐데요. 이렇게 생각하면 '내가 진짜로 원하는 것'에는 아무 의미도 없습니다. 나는 이렇게 될 수도 있고 저렇게 될 수도 있습니다. **내 미래는 나 하기에 달렸습니다.** 물론 여러분의 고민도 이해가 갑니다. 실수를 할 수도 있고, 허송세월을 하게 될지도 모르니까요. 하지만 인생은 끝까지 살아봐야 아는 겁니다. **우리는 삶의 길에서 죽는 날까지 매일매일 새롭게 방향을 찾을 테니까요.**

우리는 왜 잘못인 줄 알면서
반복하는가?

오랜 친구와 카페에서 마주 앉아 이야기를 나누었다. 그는 얼마 전에 애인과 또 헤어졌다. 또다시 실패한 것이다. 시작은 좋았지만, 그는 이별을 자초할 만한 행동을 그만둘 수 없었다고 했다. 아무리 잘해 보려고 결심해도 안 된다는 것이다. 이 친구는 밑도 끝도 없이 질투심을 불태웠고, 그의 연인은 친구의 소유욕과 집착에 질려서 도망가 버리고 말았다. 그는 불행하지만 어떻게 보면 이런 상황을 자기가 즐기는 것도 같다고 했다. (그게 아니라면 자꾸 같은 짓을 반복할 이유가 없으니 말이다). 우리는 이 간단하고도 괴로운 사실, 프로이트가 《쾌락 원칙을 넘어서》에서 지적했듯이 희열이 고통과 양립할 수 있다는 사실을 절감했다.

친구는 예전의 일을 떠올려 보았다.

'첫 연애는 달랐던가? 열다섯 살 때의 첫사랑은 이렇지 않았나? 그 다음 연애가 문제였나? 연애사가 다른 식으로 흘러갈 수도 있었을까?'

이 생각들 속에 유혹이 도사리고 있다. 누구나 그런 마음이 들 때가 있다. 그렇게 끝나지 않을 수도 있었을 텐데, 그때 그렇게 되지만 않았어도 모든 일이 달라졌을 텐데, 지금 우리 모습도 달라져 있을 텐데⋯⋯. '만약'을 가정하여 이야기를 처음부터 다시 쓰고 싶은 유혹을 세계사, 우주의 역사로 옮겨볼 수도 있다. '만약 처음에 ~했으면 전부 다 달라졌을 텐데.' 라고 말이다. 그래서 우리는 개인사나 세계사에서나 우연에 대해서 생각한다. 심지어 이러한 기법을 사용하는 '대체역사' 라는 문학 장르도 있다. 대체역사는 '만약 히틀러라는 청년이 화가로서 큰 성공을 거두었다면 어떻게 됐을까?' '상황은 달라질 수도 있었을까?' '달라질 수도 있었겠지?' 라는 질문으로 이어지는 우연 개념과 결부된 희망의 한 형태라고 볼 수 있다.

프로이트의 정신분석학은 이 희망을 깨뜨린다. 정신분석학은 내 친구가 열다섯 살에 경험한 첫사랑이 그런 식으로 전개될 수밖에 없었던 것은 우연이 아니며, 이미 일어난 일에는 의미가 있다고, 무의식에 우연 따

＊우연과 필연

철학에서 우연과 구분되는 필연은 결정론과 비슷한 의미이다. 과학적인 인과론, 나아가 운명과도 비슷한 뜻이라고 할 수 있다. '필연적이다' 는 말은 '그렇게 존재하지 않을 수 없다' 는 뜻이다. '이데아들의 세계인 천상' 에서 빛나는 플라톤의 이데아들은 필연적이다. 영원한 진리나 원칙은 존재하지 않을 수 없으며, 그것들의 존재는 우연, 인간의 의지, 그 밖의 어떤 것에도 기대지 않기 때문이다. 볼펜을 쥐고 있다가 손을 놓아 버리면 그 볼펜은 떨어진다. 여기에서 볼펜이 떨어지는 것은 필연이다. 그런 상황이라면 볼펜이 떨어지지 않을 수 없기 때문이다. 볼펜은 물체의 낙하라는 결정론에 따른다. 하지만 볼펜의 낙하가 필연이라고 해서 우리가 그렇게 되기를 필요로 한다는 의미는 아니다. 따라서 '필연' 과 '필요' 는 구분해야 한다. 헤겔은 역사의 진보가 필연이라고 했는데, 그것은 '운명, 숙명' 이라는 뜻이라고 볼 수 있다. 우리가 그러한 진보를 필요로 한다는 뜻이 아니라, 볼펜이 허공에서 떨어지듯 거스를 수 없는 일이라는 의미이다.

위는 없다고 말한다. 그러니 만약을 가정해 봤자 쓸데없다는 것이다. 하지만 프로이트주의는 이 희망 – 꼭 이렇게 되라는 이유가 없고, 따라서 우연이 개입한 것이므로 상황은 달라질 수 있다는 희망 – 을 깨뜨리는 대신에 다른 희망을 제시한다. 역사 다시 만들기를 포기할 때, 열다섯 살 때가 달랐으면 지금도 다를 거라는 생각을 포기할 때, 더 이상은 우연을 믿지 않을 때, 우리는 역사 속의 우리 존재를 그대로 받아들이고 괴로움에서 해방될 수 있다고 프로이트주의는 말한다. 하지만 아마도 몹시 힘든 일일 것이다. 하지만 친구는 어린 시절이나 가족사에서 자기 실패의 원인을 찾을 기분이 아니었다. 그는 열다섯 살 때 그 소녀와 잘됐으면 모든 것이 달라졌을 것이라고, 그러니까 지금도 달라질 수 있다고 믿길 원했다. 그는 우연을 믿고 싶었던 것이다.

그는 연애가 잘 풀려서 행복해지기를 간절히 바랐으며, 실연이 반복되는 것을 이해하지 못해 무척 괴로워했다. 하지만 그의 무의식 속에서 이 실연들은 의미를 갖는다. 어쩌면 그는 자기도 모르게 자기 아버지나 할아버지가 여자들을 대하던 태도를 되풀이하고 있거나 아니면 아예 정반대의 태도를 취하고 있을지도 모른다. 하지만 이 두 경우에 그의 아들로서, 손자로서의 존재방식이 그가 미처 의식하지 못한 무언가를 충족시키는 것이다. 이것이 그가 실패를 되풀이하는 이유이다(반복강박*). 장

---

*반복강박

삶을 살아가면서 괴롭고 고통스런 과거 상황을 반복하고자 하는 강박적인 충동을 가리킨다. 이런 충동을 지닌 개인은 자신이 그와 같은 사건이나 경험을 자초한다는 사실을 인식하지 못한다. 이들은 스트레스를 야기하는 사건들을 개인의 성격이나 행동과는 상관없이 불운이나 운명의 탓으로 돌리려는 경향이 있다. 이처럼 유사한 삶의 비극들을 반복하는 사람들을 운명 신경증 환자 또는 반복강박 환자라고 한다.

기간 정신분석을 받지 않는 한 한 번 자리 잡은 태도를 고치는 일은 매우 힘들기 때문에 실패가 반복되기도 한다.

이로써 '무엇이 더 강한가?'라는 핵심적인 질문이 나오게 된다. 무엇이 더 '나'다운가? 프로이트가 '자아(ego)'라고 부르는 좀 더 의식적인 나? 아니면 프로이트가 '원초아(id)'라고 부르는 무의식적인 나? 하지만 그 둘뿐이 아니라 초자아(superego), 즉 사회적 · 도덕적 자아이상, '자아가 되고자 하는 것'이 있다. '자아'의 역할은 무엇인가? 어째서 삶은 이토록 힘든가? 그 이유는 우리가 외부세계에서 맞서는 현실적인 어려움 말고도 자기 안에서 '원초아'와 '초자아'의 서로 상충되는 요구를 화해시켜야 한다는 어려움을 안고 있기 때문이다.

---

*프로이드의 원초아, 자아, 초자아

프로이트는 성격이 원초아(id), 자아(ego), 초자아(superego)로 구성되어 있다고 한다. 원초아는 인간이 생물학적 존재로 태어나면서 타고나는 본능으로, 무의식의 지배를 받으며, 쾌락의 원리에 따른다. 유기체의 본능적 욕구는 삶에 꼭 필요한 생물학적 욕구다. 며칠을 굶어 허기졌을 때 먹는 밥 한 숟가락은 원초아의 욕구를 만족시켜준다.

자아는 출생이후 개인의 경험을 통해 형성되며, 크게 두 가지 기능을 한다. 하나는 외부 세계에 대해 현실적인 지각을 하는 것이고, 또 하나는 내부에서 솟구치는 욕구를 통제하는 역할이다. 자아는 욕구를 만족시키거나 긴장을 감소시킬 대상을 발견할 때까지 에너지 방출을 미루는 현실원리에 의해 작동한다.

초자아는 부모의 가치기준에 동화함으로써 자아에서 발달한다. 3세 정도가 되면 원초아가 엄마를 독점하려고 하면서 강력한 라이벌인 아버지에게 경쟁의식을 느끼게 되는데, 이때 아이는 아버지가 자신을 해칠지도 모른다는 거세공포를 느끼면서 불안을 잠재우고자 아버지와 자신을 동일시하여 원초아의 욕구를 억압하게 된다. 이렇게 해서 생겨나는 것이 초자아이다. 초자아라는 것은 자아의 독특한 형태로서 원초아의 충동을 억제하고, 자아가 현실적이고 도덕적인 목표를 추구하도록 돕는다.

사는 게 만만치 않구나!

"어느 속담은 두 주인을 함께 섬기지 말라고 경고한다. 가엾은 자아의 경우는 이 일이 더욱 힘들다. 그는 엄격한 주인 셋을 섬겨야 하기 때문이다.

[…] 자아가 섬기는 세 주인은 외부세계, 초자아, 원초아이다. […] 자아는 서로 다른 세 방향에서 조여들어오는 힘을 느끼며 세 가지 위험에 노출되는데, 지나친 압박에 시달리면 불안공포로 반응한다. […] 자아는 원초아와 현실의 갈등을 얼버무리고 원초아가 절대 굽히지 않겠다고 완고하게 버틸 때에도 외교적인 술책으로 현실에 대해 고려하도록 한다.

한편으로 자아는 엄격한 초자아에게 일거수일투족을 감시당한다. 초자아는 자아의 행동에 일정한 규범을 정해놓고 원초아나 외부세계가 자아에게 가하는 어려움을 전혀 고려하지 않는다. 초자아는 자기가 정한 규범이 지켜지지 않을 경우 열등감이나 죄의식 같은 긴장감으로 자아를 벌한다.

그렇게 원초아에게 압박당하고 초자아에게 시달리며 현실로부터 거부당하는 자아는 자신에게 미치는 이 힘들과 영향들 사이에서 경제적으로 조화를 이루어내고자 노력한다. 그렇기에 우리는 '사는 게 만만치 않구나!'라고 탄식하지 않을 수 없는 것이다."

지그문트 프로이트, 《새로운 정신분석강의》

내 친구도 자기 의지로 그렇게 된 일이 아니었다. 내 친구는 무의식적으로 그렇게 행동하기로 작정한 것 같았다. 그의 자유, 이를테면 데카르트적 의미에서의 자유의지는 위태롭기까지 하다.

의식의 독립성*은 무의식의 존재에 위협받는다. 그러나 내 친구가 자기 무의식을 선택한 것은 아니다. 그저 물려받았을 뿐이다. 그것은 유년기의 산물이자 그의 조상들의 산물이다. 그는 그 자신의 유년기가 낳은 존재인 것이다. 그래서 프로이트 사상은 스토아주의나 스피노자 사상과 같은 철학적 결정론의 계보에 속하며 이는 운명보다 우연을 더 강조하는 자유의 철학과 대립된다. 그런데 결정론적 접근은 자유 개념에 대한 비판과 인간의 자유를 새롭게 정의하려는 시도에 관심을 둔다.

그래서 에픽테토스나 마르쿠스 아우렐리우스 같은 스토아주의자들은 인간에게는 행동의 자유가 없으며 그저 자신이 바꿀 수 없는 것을 받아들이느냐 그렇지 않느냐의 차이가 있을 뿐이라고 말한다. 이때 자신에게 닥치는 일을 받아들이고 순응하는 법을 배우는 이성과 의지의 노력에서 자유가 돌아온다는 것이다. 그 자유는 받아들임의 자유일 뿐이다.

스피노자는 식물이 자라고, 사자가 울부짖고, 돌이 구르는 데 자연이 작용하듯 인간 역시 자연 속에서의 존재로 결정된다고 보았다. 스피노자에 따르면 인간의 욕망이나 생각의 자유는 식물이 자랄 때, 사자가 울부짖을 때, 돌멩이가 비탈길에서 굴러 떨어질 때의 자유 같은 것이다. 그런 자유는, 사실 자유라고 하기도 어렵다. 하지만 인간은 식물을 자라게 하는 자연의 법칙을 이해할 수 있으며 자신의 생각에 대해서 생각할 수 있다. 이때에 자유는 결정론에 대한 앎으로 재정의되며 스토아학파처럼 그

---

*의식의 독립성

의식의 독립성은 데카르트적 자유의지의 조건이다. 하지만 데카르트에게 중요한 것은 의식적 욕망에 대한 의식의 독립성이다.

냥 받아들이기만 하는 것이 아니라 자연법칙을 합리적으로, 과학적으로 아는 자유를 말한다. 그래서 결정론을 아는 자유라고 하는 것이다.

프로이트 역시 자유를 그가 입증한 새로운 유형의 결정론과 양립할 수 있는 것으로 재정의했다. 우리는 우리의 유년기, 우리의 과거, 우리 가족의 과거에 의해 결정된다. 하지만 이 결정된 바에 우리가 괴로워할지라도 그러한 결정론은 무의식적인 것이며 우리는 우리가 왜 이렇게 행동하는지 그 뿌리 깊은 이유를 모른다. 우리를 더욱 괴롭게 하는 것은 내면의 갈등이다. 우리의 원초아는 초자아가 배척하는 만족을 갈구한다. 원초아는 우리가 알고 싶지 않은 삶, 끊임없이 억압해야만 하는 삶이 우리 내면에 존재한다는 증거이다.

정신분석은 무의식에 귀를 기울이고 그 일부를 의식하게 함으로써 우리의 무의식적 열망과 그 열망을 알고 싶어 하지 않는 의식의 내적 갈등을 끝내는 것이다. 우리는 여전히 동일한 과거, 동일한 무의식에 의해 결정된 동일한 사람일 테지만 '경청'을 통해 무의식을 의식하게 됨으로써 많은 문제에서 해방될 수 있으며, 신경증이나 우울증, 반복강박을 피할 수 있다. 내 친구도 정신분석을 받기로 결심한다면 아마 그런 문제를 피할 수 있을 것이다.

이때의 자유는 에픽테토스처럼 운명을 받아들이는 것도, 스피노자처럼 운명을 아는 것도 아니다. 프로이트와 라캉*의 자유는 운명에 귀를

---

*라캉

프랑스 출신 철학자이자 정신분석학자로, 프로이트에 대해 독창적인 해석과 연구를 하였다. 언어에 인간의 욕망과 무의식이 나타난다고 주장하였으며, 인간의 욕망과 무의식을 분석하여 철학으로까지 발전시켰다.

기울이는 것이다. 이 세가지 경우 모두 인간이 운명을 부정하지 않을 때 비로소 자유가 시작된다고 말한다. 따라서 자유와 결정론은 정말로 대립된다고 볼 수 없다.

알랭*과 사르트르는 20세기에 프랑스에서 무의식 개념을 공격한 대표적 철학자들이었다. 알랭은 무의식 가설을 부정하면서 인간은 더 나은 행동을 할 수 있을 것이라는 '도덕적' 이유를 내세웠고, 사르트르는 인간의 절대자유를 지키고자 했다. 사르트르는 모든 종류의 결정론을 거부했지만 특히 무의식의 결정론에 대해서는 매우 단호했다. 사르트르는 인간을 형성하는 데에는 과거와의 관계보다 미래와의 관계가 더 중요하다고 했다. 그에게 인간은 '기획(projet)'일 뿐이다. 인간은 끊임없이 미래에 자신을 투사하며, 그 투사 방식은 소급적으로 과거나 유년기에 영향을 미친다.

그러니까 내 친구는 물론이요, 그 누구도 실연의 반복이라는 삶의 방식이 과거에 의해 결정됐다고 볼 수 없다. 인간은 언제나 미래를 기획함으로써 과거를 새롭게 채색할 수 있고, 과거의 좋지 않은 영향에서 벗어날 수 있다. 사르트르는 《존재와 무》에서 이러한 내용을 바탕으로 새로운 형태의 정신분석, '실존주의적 정신분석'을 제안하기까지 했다. 그러한 정신분석은 과거를 곱씹기보다는 자신에게 필요한 '기획'을 찾는 데 목적이 있다. 그렇다면 불안은 더 이상 운명에 대한 무의식적 예속의 부

*알랭

프랑스의 개인주의적, 자유주의적 철학자이다. 데카르트류의 합리주의의 입장을 취하고, 프랑스 모랄리스트의 전통을 계승하여 '어록(propos)'의 형식을 빌어 인생론 문제를 다루면서, 개인의 정신적 자유를 확보하는 것이 옳다고 주장했다.

정적 징후가 아니라 비록 유쾌하진 않지만 자신의 자유를 의식하고 있다는 긍정적 징후이다. 나는 이렇게 될 수도 있고 저렇게 될 수도 있다. 선택은 나에게 달렸고 나는 그 결과를 수용해야 한다. 그래서 나는 불안한 것이고 결정론에 안주하느니 그 편이 낫다.

"따라서 불안은 자유에 의한 자유의 반성적 이해다."

장 폴 사르트르, 《존재와 무》

물론 이 불안이 어느 선을 넘으면 압도적이 된다. 사르트르는 《자아의 초월》에서 창가에 다가가기가 무서워서 거실 구석에 처박혀 있는 여자에 대해서 말한다. 그 여자는 창문 그 자체보다는 창가로 가면 자신이 창녀처럼 지나가는 사람들을 소리쳐 부를지도 모른다는 생각에 동요한다. 사르트르는 이 여자가 끔찍한 것이 되어 버릴 수도 있는 자신의 자유 때문에 동요한다고 말한다.

지하철 플랫폼에서 안전선 밖으로 물러나 있는 이유는 우리가 자칫 달리는 전차에 다른 사람을 밀치거나 자기 몸을 던질 수도 있다고 생각하기 때문이다. 마찬가지로, 높은 곳에서 어지러움을 느끼는 사람은 허공 자체가 두려운 게 아니라 자신이 그 허공에 떨어질 수 있음을 두려워하는 것이다. 사르트르는 여기서 프로이트에게 답한다.

불안을 설명하는 것은 우리의 과거가 아니라 미래다! 불안은 우리의 자유가 장차 괴물처럼 끔찍한 것이 될 수도 있음을 자각하는 것이다. 하지만 물론 그렇게 되지 않을 수도 있다. 자유는 녹록지 않다. 하지만 자유는 우리의 유일한 운명이다!

인간은 자유롭도록 저주받았다.

"인간은 스스로를 창조하지 않았기에 저주받았고 일단 세상에 던져진 이상 자신이 하는 모든 일에 책임을 져야 하기에 자유롭다. 실존주의는 정념의 힘을 믿지 않는다. 실존주의는 어떤 굉장한 정념이 인간을 운명적으로 어떤 행동으로 이끌고 그 때문에 그 자체로 하나의 핑계가 되는 파괴적인 급류라고 생각할 수 없다. 실존주의는 인간이 자기 정념에 책임이 있다고 본다. 또한 실존주의자는 인간이 땅 위에 그려진 표지를 보고 방향을 찾는 데 도움을 얻을 수 있으리라 생각하지도 않는다. 어차피 인간은 그 표지를 자기 마음에 맞는 대로 해독하게 마련이다. 그러므로 인간은 아무런 의지나 도움도 없이 매순간 인간을 만들어내도록 저주받았다고 생각한다."

장 폴 사르트르, 《실존주의는 휴머니즘이다》

Q 철학자로 산다는 게 어떤 거예요? 일상의 소소한 문제들에 대해서 짜
증내지 않는 건가요?

　철학자로 산다는 것이 짜증내지 않는 것이냐고요? 천만의 말씀입니
다! 물론 철학이 언제나 선(禪), 사심을 초월한 초탈의 경지에 머물러 사
는 것이기만 하다면 참 좋겠지요. 사실 철학자가 더 나은 세상의 꿈을 버
리고 사회를 변화시키기를 포기한 채 매사를 초연히 여긴다면, 그렇게
속세를 떠난 도인이나 현자처럼 살아간다면 나름 편리할 겁니다. 철학
은 흔히 일종의 지혜, 소란스러운 일상과의 거리 두기처럼 여겨지기도
하는데요, 이 부분에 의문을 제기해 볼 필요가 있습니다.

　그러한 생각에는 철학의 혁명적 성격을 외면하거나 와해하려는 의지
가 깔려 있는 것은 아닐까요? 인간이 철학을 하게 되는 주된 계기를 부
정하려는 것은 아닐까요? 사람은 있는 그대로의 세상을 거부하기에, 참
되지 않은 삶의 형식에 불만을 품기에 철학을 하게 됩니다. 문제시되는
것, 거슬리고, 짜증나고, 절망적이고, 받아들일 수 없고, 기막힌 것과 직
면하면서 철학을 하게 되는 것이지요. "누가 내 차를 그었다든가 누가
약속시간에 15분 늦게 왔다든가 하는 사소한 불만 때문에 철학을 하게

되진 않거든요!"라고 반박할지도 모르겠습니다. 하지만 정말 그럴까요? 은연중에 하찮은 일상과 거창한 형이상학적 문제를 구분하니까 그렇게 말하는 게 아닐까요? 사실 일상과 형이상학을 구분하는 것 자체가 문제입니다. 가장 거창한 문제들은 일상의 소소한 것 이면에 숨어 있기 때문이지요.

예를 들어 15분 지각은 약속의 파기, 맹세를 지키는 어려움, 나아가 전날의 발언이 소급적으로 거짓말이 된다는 문제를 제기합니다. 절대 단순한 일화로 치부할 것만은 아니지요. 타자의 말을 믿을 수 없다는 결론이 나오면 사회 전체와 우리 삶 전체가 성립될 수 없을 것입니다. 그러니까 철학자도 어떤 일에 연연하고 짜증스러워하는 것들은 분명히 있습니다. 세상에는 변화시켜야 할 것들이 있으니까요. 세계가 그저 운명이라면 스토아주의자처럼 무조건 받아들여야 할 것입니다. 하지만 화내고 받아들이지 못하는 것이 있다면, 도인처럼만 살지 않는다면 더 멋진 혁명이 가능할 테지요. 모든 불만의 바탕에는 더 나은 것에 대한 기약이 숨어 있기 때문입니다. 때로는 사소한 불만에 눈이 어두워 성숙한 생각을 하지 못하기도 합니다. 하지만 우리는 그 작은 불만들을 다른 방식으로 경험하고 생각의 원동력으로 여겨 기꺼이 사랑할 수도 있을 것입니다.

문화

Chapter 2

+

Keyword

언어, 예술, 노동, 기술, 종교, 역사

LA CULTURE

LE LANGAGE
L'ART
LE TRAVAIL ET LA TECHNIQUE
LA RELIGION
L'HISTORIE

문화는 자연에서 비롯되는가, 자연과의 분리에서 비롯되는가?

문화는 상반된 두 가지 방식으로 맺어진 자연과의 관계를 통해 정의할 수 있다. 문화는 어떤 식으로든 자연에서 비롯됐든가 아니면 자연과 분리되어 존재하든가 둘 중 하나이다. 그러니까 문화는 '자연의' 문화이거나 '자연에 반하는' 문화, 나아가 '반자연'인 것이다.

아리스토텔레스가 인간을 정치적 동물이라고 평한 것은 인간에게는 사회를 이루고 그 사회 속에서 인간으로서의 자질(이성, 언어, 우정 등)을 발전시키는 것이 자연스럽다는 뜻이었다. **인간은 스스로를 개척하며 사는 게 자연스럽다.** 그게 말처럼 쉽지는 않지만 말이다. 따라서 **문화는 자연**(인간의 천성적 자질)**을 일구고 가꾸는 것이다.** 아리스토텔레스는 인간이 풍부한 문화를 누리게 된 이유가 인간이 두 손을 가지고 태어났기 때문이라고 말한 적도 있다.

인간의 고유성은 손

"인간이 잘 타고나지 못했다고, 인간이 발굽도 없고, 털도 없고, 싸울 만한 무기도 없기에 동물 중에서 가장 불리하다고 말하는 자들은 잘못 생각한 것이다. 다른 동물들은 저마다 한 가지 방어무기밖에 없으며 그 무기를 바꾸기란 불가능하다. 말하자면 그들은 잠을 잘 때나 그 외 다른 때에도 발굽을 유지해야 하며 그들이 타고난 무기를 몸 밖에 두거나 바꿀 수도 없다. 하지만 인간은 그와 반대로 수많은 방어수단들을 갖고 있으며 언제나 그 수단들을 바꿀 수 있고 자기가 원할 때에만 무기를 취할 수도 있다. 인간의 손은 발톱도 되고, 족쇄도 되고, 뿔도 되고, 창도 되고, 검도 되고, 그 밖의 어떤 무기나 도구도 될 수 있다. 손은 뭐든지 잡을 수 있고 쥘 수 있기 때문에 그 어떤 것도 될 수 있다."

– 아리스토텔레스, 《동물의 부분에 대하여》

칸트는 반대로 우리가 타고난 이기적 성향에서 벗어나려는 노력에 도덕의 아름다움이 있다고 했다. 그래서 칸트는 문화를 우리의 못된 개인주의적 본성(자연)으로부터의 분리로 보았다. 그가 규율, 즉 인간의 타고난 자발성을 거부함으로써 문화의 필연적 탄생이 가능하다고 한 것도 문화가 인간 본성에 대한 거부를 요한다고 보았기 때문이다. 그래서 문화의 아름다움은 인간 본성을 연장시키는 것이 아니라 그 본성과 싸우고 대립하는 데 있다.

인간은 뒤틀린 나무로 되어 있다

"인간은 […] 주인을 필요로 하는 동물이다. 인간은 자신의 자유를 동족들에게 확실히 남용하기 때문이다. 인간은 합리적 동물로서 만민의 자유에 제한을 두는 법을 원하지만 그의 동물적인 이기성은 가능하다면 자기 자신에게만은 그 법의 예외를 두고 싶어 한다. 따라서 인간에게는 개별적 의지를 꺾고 보편적으로 바람직한 의지를 강제로라도 따르게 할 주인이 필요하다. 하지만 그 주인을 어디서 찾을까? 같은 인간들 틈에서 찾을 수밖에 없다. 그런데 그 인간도 똑같이 주인을 필요로 하는 동물일 것이다. […] 그런데 가장 높은 이는 바로 그의 내면에 있는 인간이라야 한다. 따라서 이 과업은 더없이 어렵고 완벽한 해결조차 불가능하다. 인간은 뒤틀리고 구부러진 나무로 되어 있으니 그 나무를 어떻게 자르든 완벽한 직선은 얻을 수 없다."

칸트, 《세계시민주의의 관점에서 바라본 보편사의 이념》

"규율은 인간이 야만스러운 성향에 이끌려 자신의 목적과 인류에게서 벗어나지 않도록 막아준다. […] 따라서 교육은 첫째, 인간에게 규율을 잡고 […] 인간 안의 동물성이 인간성을 짓누르지 않도록 도와야 한다. […] 둘째, 교육은 인간을 계발해야 한다."

칸트, 《교육론》

문화가 자연에서 비롯되었는가, 아니면 자연과의 분리인가라는 문제의식은 문화가 포괄하는 모든 개념들에 대해서도 활용할 수 있다.

언어 분야를 생각해 보자. 문화가 항상 자연에서 온다고 생각한다면, 말들은 사물에서 비롯되었으며 사물과 닮았다는 뜻이 된다. 그렇다면 단어는 임의적 명칭이 아니라 그것이 지시하는 것에서 자연스럽게 비롯된, 자연을 본뜬 것이라고 할 수 있을 것이다. 플라톤의 《크라튈로스》는 바로 이러한 주장을 옹호한다.

예를 들어 '미움'이라는 단어는 그러한 마음 상태를 가리키기 위해 임의로 정한 것이 아니라 그 구조와 음성적 울림이 실재와 비슷하기 때문에 선택되었으며, '뻐꾸기'라는 이름은 그 새의 울음을 모방함으로써 나왔다는 것이다. 말이 사물을 닮았다면 우리의 문화는 자연에서 왔다고 할 것이다. 하지만 데카르트와 20세기 언어학자들은 말은 관습적 기호일 뿐 사물과 닮지 않았다고 보았다. '미움'이 꽃을 가리키는 단어가 될 수도 있다는 것이다. ('미움'은 '꽃'이 될 수도 있었을 것이다). 이 주장에서의 문화는 우리가 우리의 자연스러운 지각에서 벗어나 있다는 표시이다. 《크라튈로스》의 주장을 따른다면 문화는 자연의 연장이요, 데카르트나 칸트를 따르자면 문화는 자연과의 거리다.

이 문제의식에 비추어 '예술'을 생각해 보자. 문화가 자연에서 왔다면 예술은 자연에 대한 모방으로 쉽사리 정의될 수 있다. 회화에서 표현되는 것은…… 풍경, 장면, 정물 등의 자연이다. 프로이트의 승화 이론*에 따르면 예술가의 창조적 재능은 억압된 성 충동을 승화시킬 수 있기에 나온다는 것이다. 이 이론대로라면 예술이 자연에서 온다는 주장은 더

*승화 이론
프로이트는 리비도가 예술적 창조나 지적 작업 같은 명백하게 비(非) 성적 행위로 바뀌는 과정을 '승화'라고 보았다. 이 과정은 사회적으로 승인되지 않은 형태나 신경증적 증상으로 방출될 수도 있는 성적 에너지를 사회적으로 용인된 경로를 통해 내보내는 기능을 한다. 프로이트는 특별히 세련된 문화인은 완전한 승화가 가능하다고 주장하였다. 반면 라캉은 개인에게 완전한 승화는 불가능하다고 주장했다.

욱 힘을 얻는다. 프로이트는 원래 자연스러운 에너지가 변환됨으로써 걸작들이 나올 수 있었다고 보았다. 여기서 문화는 자연의 변형이며, 승화이다. 비록 중간 과정이 길고 간접적이기는 해도 문화는 자연에서 나온 것이다.

하지만 문화가 자연과의 분리라고 생각하면 진정한 예술은 자연에서 최대한 먼 예술, 자연스럽게 보자면 추하고 혐오스러운 것인데도 그것의 아름다움을 보여주려고 노력하는 예술이 될 것이다. 위스망스나 오스카 와일드는 이러한 심미론을 발전시켰다. 이때 예술은 '반자연'으로 정의되는 경향이 있으며, 자연스러운 것은 거칠고 상스럽게 여겨진다. 따라서 우리가 가장 직접적이고 자연스러운 취향과 거리를 둘 때에 문화가 가능하다. 이때의 문화는 자연의 직접성과의 결별로 나타난다.

자연을…… 거꾸로

"더욱이 데 제생트에게 기교는 인간의 천재성을 특징짓는 표시처럼 보였다. 그가 자주 하는 말마따나 자연은 시효를 다하였다. 자연은 구역질나도록 획일적인 풍경과 하늘로써 세련된 이들의 섬세한 참을성을 완전히 바닥내버렸다. […] 게다가 가장 섬세하고 위대한 자연의 발명이라고 소문난 것 중에 인간의 천재성이 창조하지 못할 것이라고는 아무것도 없다. 전기 조명과 무대장치로 만들어낼 수 없는 퐁텐블로의 숲이나 달빛 따위는 없다. 수력학으로 감쪽같이 모방하지 못할 폭포는 없다. 지점토로 똑같이 모방하지 못할 바위는 없다. 특수한 타프타 소재와 얇은 색종이로 만들어서 견주지 못할 꽃은 없다! 분명히 자연이라는 이 노망난 노파는 진정한 예술가들의 너그러운 경외심을 소진시키고 있다. 가급적 자연을 인위적 창조로 대체해야 할 순간이 드디어 도래한 것이다."

조리스 카를 위스망스, 《거꾸로*》

이 문제의식은 노동과 기술에도 적용된다. 문화가 자연에서 왔다면 도구는 타고난 신체의 인위적 연장일 것이고, 비행기 같은 최첨단 기술은 자연 속 동물에게서 비롯되었다고 볼 수 있다. 자연이 우리를 불완전하게 창조했기에 우리는 기술을 통해 우리를 더 완전하게 만들고자 하는 것이다. 여기서 다시 한 번 문화는 자연의 연장이 된다. 노동 역시 인정받고자 하는 '자연스러운' 욕구에서 나왔다고 말할 수 있겠다.

반대로 문화를 자연과의 분리로 생각한다면 노동과 기술은 다른 방식으로 조명되거나 다른 측면들에서 바라보아야 한다. 인간은 기계의 역할로 축소될 수 없기에 생산체인에서의 노동은 자연에 반하는 것처럼 보인다. 이때 문화는 우리를 탈자연화할 위험, 우리의 자연적 본성을 곡해할 위험이 있다. 만약 인간의 진정한 본성이 타인에게 인정받기보다 유유자적하기를 원하는 것이라면, 노동은 자연에 대한 폭력에 가까울 것이다.

***조리스 카를 위스망스의 《거꾸로》**
조리스 카를 위스망스는 프랑스 파리 출생의 작가로 심미적이고 신비주의적이며 상징적인 세계를 지향했으며 19세기 세기말 경향을 단적으로 드러내는 작품세계를 선보였다. 《거꾸로》는 조리스 카를 위스망스의 대표작으로 난해하고 다양한 의미를 내포하고 있는 소설이다. 이 소설의 주인공인 데 제쌩트는 한 귀족 가문의 마지막 후손으로 세상에 염증을 느껴 자신이 꾸민 인공적인 낙원에 1년 동안 칩거하려 했지만 결국 실패하게 된다. 내용은 줄거리는 없이 주인공인 데 제쌩트의 몽상과 회상, 철학적인 성찰로 가득하다.

좀 더 광범위하게는 기술의 진보가 문화의 정의 문제를 다시금 부각시킨다고 볼 수 있다. 전례 없는 기술의 진보는 한편으로 현 상태에 만족할 줄 모르고 언제나 자연적으로 주어진 것을 뛰어넘고자 하는 인간의 본성에 부합한다. 그러나 다른 한편으로 이 숨 가쁜 발전이 인간의 본성을 다시 한 번 생각하게 한다. 문화가 자연과의 분리라면 50년 전부터 초고속으로 발전하고 있는 기술은 이 분리의 범위와 속도를 엄청나게 신장시켰기에 '우리의 본성'이라는 표현 자체가 무의미할 정도다.

종교에 대한 시선도 문화를 어떻게 생각하느냐에 달렸다. 문화가 우리 안의 자연(본성)을 연장하거나 변화시킨 것이라면 종교는 무엇인가를 믿고 싶은 자연스러운 욕구의 표현이다.

반면에 문화를 자연과의 분리로 생각한다면, 종교는 인간이 자신의 악한 본성과 싸우며 억지로라도 선해지려고 노력하는 태도이다. 좀 더 근본적으로 말하자면 여기서 말하는 종교에는 인간이 생명체로서의 삶 혹은 지각의 자연적 한계를 거부한다는 의미가 있다. 종교는 자연을 뛰어넘고 자신의 한계와 결정론에서 벗어나려는 의지로서, 문화의 정수(精髓)에 해당한다.

마지막으로 역사를 생각해 보자. 문화를 자연스러운 것으로 생각한다면 역사는 대단한 쟁점이 되지 못할 것이다. 역사는 다양한 시대와 문명을 통해 주로 변함없는 인간의 본성과 정념, 광기를 보여줄 것이다.

"오랜 세월도 사람들 사이에 거리를 만들지는 않는다."

퐁트넬

하지만 문화를 자연과의 분리로 본다면 역사는 사악한 자연에서 벗어 나려는 진보적 노력이 될 수 있다. 칸트가 18세기 말에 처음으로 국제연 맹 창설을 제안한 목적도 이러한 자연과의 분리에 있었다. 도덕·법· 정치가 바로 이 사악한 자연과의 힘겹고 완만한 분리의 노력이다. 덧붙 여 말하자면, 역사라는 것이 있다는 사실 자체가 자연에 대한 인간의 불 만을 증명할지도 모른다. 이 불만이라는 원동력이 없었다면 역사도 없 고 문화도 없었을 것이다.

철 학 선 생 님 께 질 문 !

Q 역사의 종말이라는 건 도대체 무슨 뜻이죠?
세상이 끝난다는 건가요?

역사의 종말을 언급한 사람에는 헤겔이나 마르크스, 콩트* 등이 있습
니다. 하지만 그들이 말한 역사의 종말은 우리가 흔히 생각하는 세상의
종말이나 묵시록이 아니라 굉장히 긍정적인 것입니다. **역사가 시작된**
이래로 계속 추구해왔던 가치가 마침내 실현된다는 뜻, 자유의 성취라
는 의미로 보아야겠지요.

헤겔은 인간의 자유가 구체적으로 보장되기에 더 나은 정치 체제를
찾을 수 없는 궁극적 시점을 역사의 종말이라고 봅니다. 이 최상의 정치
체제가 바로 자유로운 시민사회가 만개할 수 있는 오늘날의 법치국가입
니다. 묵시록은 없습니다. 오히려 자유와 권리의 승리가 있을 겁니다.

알렉상드르 코제브의 《헤겔 강독 입문》을 보면 "사실 […] 역사의 종
말은 […] 강력한 의미에서의 행위의 종말을 뜻할 뿐이다. 그 실제적인

---

*콩트

프랑스의 철학자이자 실증주의 철학의 창시자이다. 사회학이라는 용어를 제창한 인물이기도 하다.

의미는 전쟁과 피비린내 나는 혁명의 종말이다. 또한 그때에 철학은 사라질 것이다. 인간은 더 이상 본질적으로 변하지 않을 것이며 이성은 세계와 자아 인식의 (진정한) 원칙을 바꾸지 않을 것이다. 그럼에도 예술, 사랑, 유희 등 인간을 행복하게 하는 모든 것은 한없이 유지될 수 있을 것이다."라고 설명하고 있습니다.

헤겔과 더불어 19세기의 가장 위대한 역사철학자인 카를 마르크스는 청년기에 '헤겔청년좌파'에 속해 있었습니다. 그는 역사의 종말을 국가의 소멸 이후에 오는 계급 없는 사회의 도래로 보았으며, 그때에 인간을 그토록 괴롭혀왔던 사회적 불평등도 사라질 거라고 했지요. 여기서도 인간을 더욱 행복하게 하는 공산주의의 이상향이 있을 뿐, 묵시록 따위는 없습니다. 물론 스탈린주의는 강제수용과 살인을 자행하고 유례없는 사회적 불평등을 낳았고, 소멸할 것으로 보았던 국가가 오히려 전제주의를 취하는 묵시론적 상황에 이르긴 했습니다. 하지만 스탈린주의가 곧 마르크스주의는 아닙니다. 스탈린주의는 마르크스주의가 비극적으로 왜곡된 결과입니다.

마지막으로, 오귀스트 콩트는 역사의 종말이 실증적 단계와 과학적 상태를 가리킨다고 했습니다. 그때에 인간은 마침내 모든 것을 초자연적 현상으로 해석하는 신학적 단계와 추상적 개념으로 해석하는 형이상학적 단계에서 벗어나 세상을 과학 법칙들로 이해하게 된다는 것이지요. 이러한 역사의 종말은 인간이 세계에 대하여 그 어느 때보다 강한 권력을 행사하는 때. 오귀스트 콩트의 표현에 따르자면 "과학에서 예견이, 예견에서 행동이 나오는" 때입니다.

이 세 경우를 들어 살펴본 '역사의 종말'은 꼭 역사적 시간의 끝을 가리킨다기보다는 역사의 긍정적 목표에 미치게 되는 때, 즉 '텔로스 (telos)'에 미치는 때라고 볼 수 있겠습니다. 그리스 인들은 이 '텔로스'라는 단어를 궁극의 목적·성취·완성이라는 의미로 사용했는데요. 이러한 의미에서 위대한 이 세 역사철학자들은 '목적론자'로 분류되곤 합니다. 그들의 철학이 역사 전체를 그 목적, 즉 텔로스에서 출발하여 조명하기 때문입니다.

우리는 노동에서 무엇을 얻는가?

"먹고 살자고 삶을 잃지는 말라!"

1968년 5월 혁명의 이 슬로건에도 돈을 벌기 위한 노동은 본질적인 것을 잃게 한다는 의미가 깔려 있다. 육체노동이든 정신노동이든, 월급 쟁이든 그렇지 않든, 다 마찬가지이다. 더욱이 '생산벨트 노동', '강제 노동' 같은 단어들은 이러한 노동의 부정적 어감을 더욱 확고히 한다. 이때부터 '노동'과 '이득' 사이에서 긴장이 발생한다.

하지만 노동은 외부세계에 어떤 노력을 가함으로써 무엇인가를 얻어내려는 활동이다. 심지어 노동은 세상에서 자아를 실현하고 타자들과의 만남의 기회를 주는 활동, 우리의 인간다움, 인간으로서의 자질들이나 사교성 등을 계발할 수 있는 기회를 주는 활동으로 정의될 수도 있다.

노동은 우리의 인간다움을 실현하는 활동인가, 아니면 반대로 우리를 소외시키고 비인간적으로 만드는 활동인가?

　동물은 노동을 하지 않아도 된다. 동물은 그러지 않고도 욕구를 충족할 수 있다. 그러나 인간은 사회적이고 제약적인 조직에 매여 기본적인 욕구를 충족하기 위해서 돈을 벌어야 한다. 인간은 단순히 먹고 자는 기본적 문제를 해결하기 위해서 일을 해야만 하는 동물처럼 보인다. 인간은 일을 함으로써 자유를 잃는다. 여기서의 자유는 '자연스러운' 자유, 운신의 자유이다. 인간은 정해진 시간에 정해진 장소로 일을 하러 가야만 한다. 이는 우선 '신체적 제약'이다. 그렇게 보자면 '강제노동'은 꼭 죄를 저지른 사람들에게만 주어지는 형벌이 아니다. 결국 모든 인간이 수행하는 노동이 그에 포함된다. 물론 노동은 우리에게 보수를 안겨 준다. 하지만 보수는 그 자체로는 가치가 없다. 보수는 노동의 궁극적 목적이 아니라 다른 것을 얻기 위한 수단일 뿐이다. 하지만 인간은 보수를 받기 위해 에너지와 여유를 바치며, 건강을 해치기까지 한다.

　그렇게 본다면 "우리는 노동에서 무엇을 얻는가?"라는 논제는 "우리가 이 반복적 수고라는 고문을 당하면서 그 대가로 무엇을 얻는가?"라는 뜻으로 이해할 수도 있겠다. 우리는 노동을 하느라 시간과 에너지, 여유를 잃지만 그 대가로 다른 것을 얻는 것 같지도 않다. 물론 일을 하면 돈이 생기지만 그 돈은 내가 살아가기 위해 필요한 것을 구할 돈이지 정말로 '내가 얻는 것'이라고 하기는 어렵다.

　〈창세기〉에 따르면, 노동은 원죄의 대가로 떨어진 벌이다. 남자는 고통 속에서 일해야만 먹고살 수 있으며 여자는 출산을 해야만 하는데, 이 두 가지 모두 힘들고 고통스럽다는 공통점이 있다. 벌을 받고 나면 죄가 사해지는 것이 통상적이나, 〈창세기〉에는 노동과 고통을 통해 죄를 사

본론 1
노동으로 우리의 인간다움을 빼앗기지 않는다면 아무것도 얻지 못한다.

논거 1
필요와 제약으로서의 노동: 자유의 상실

함받을 수 있다는 말은 없다. 따라서 노동은 아무것도 가져다주지 않으며, 고통스러워 봤자 더 좋을 것은 없다. 출산 중에 고통을 겪든 그렇지 않든, 아기가 태어난다는 사실에는 변함이 없다.

> "땅은 너 때문에 저주를 받으리라. 너는 사는 동안 줄곧 고통 속에서 땅을 부쳐 먹으리라. / 땅은 네 앞에 가시덤불과 엉겅퀴를 돋게 하고 너는 들의 풀을 먹으리라. / 너는 흙에서 나왔으니 흙으로 돌아갈 때까지 얼굴에 땀을 흘려야 양식을 먹을 수 있으리라."
>
> 《창세기》 3장 17절(하) – 19절(상)

논거 2
착취로서의 노동
: 인간성의 상실

이러한 주장은 인간이 인간으로서의 능력을 계발하지 못하고 기계처럼 같은 동작을 반복해야만 하는 노동 유형이 야기하는 비인간화 문제에 있어서 특히 울림을 갖는다. 노동이 우리에게 아무것도 가져다주지 않을 뿐 아니라 우리의 인간다움마저 박탈하는 것이다.

노동에서 고문으로

> "기계적 노동은 신경계를 극도로 자극하는 동시에 근육의 원활한 작동을 방해하고 심신의 자유로운 활동을 억제한다. 이러한 의미에서 쉬운 노동도 고문이 되기에 기계는 노동자를 노동에서 해방시키는 것이 아니라 오히려 노동에서 흥미를 박탈해 버린다."
>
> 카를 마르크스, 《자본론》 제2권

이러한 비인간화는 우리의 인간다움이 어떤 활동을 접합으로써 계발되어야 한다는 점에서 더욱 심각한 문제다.

> "노동은 분화되어 점점 더 심하게 특화되고 제한성을 띤다. 그래서 그러한 노동에 종사하는 계층의 의존성이 높아지고 형편도 어려워진다. 그 결과, 감정을 고양하거나 좀 더 폭넓은 능력을 발휘하거나 시민사회의 정신적 특혜들을 누릴 수 없게 된다."
>
> 헤겔, 《법철학강요》

역사적으로 노동수용소는 인간에 대한 처벌이나 비인간화라는 측면에 집중했다.

물론 기계적인 노동을 힘들게 하더라도 그 대가로 보수를 받지 않느냐고 반박할 수도 있다. 하지만 보수가 반드시 노력에 비례해서 주어지지 않는다. 마르크스는 노동자가 수고한 결과를 임금 인상으로 돌리지 않고 새로운 자본 투자로 돌리는 자본가의 행태를 착취라고 했다. 게다가 착취 개념은 인간이 노동을 하는데도 잃는 입장이 되는 모든 상황에 적용할 수 있다. 임금이 정말 딱 먹고 살 돈밖에 안 되거나 보수를 넉넉하게 받지만 그 돈을 제대로 쓸 틈도 없을 만큼 기력과 시간을 빼앗기는 상황에도 착취 개념을 적용할 수 있다는 말이다.

하지만 노동이 이처럼 부정적으로 평가받는 이유는 무엇보다 노동이 인간의 본질적인 것을 박탈하기 때문이다. 그것이 바로 존재와 사물에 대한 관계, 사리사욕 없는 객관적 관계이다. '우리는 노동에서 무엇을 얻는가?'라는 논제 자체가 이해관계를 따져서 추론할 것을 요구하고 있

논거 3
세계와의 관계를
앗아가는 노동

다. 여기서 노동에 대한 비판은 노동보다 우위에 있다고 여겨지는 다른 가치들을 기준으로 삼는다. 아리스토텔레스는 꼼짝하지 않는 현자의 관조에 가장 높은 가치를 부여했다. 그다음에 오는 것이 토론 등의 정치 활동이고 가장 낮은 것이 밭일이나 장사 같은 노동이다. 그러한 노동은 인간이 오로지 먹고살기 위해서 종사하는 경제 활동인 반면, 정치 활동은 인간이 좀 더 고양된 삶으로 나아가게 한다. 아리스토텔레스가 놀랍게도 노예제도를 옹호하는 이유도 바로 여기에 있다. 어떤 사람들이 노동을 해야만 경제적 과업에서 해방된 다른 사람들이 정치 토론에 전념할 수 있다는 것이다. 우리는 여기서 제약이나 단순한 욕구, 인간을 성장시키지 않는 활동과 결부된 노동 개념을 다시금 확인할 수 있다.

논지 전환

본론 2
우리는 노동을 통해 사회에서의 자리, 인정, 나아가 행복까지 얻는다!
논거 1
사회화로서의 노동

그러나 실업자나 조기퇴직자들을 생각해 보면 노동에 대한 부정적 평가는 잘 들어맞지 않는다. 할 일이 없는 사람은 사회에서도 설 자리가 없고 지루함을 겪다 못해 우울해한다. 아리스토텔레스가 정치 영역에서 이루어진다고 보았던 사회화가 오늘날의 현대 사회에서는 경제 영역에서 이루어진다고 볼 수 있다. 노동은 우리에게 타인들과 세계를 만나게 하며 비록 힘들거나 반복적이라고는 해도 사람 구실을 할 기회를 제공하지 않는가? 사회직업군이라는 말이 있다는 사실 자체가 노동이 개인을 사회에 진출시키고 개인의 삶에 꼭 필요한 사회적 역할을 부여하며 행복의 조건을 마련한다는 뜻 아닐까? 보수는 그 자체가 궁극적 목적은 아니지만 사회적 삶의 조건이다. 모르는 사람과 처음 만났을 때 "무슨 일을 하세요?"라고 물어 본다는 것 자체가 노동과 사회화의 밀접한 관계를 입증한다. 일이 항상 즐겁진 않더라도 타인을 만나 자신의 가치를 인정받을 기회를 제공하는 것은 사실이다. 마르크스가 노동자 착취를 비판하긴 했지만 그는 노동 자체를 비판했다기보다는 정당한 보수를 받지 못하는 노동, 노동자를 인정해 주지 않는 노동에 분개한 것이다.

일을 함으로 주관적 가치를 객관적으로 입증할 수 있는 기회가 생긴다. 우리는 노동을 통해 자아를 실현할 수 있다. 물론 노동은 구속이지만 바로 그 구속을 통해 우리는 발전한다. 철학논술 답안을 작성하거나, 가구를 만들거나, 회사 간부로 일하거나, 자선단체에서 일하는 등의 활동은 자신의 주관성을 벗어나 객관적 세상으로 진입하는 기회가 된다. 이것이 헤겔의 《정신현상학》에 등장하는 '주인과 노예의 변증법'의 가장 중요한 가르침이다. 이 비유 속에서 주인은 노예보다 '덜 자유로운' 존재이다. 주인은 자신의 고독과 주관에 매몰되어 있지만, 노예들은 타자들을 함께 일한다는 사실을 인정하는 자신의 분신들로 본다. 그래서 노동은 비록 구속일지라도 노예들을 자유롭게 한다. 우리는 노동을 통해 이 자유, 헤겔에 따르면 주관적 가치의 객관화에 존재하는 자유를 얻는다. 헤겔은 인간의 내면 깊은 곳에는 실존적 불안, 자기 가치에 대한 의혹이 있다고 설명한다. 그러한 의혹은 죽음에 대한 두려움, 어떤 가치도 없는 무로 돌아간다는 두려움과 불가분의 관계에 있다. 노예는 노동을 함으로써 자연과 관계 맺고 자신의 가치를 인정받기에 실존적 불안을 털어버릴 수 있다.

헤겔에 따르면 노동으로 빼앗기는 시간과 에너지, 여유는 인간이 마음 깊이 갈망하는 인정을 받음으로써 보상된다. 어쩌면 노동은 다른 욕망의 만족을 방해할지언정 우리의 가장 간절한 욕망만은 충족시켜 주는지도 모른다. 우리가 노동을 통해 얻는 것은 아마도 헤겔이 자기 인정의 욕망이라는 관점에서 말하는 행복일 것이다. 아리스토텔레스가 노동을 폄하했던 이유는 행동을 관조보다 아래에 두었기 때문이다. 하지만 헤겔의 등장으로, 좀 더 폭넓게는 근대성의 등장으로, 행동은 부동의 관조보다 우위에 서게 되었다.

논지 전환

본론 3

인간성을 계발하기 위한 노동

하지만 인정이라는 사회적 측면을 강조함으로써 자칫 개인적인 계발을 간과할 위험도 있다. 예를 들어 초등학교에 처음 들어간 아이는 읽기와 쓰기를 재미있게 배운다. 글을 읽고 쓸 줄 아는 아이로 남들에게 인정받고 싶은 마음도 물론 있겠지만, 그것만으로 실제로 이 아이가 공부를 통해서 얻는 성취를 다 설명할 수는 없다. 새로운 활동을 접함으로써 자기를 계발하는 즐거움도 분명히 있으며 그러한 즐거움은 비단 사회적인 것만은 아니다.

논거 1

자기계발의 기회를 주는 노동

노동은 자신의 개인성이나 인간으로서의 능력을 계발하는 방식이 될 수 없다. 실제로 우리의 능력은 대부분 계발해야 하는 가능성의 형태인 '잠재태'로서 존재한다. 이미 있지만 아직 실현되지 않은 잠재태를 실제로 실현된 현실태로 바꾸기 위해서는 '카이로스*'가 필요하다. 노동은 그러한 기회의 하나다. 실제로 어떤 업무는 가능성으로만 묻혔을 지성, 종합 정신, 상상력, 감수성 등을 계발해 준다. 그래서 가구세공인은 연륜이 쌓이고 가구의 완성도가 높아질수록 그 자신도 더욱 완성을 향해 나아가는 것이다. 상인도 실제 장사를 하면서 수완과 재주를 계발하고 일가를 이룬다. 노동은 인간에게 어떤 활동을 통해 자기를 계발하는 즐거

---

*카이로스

그리스 신화 속 기회의 신이었던 '카이로스'에게서 비롯되었다. 크로노스가 일반적인 시간을 의미한다면 카이로스는 의식적이고 주관적인 시간으로, 기회의 시간이자 결단의 시간을 의미한다.

움을 준다. 아리스토텔레스는 《니코마코스 윤리학*》에서 이 즐거움이 어떤 활동을 완벽하게 하고자 할 때에 온다고, 즐거움은 '활동 완수'의 조건이라고 했다.

노동은 일단 구속이나 수고로 여겨지지만 나중에는 기뻐할 만한 노력의 대가로 돌아옴으로써 우리 자신을 인간답게 만든다. 어쩌면 우리는 구속 안에서만 진정한 인간이 될 수 있는지도 모른다. 〈창세기〉나 인간과 동물의 차이점을 고려한다면 노동은 인간 조건의 특수성 혹은 부조리를 뚜렷이 드러내는 것처럼 보인다. 이러한 생각도 부분적으로는 옳다. 사실 인간은 자기 본성을 실현하기 위해서 노동이라는 구속을 거쳐야만 하는 유일한 동물이다. 하지만 이 처벌 혹은 구속이 자기계발의 기회가 될 수 있다.

논거 2
구속을 통해 더욱 인간답게 하는 노동

그럼에도 우리가 처음에 전개했던 논지는 여전히 유효하다. 사실 노동이 자기계발에 도움이 되려면 몇 가지 조건이 따른다. 인간을 비인간화하고 기계나 동물의 수준으로 격하시키는 노동, 혹은 대량생산벨트에서처럼 인간을 타자들과 고립시키는 노동은 미덕을 잃는다. 노동의 구속과 수고로움을 무릅쓰고 무엇인가를 얻기 위해서는 자신을 계발할 수 있는 가능성이 있어야만 한다. 그러므로 노동은 실무를 통해 수완과 생각을 활용할 기회를 제공해야 하는 한편, 그러한 각성이 결실을 맺을 수 있도록 충분한 시간과 기력을 남겨두어야 한다. 구체적으로 말하자면

논거 3
긍정적 결과를 위한 노동의 몇 가지 조건

---

*아리스토텔레스의 《니코마코스 윤리학》

전체 10권으로 된 세계 최초의 체계적인 윤리학서이다. 아리스토텔레스의 아들인 니코마코스가 아리스토텔레스의 강의 초고를 정리 및 편집하였기 때문에 '니코마코스 윤리학'이라는 이름이 붙게 되었다. 원리론과 현상론으로 구성되어 있다.

다음과 같은 조건들을 나열할 수 있겠다. 노동은 타인과의 관계에 도움이 되어야 하고, 여가 활동에 쏟을 시간을 남겨주어야 하며, 수직적으로나 수평적으로나 자신을 인정받는 기회가 되어야 하고, 기본 욕구를 충족하는 데 필요한 금액 이상의 보수가 주어져야 한다.

노동은 종종 비인간화를 야기하지만 우리의 인간성을 실현하는 활동이 될 수도 있다. 그 이유는 노동이 우리를 구조화된 사회에 편입시킴으로써 타자들을 만나고 객관적 인정을 받을 기회를 주며, 인간으로서의 가능성과 자질을 계발할 수 있게 하기 때문이다.

동물들이 일을 하지 않아도 되는 것은 사실이다. 그런데 동물들에게 결핍된 점이 바로 그러한 노동의 의무는 아닐까? **인간은 힘들고 구속적인 노동을 통해 비로소 인간성을 획득하고 계발할 때가 많다.**

Q 세상이 의미가 없고, 인간이 지표를 잃어버렸다는 말들이 많습니다. 철학이 우리에게 의미를 돌려줄 수 있을까요?

'철학이 의미를 줄 것이다.' 라는 표현 자체를 짚어 볼 필요가 있습니다. 우선 철학은 아무것도 '주지' 않습니다. 철학이 뭔가를 준다면 세상을 바라보는 나의 시선을 변화시키고 몇 가지 사유의 방법들을 익히고자 노력한 대가로 주어지는 것일 뿐입니다. 철학은 선물이 아닙니다. 철학이 어느 날 저녁식사 자리에 떡하니 나타나 우리에게 '주어지지는' 않지요. 그래도 철학을 선물에 비유한다면 그건 아마 독이 든 선물일 겁니다. 철학은 뒤늦게 생각하지도 못했던 부작용을 나타내기도 하니까요. 세상과 단절된다든가, 권태 혹은 절망에 빠질 위험 말입니다.

무엇보다도, 철학은 '의미'를 주지 않습니다. 사제는 일요일마다 설교를 열심히 듣는 신도들의 삶에 의미를 줄 수 있겠지요. 트렌드 연구소에서 일하는 사람이라면 시대적 특징들에 어떤 의미를 부여하려고 노력할 것입니다. 광고대행사에서 일하는 사람이라면 어떤 브랜드를 띄우기 위해 이미지나 단어들에 의미를 부여할 테고요. 하지만 철학자는 우리 삶에 의미를 부여하지 않습니다. 대신에 **의미를 발견할 수 있는 사유의**

방법, 문제의식을 갖는 태도는 제시하지요. 철학은 예속 상태에 익숙해져 있는 인간에게 자유와 자율성을 발휘하도록 자극합니다.

철학자가 인생·세계·역사에 대해서 의미를 탐색하는 것은 사실입니다. 하지만 니체가 그랬던 것처럼 진리나 의미에 대한 갈증과 용감하게 결별하라고 말하기도 합니다. 또한 스피노자가 데카르트를 반박했듯이, 헤겔이 칸트에 대해서 그랬듯이, 어느 철학자가 찾은 의미가 그 이전의 철학자가 찾은 의미와 충돌하기도 합니다. 그러니까 어느 철학자가 부여하거나 증명한 의미가 마음에 안 든다면 철학자들을 비교 쇼핑하듯 쭉 살펴보고 마음에 드는 몇 명만 남겨두어야 할지도 모르지요. 하지만 그렇게 해서는 스피노자와 데카르트가 다 같이 고무되었던 것, 헤겔과 칸트가 다 같이 고무되었던 것 – 동일한 요구, 동일한 불만, 존재하는 것에 대한 동일한 놀라움 – 을 보지 못할 것입니다. 결국 그 **철학이 일차적으로 주는 것은 의미가 아니라 비판적 감각이랍니다.**

철학적 생각하기

정신과 신체는 둘로
구분될 수 있는가?

어느 날 마드리드 프라도 박물관에서 나는 이원론*의 기만을 직면했다. 사유하는 정신과 감각의 신체를 구분하는 이원론은 플라톤에서 칸트에 이르기까지 지배적이었던 철학적 가정이다. 그런데 마드리드에 있는 프라도 박물관, 좀 더 정확하게는 벨라스케스의 〈술꾼들〉 앞에서 그러한 이원론의 기만을 느꼈다.

＊이원론

세계 전체가 서로 독립된 이질적인 두 개의 근본 원리로 되어 있다고 하는 사고 방식이다. 종교적인 사고 방식에는 이 견해가 강하게 나타난다. 빛과 어둠, 선과 악의 대립을 세계의 근본 원리로 하는 조로아스터교가 대표적이다. 기독교가 신의 나라와 지상의 나라를 나누는 것에 신앙의 기초를 두고, 인간이 신의 나라의 실현에 힘쓴다고 하는 것은 실천적으로 이원론이라 할 수 있지만, 신이 세계를 창조하였다고 하는 점에서는 일원론이다.

철학사에서 전형적인 것은 데카르트의 물심(物心) 이원론이며, 칸트의 의식 일반에 의해 현상 세계에 대한 물자체(物自體)의 존재를 인정하는 입장에서 이원론을 발견할 수 있다.

벨라스케스, 〈술꾼들〉, 1629

　아는 그림은 아니었지만 발길이 그 앞에 멈추었다. 그리고 낙담한 한
편으로 그 그림에 매혹되었다. 더 이상 아무 생각도 나지 않았다. 그저
그림만 바라보았다. 내가 〈술꾼들〉을 바라보는 것 못지않게 술기운에
벌게진 낯빛과 둔한 표정의 그림 속 인물들 또한 나를 바라보고 있다는
느낌이 들었다. 그들의 눈은 소의 눈처럼 피곤해 보였지만 장난기가 어
려 있었다. 나는 그들을 바라보았다. 아니, 깨달았다.

　피곤에 찌든 인간의 아름다움을.

　인간이 스스로 약해진 느낌이 들 때 그들의 몸뚱이가 얼마나 무겁게
보이는가를.

비참함을 애써 감추는 인간의 오만을.

함께 취한 이들이 공유하는 세상, 그리고 마치 한 몸이 무너지는 듯한 그들의 무너짐을.

이러한 심미적 감흥은 사람을 어디로 이끄는가? 미처 생각해 보지 못했고 완전히 이성적으로 검토할 수도 없기에 정확히 설명할 수 없는 가치들로 이끈다. 그렇지만 단순히 색채와 형태의 아름다움을 느끼는 것만으로도 삶, 나아가 인간에 대한 전반적인 생각이라는 의미에 도달했다고 볼 수 있다. 물론 술에 취한 혼미한 정신을 옹호하려는 것은 아니다. 그보다는 인간은 강할 때가 아니라 약할 때조차도 인간일 수 있기에 위대하다는, 인간에 대한 그 작품이 가진 시선을 높이 사고 싶다. 인간의 연약함에 주의 깊은 시선을 던지는 이 휴머니즘을 만약 논리적으로 따지고 든다면 이렇게까지 감동할 수 있을까. 내가 그토록 매혹되었던 것은 그 문제에 대해 생각하지 않고 감각적으로 체험했기 때문이며, 몸으로 알았기 때문이다. 서양의 이원론자들은 대부분 인간을 그렇게 파악하지 않았다. 헤겔은 의미를 갖기에 우리를 매혹하는 아름다움에 대하여 그 누구보다 잘 말해 주었다. 그 아름다움은 지성을 통하지 않고도 의미와 가치에 이르게 한다. 우리는 눈과 귀를 통해 그 아름다움과 접한다. 헤겔은 이를 작품의 '성분'이라고 불렀다. 오렌지주스 안에 비타민 C 성분이 들어 있듯이 작품 안에서는 그 가치 성분이 들어 있다. 그리고 비타민 C 성분도 그렇고 가치 성분도 그렇고 모두 우리에게 이롭다.

취한 인간들은 어떤 인간관을 '상징'하고 있다고 할 수 있겠다. 그림이 이러한 관념을 상징한다고 말한다면 그 관념은 그림이라는 질료 자체와 그 그림 너머에 동시에 존재한다. 그 관념은 그림에서 우리가 보는 것으로 다 환원되지 않는다는 뜻이다. 따라서 우리가 보는 것이 곧 상징은 아니다. 저울은 정의의 상징이다. 수평을 이루고 있는 두 개의 접시라는 형태 안에 이미 정의가 있음을 의미하는 무엇인가가 있다. 하지만 그게 다가 아니다. 여기서도 그 너머에 무엇인가가 더 존재한다. 상징은 언제나 이렇게 없는 것이 존재함을 표시해 준다. 취한 남자들의 볼에 떠오른 홍조에는 무엇인가가 있다. 하지만 어떤 인간관이 거기에 있지는 않다.

> "상징은 […] 단순히 공평무사한 기호가 아니라 그 외재성을 통하여 그것이 나타내려는 표상의 내용까지 포함하고 있는 기호이다. 그럼에도 상징이 인간의 의식에 나타내는 바는 구체적이고 유일한 사물인 상징 자신이 아니라 의미라는 보편적 특성이라야 한다."
>
> 헤겔, 《미학》, 제2부

그렇다면 도로표지판도 상징이 될 수 있을까? 상징은 그 질료 자체에 이미 그것이 나타내려는 의미를 품는 무엇인가를 포함하고 있어야 한다. 이는 기호 역시 마찬가지이다. 다만 기호의 의미는 관습적 약호에 따라 배워야 하는 자의적 성격을 띤다. 따라서 도로교통표지판은 상징이 아니라 기호라고 볼 수 있다. 표지판에 쓰인 색깔이 그 자체로 어떤 의미를 가리키지는 않기 때문이다. 그러므로 각각의 표지판이 어떤 의미인지를 미리 익혀야 한다. 우리가 쓰는 언어 역시 기호일 뿐 상징이 아니다. '의자'라는 단어 자체에는 의자라는 사물을 지시하는 요소가 전혀 없다. 그러므로 '의자'라는 단어(시니피앙)와 그것이 지시하는 실체(시니피에)를 연결하는 관습적 약호를 배워야만 한다. 우리는 언어를 구사하면서 그러한 관습적 약호에 따라 시니피앙에서 시니피에로 넘어간다. 하지만 예술에는 그런 약호가 없다. 시니피앙(벨라스케스의 그림)에서 시니피에(일종의 휴머니즘)으로 넘어가는 과정은 베일에 싸여 있다. 그 과정을 담당하는 것이 우리의 미학적 정서다.

내가 〈술꾼들〉을 보면서 기만적이라고 느꼈던 이원론적 철학은 인간의 이성에 속하는 것과 신체에 속하는 것을 칼같이 나눈다. 특히 이성은 긍정적으로 평가하면서 신체는 액면 그대로 믿어서는 안 될 것으로 보는 경향이 있다.

이런 이원론은 극복해야만 하는 존재일까? 흔히 3대 이원론자로 플라톤, 데카르트, 칸트를 드는데, 이 세 사람 중에서 가장 이원론적인 면모가 두드러지는 철학자는 칸트이다. 칸트의 교육론에 따르면, 신체적인 것을 거부하는 법을 배운다는 조건에서만 이성의 문화가 가능하다. 따라서 먼저 부정의 순간('규율'은 곧 신체에 대한 거부다)을 거쳐야만 긍정의 순간('교육'과 '문화'는 지식에 대한 순응이다)에 이를 수 있는 것이다. 그런데 헤겔이 말하는 미학적 감정은 이러한 이원론을 완전히 초월한다. 아름다움이 나에게 의미를 체험하게 했다면 나는 그 가치 혹은 관념과 단순한 지적 관계가 아니라 감각적·관능적 관계를 맺은 셈이다. 따라서 나의 감각에도 정신적인 차원이나 지적 차원이 있다고 하겠다. 헤겔은 아름다움이 우리를 사로잡는 이유가 바로 여기에 있다고 보았던 듯하다.

내가 벨라스케스의 〈술꾼들〉 앞에서 맛보았던 강렬한 느낌을 통해 어떤 가치를 파악했다면, 그래서 내가 의미나 관념과 감각적 관계를 맺었다면 이원론은 이미 극복된 것이다. 게다가 칸트 자신도 이러한 경지를 이르렀음을 대단히 솔직하게 고백한 바 있다. 칸트는 생애 말년에 창밖의 아름다운 경치를 감상하며 그 심미적 기쁨의 기묘한 본성을 알아차렸다. 그러한 기쁨은 순전히 지적인 것도 아니고 순전히 감각적인 것도 아니고 흡사 신체와 정신 사이에서 작용하는 듯했던 모양이다. 결국 칸트는 《판단력 비판》에서 이를 "인간이 지닌 능력들의 자유롭고 조화로운 작용"이며, (그의 이원론에 따르면 항상 갈등 관계에 있는) 신체와 정신의 절대적이고 예외적인 공조관계라고 설명했다. 물론 칸트는 이러한 예외를 미학에만 한정시켰고 나머지 영역, 특히 도덕철학에서는 이원론을 끝까지 유지했다. 그래도 칸트의 이원론에는 비집고 들어갈 틈이 생겼다. 그리고 현대성은 바로 그 틈으로 몰아칠 것이다.

Q 진정한 철학은 무신론이어야 하지 않나요?

종교와 철학을 대립관계로 보는 것은 양쪽에 대해서 성급하게 파악하고 판단하는 것입니다. 믿음이 반드시 절대적이며 의심의 여지가 없는 신앙을 뜻하는 것은 아닙니다. 또한 철학한다는 것이 반드시 현실을 완전히 이성적으로만 분석한다는 의미도 아닙니다.

철학적 방식으로 신을 믿을 수도 있습니다. 예를 들어 신앙을 갖되 소크라테스에서 데카르트에 이르는 철학적 태도인 의심도 일부분 유지할 수 있겠지요. 지아니 바티모가 《기독교 이후》에서 설명했듯이 어쩌면 그러한 태도가 종교가 가질 수 있는 광신과 불관용에 대한 방책이 될 수 있을 것입니다. 남들의 의심을 용납하지 못하는 사람은 사실 자기 안의 의심을 용납하지 못하는 것입니다.

반대로 이성적으로 증명할 수 없는 특정 관념들을 믿음으로써 종교적 방식으로 철학을 할 수도 있습니다. 칸트의 철학에서 자아·세계·신이라는 세 관념은 '이성의 관념들'이라고 합니다. 이 관념들은 가설적 성격을 띠고 있음에도 불구하고 앎이나 행동, 삶에 대해서 긍정적인 규제 기능을 하기 때문에 우리는 그것들을 믿을 수 있습니다. 물론 칸트는 언제나 앎과 믿음을 구분해야 한다고 했습니다만 그러면서도 '더 잘 알기 위해' 믿어야 할 필요가 있는 철학을 제안했지요. 따라서 종교와 철학은 대립되지 않습니다. 헤겔에게서도 종교가 '계시'하는 것을 철학은 '증명'한다는 생각을 찾아볼 수 있습니다(게다가 예술은 철학이 증명하기에 앞서서 '보여주는' 역할을 하지요). **종교와 철학은 대립되지 않고 동일한 세계정신이 다양한 형태로 표현되는 것입니다.**

그렇지만 여러분에게 제시할 수 있는 가장 좋은 답은 신의 존재를 이성적으로 증명하고자 했던 모든 철학자와 성인들을 참조하는 것입니다. 라이프니츠, 데카르트, 스피노자, 성 안셀무스, 성 토마스가 그러한 시도를 보여주었지요. 물론 그들의 증명을 비판하고 반박할 수도 있습니다. 예를 들어 데카르트는 신을 증명한다고 하지만 자신이 이미 믿는 존재를 가정했을 뿐이고, 스피노자 역시 증명을 했다기보다는 자신의 철학에 힘입어 신을 재정의했다고 할 수 있을 겁니다. 하지만 어떤 경우에도 철학을 무신론과 동일시할 수는 없습니다. 우리는 세상이 문제를 제기하기에 철학을 하기 시작합니다. 종교들이 존재하는 이유도 마찬가지 아닐까요?

엉터리? 어쩌면요… 최소한 신의 존재를 이성적으로 증명한다는 발상 자체가 무신론자들에게는 우스워 보일 겁니다. "있지도 않은 것의 존재를 어떻게 증명해?" 또한 파스칼이 《팡세》에서 말했듯 신은 "체험되지만 증명되지 않기에" 기독교도들에게도 그러한 발상이 그리 와 닿지 않겠지요. 실제로 그러한 증명들은 대부분 쉽게 반박할 수 있습니다. 예를 들어 세계의 존재, 질서, 아름다움, 용도에 잘 부합하게 만들어진 오리의 주둥이… 그런 '후험적인' 것들로부터 창조주의 존재를 추론한다고 칩시다. 신은 오히려 불쾌해할걸요! 유한한 것들을 근거 삼아 무한한 것을 증명하다니요! 오리 주둥이에서 출발해서 신에 대한 이해에 도달할까요? 그럼 신은 존재하기 위해 피조물들을 필요로 한단 말입니까? 신이 피조물에 의존하는 겁니까, 아니면 그 반대입니까? 아리스토텔레스도 세계의 제1원인을 추론하면서 비슷한 의문에 봉착했습니다. 무한이 존재한다면 어째서 세계는 영속적이지 않겠습니까? 왜 세계의 '시초'가 있어야만 할까요? "신은 완전하다, 존재는 완전하다, 그러므로 신은 존재한다." 식의 증명은 증명하기 바라는 바를 지나치게 가정하고 있지요. 하지만 내 생각에 다른 증명들보다 주목할 만한 증명이 하나 있습니다. 어쩌면 여러분을 심란하게 만들지도 모르는 증명인데요. 그 증명은 성 안셀무스의 《프로슬로기온*》에 나옵니다. 자, 여기에 주목하세요. 여러분은 '그보다 더 큰 것을 생각할 수 없는' 존재가 있을 수 있다는 생각을 인정합니까? 인정한다고요, 좋습니다. 우리는 그것이 존재한다고 말하는 것이 아니라 '있을 수 있다', '가정할 수 있다'고 말하는 것입니다. 사실, 무신론자라 해도 그런 생각을 할 수 있다는 점까지 부정하진 못하겠지요.

이제 "신은 존재하지 않는다."라는 문장을 살펴봅시다. 신이 정말로 존재하지 않는다 해도 최소한 우리의 머릿속에는 존재할 겁니다. 이를

---

*성 안셀무스의 《프로슬로기온》

신학을 바탕으로 한 철학적 사상인 스콜라 학파의 신학자이다. 안셀무스는 그의 첫 저작물인 《모놀로기온》과 그다음 저작물인 《프로슬로기온》에서 이성과 신앙을 조화시키고 신이라는 존재를 증명하고자 노력하였다.

테면 무신론자라 해도 '그보다 더 큰 것을 생각할 수 없는 존재가 있을 수 있다'고 인정한다면 그의 정신 속에는 신이 있습니다. 그런데 그보다 더 큰 것을 '생각할 수도 없다면' 신은 그러한 정신 안이 아니라 '밖'에 존재해야 합니다. 결국 신은 실제로 존재한다는 얘기가 되겠지요. 그러므로 신이 현실에 존재하지 않는다면 신이 '그보다 더 큰 것을 생각할 수 없는' 존재라는 명제는 참입니다. 이것이 '신은 존재하지 않는다.'라는 주장의 논리적 귀결인 것입니다. 하지만 신이 존재하지 않는다면 논리적으로 그 다음 항은 '그보다 더 큰 것을 생각할 수 없는 존재는 없다.'가 될 겁니다. 그런데 항상 어떤 것보다 더 큰 것을 생각할 수는 있습니다. 그래서 "신은 존재하지 않는다."라고 주장하면 "그보다 더 큰 것을 생각할 수 있는 존재는 있다."와 "그보다 더 큰 것을 생각할 수 있는 존재는 없다."라는 서로 모순되는 두 명제에 이릅니다. 따라서 "신은 존재하지 않는다."는 거짓 명제일 겁니다. 요컨대, 신을 생각하는 것이 가능한 순간부터 신은 존재할 수밖에 없습니다. 신의 존재가 가능하다면 그 존재는 필연입니다. 그런데 우리는 처음부터 신을 생각하는 것이 가능하다고 인정했지요. 데카르트도 이 증명을 기억하고 있었을 겁니다. 그 역시 인간의 머릿속에 있는 신의 관념에서 출발하여 신의 실존이라는 결론에 도달했지요. 헤겔 또한 신은 존재하는 것으로 생각될 수밖에 없다고 했습니다. 이 철학자들은 성 안셀무스의 후계자들이라고 할까요.

이성과 현실

Chapter 3

+

Keyword

이론과 경험, 증명, 해석, 생명체, 물질과 정신, 진리

LA RAISON ET LE RÉEL

이성은 현실을 제대로
포착할 수 있는가?

　　이성은 풍부하고 복잡한 현실을 제대로 포착할 수 있는가? 지나치게 포괄적인 개념들과 보편법칙들 때문에 우리는 현실을 놓치고, 희화하고, 심하게는 부정하고 있지 않을까? 데카르트는 실재의 진실성을 드러내는 힘이 이성에 있다고 했다. 데카르트의 설명은 간단하다. 신이 우리의 정신에 '선천적 관념(본유관념)'들을 두어 자신이 창조한 세계의 진실을 이해하게 했다는 것이다. 반대로 니체는 이성 때문에 우리가 실재의 신비, 생의 신비를 놓치고 있다고 반박한다. 메를로퐁티도 현실의 두께는 이성보다 지각으로 더 잘 파악할 수 있다고 했다. 다시 말해, 과학보다는 예술이 그러한 파악에 능하다는 것이다.

　　"과학은 사물을 조작할 뿐, 사물에 깃들기를 포기한다. […] 이 활발하고 기발하며 경쾌한 사유, 모든 존재를 일반 대상으로 다루는 입장으로서의

과학은 늘 그러했고 지금도 그러하다. […] 반대로 그림은 우리에게 체험
되는 세계의 존재를 일깨운다."

메를로퐁티, 《눈과 정신》

우리는 이러한 문제의식을 통하여 '이론'과 '경험'을 생각할 수 있다.
이성이 복잡한 현실을 분석할 수 있다면 그 이유는 이성이 이론과 경험
을 결합할 수 있기 때문이다. 일차적 경험이나 관찰의 요소들은 일단 이
성에 의해 이론화되고 과학적 실험을 통해 검증된다. 따라서
'expérience'라는 단어의 두 가지 의미, 자연스러운 '경험'과 미리 준
비된 '실험'을 구분해야 한다. 실험은 현실의 한 부분을 실험실에서 재
구성할 것을 요구한다. 이러한 과정의 결과, 과학적 지식이라는 결과가
현실에 대한 이성의 이해이다. 이성은 현실을 관찰하고, 분석하고, 이론
을 검증하기 위해 다시 현실로 돌아간다.

"나는 과학적 이론들을 인간이 만들어 낸 것, 세계를 포착하기 위해 우리
가 짠 그물들처럼 생각한다."

칼 포퍼, 《개방우주론》

흄 같은 경험론자들은 우리의 모든 지식이 경험에서 비롯된다고 본
다. 하지만 그래도 우리가 현실을 파악할 수 있는 것은 이성 덕택이다.
이성은 경험에서 배움을 끌어낸다. 플라톤 같은 합리론자들은 이론만이
실재의 진실에 접근할 수 있게 한다고 주장함으로써 이성에 더욱 힘을
실어 주었다. '이론'의 어원인 그리스어 '테오리아($\theta\epsilon\omega\rho\iota\alpha$)'는 정신의 시

각, 관조를 뜻한다. 플라톤에게는 이론만이 진정한 지식이다. 일차적 경험은 종종 우리를 속이기 때문에 이러한 극단적 입장도 부분적으로나마 정당화된다. 그래서 바슐라르*는 일차적 경험을 과학적 지식의 장애물처럼 묘사하기도 했다. 바슐라르는 '과학 정신'을 계발하려면 먼저 사물에 대한 경험에서 비롯된 최초의 생각들을 깨야 한다고 했다.

바슐라르와 나뭇조각

"하나의 예로 물에 떠 있는 물체들의 균형은 오류들로 점철된 친근한 직관의 대상이 된다. [⋯] 떠 있는 물체, 나아가 헤엄치는 것에는 활동성이 부여된다. 손으로 나뭇조각을 물에 담그려고 하면 그 나뭇조각은 저항한다. 그 저항성을 물에 부여하기란 쉽지 않다. 최초의 직관이 지닌 불순한 복합성을 일단 해체하고 비판하지 않는다면 아르키메데스의 원리를 그 놀라운 수학적 단순성으로 이해시키기 어렵다. 특히 최초의 오류들에 대한 정신분석 없이는 동일한 법칙에 따르는 물체가 떠오르기도 하고 가라앉기도 하는 이유를 결코 이해시킬 수 없을 것이다."

가스통 바슐라르, 《과학 정신의 형성》

그렇지만 경험은 필요하다. 최초의 경험이 아니라 이론을 검증하는

---

*가스통 바슐라르

프랑스의 철학자로 프랑스 과학 인식론과 프랑스 문예 비평에 큰 영향을 끼쳤다. 주요 저서로는 《과학적 정신의 형성》, 《적응합리주의》, 《합리적 유물론》, 《공간의 시학》 등이 있다.

과학 고유의 경험, 즉 실험이 있어야만 이성이 현실과 모순되지 않고 현실에서 무엇인가를 포착한다는 증거가 된다.

반대로, 이성이 풍부한 현실을 포착하기에 너무 추상적이고 일반적이라고 생각한다면 '경험'을 재정의함으로써 이론과 경험을 대립시킬 수도 있겠다. 생의 경험만이 중요하고 이론은 실생활에 쓸모가 없다고 말할 수도 있을 것이다. 예를 들어 "어떻게 죽음을 준비할 것인가?"라는 물음에 대해서는 이론보다 경험(삶, 노화·타인의 죽음 등)에 따라서 대답할 것이다.

같은 맥락에서 '증명'이라는 문제가 규명된다. 이성이 현실을 이해할 수 있다고 생각한다면 증명은 그 이성의 힘을 탁월하게 보여준다. 데카르트는 인간의 이성으로 신에 대한 관념을 가질 수 있다는 데서 출발하여 신의 존재를 증명했다.

반대로 이성이 생의 현실을 포착하는 데 언제나 실패한다면, 그러한 증명은 이성에게 없는 권력을 억지로 부여하는 셈이 될 것이다. 그래서 파스칼은 데카르트가 신의 존재를 증명하려고 함으로써 신의 실재 그 자체를 놓쳤다고 보았다. 신은 이성이 아니라 마음으로 깨닫는 진리요, 신의 존재는 체험될 뿐 증명되지 않는다는 것이다. 칸트도 이론이 경험 없이 성립될 수 있다고 생각한다면 오산이라고 했다. 《순수이성비판》의 가장 중요한 가르침 중 하나가 바로 과학적 지식이 성립하려면 '이론과 경험'이 모두 다 있어야 한다는 것이다. 이론 없는 경험은 벙어리요, 경험 없는 이론은 실재를 놓친다. 그러므로 신을 과학적으로 알기란 불가능하다. 신은 경험으로 지각되지 않는다.

"감각이 없다면 어떤 사물도 우리에게 주어지지 않을 것이다. 오성이 없다면 어떤 것도 생각되지 못할 것이다. 질료 없는 사유는 공허하다. 개념 없는 직관은 맹목이다."

칸트, 《순수이성비판》

　이렇게 이성과 현실의 관계를 문제시함으로써 '해석'의 문제 역시 각별한 조명을 받는다. 감정, 심리, 의도 등과 같은 인간적 실재를 예로 들어보자. 사실, 이성은 그러한 실재를 규명하고 이해하기 위해 해석하고, 행동이나 느낀 것의 의미에 의문을 제기하며, 원인을 찾아 설명하는 것으로 그치지 않는다. 정신분석에서는 환자의 꿈이나 발언을 해석함으로써 이성(환자의 이성, 분석가의 이성)이 어떤 삶의 실재를 밝히고 나아가 그 삶에 실질적인 영향(더 나은 삶, 치유, 결단 등)을 미친다. 이때 이성은 해석 덕분에 현실을 이해할 뿐 아니라 현실을 만들어내고 변화시킬 수 있다.

　하지만 이성의 해석이 지나치거나 잘못된다면 이성은 폭주하고 다시금 현실을 놓치고 만다. 편집증 환자와 미신을 맹신하는 자는 지나친 해석의 전형적인 희생양이다. 하찮은 세부사항 하나도 편집증 환자에게는 자신을 향한 위험처럼, 미신을 믿는 자에게는 운명의 신호처럼 해석된다. 그들의 이성은 지나친 해석 때문에 현실을 이해할 수 없게 되는 것이다.

프로이트, 편집증자와 미신을 믿는 자

"편집증 환자가 행하는 전위(transfert)와 미신을 믿는 자의 전위를 구분하는 거리는 일견 보기보다 그리 크지 않다. 사람들은 생각을 하기 시작할 때에 세계를 의인화하여 그들을 닮은 다양한 인간 군상들로 가득한 곳으로 여길 수밖에 없었다. 그들은 사고와 우연을 인간의 행동과 현현으로 보며 미신적으로 해석한다. 달리 말해, 미신을 믿는 자들은 남들이 제공하는 사소한 신호에서도 결론을 끌어내며 편집증 환자들과 정확히 똑같은 방식으로 행동한다."

지그문트 프로이트, 《일상생활의 정신병리학》

'생명체'의 문제에 대해서도 마찬가지다. 이성이 현실을 이해할 수 있다면 생명체도 이해할 수 있을 것이다. 다윈의 진화론처럼 생명체가 어떻게 기능하는지 설명하거나 생명이라는 것 자체의 존재이유까지 설명할 수 있는 것이다. 반대로 이성이 언제나 풍부한 현실을 포착하는 데 실패한다면 생명체는 이성이 이해할 수 없는 것이 된다. 충동적 본성으로 정의되는 생명체는 이성으로 추론되지 않고 그 자체가 이성적이지도 않기 때문이다. "보라, 나는 언제나 자기 자신을 뛰어넘어야 하는 자로다." 니체의 《차라투스트라는 이렇게 말했다》에서 '생(生)'은 이렇게 말한다. 이 생은 어떤 흐름, 스스로 더욱 풍부해지는 과정이다. 이성은 생을 결코 기만적으로 단순화할 수 없다.

마지막으로 '질료'와 '정신'의 관계는 이성이 현실을 포착할 수 있다고 생각하는 순간부터 좀 더 단순해지는 듯하다. 이성(정신, 두뇌)과 실재(질료)가 동일한 유기물이 되기 때문이다. 우리 뇌라는 유기물은 우리가 이해하기를 바라는 세계의 질료 그 자체가 아닐까? 정신은 그 질료를 분석하면서 결국 자기 자신에 대해서 말하는 셈이다. 아인슈타인은 우리가 무엇인가를 이해할 수 있다는 것, 이성이 현실의 어떤 것을 이해할 수 있다는 것 자체가 더없이 커다란 미스터리라고 했다. 이성과 현실이 결국 같은 질료로 이루어져 있다는 점이 그 미스터리를 밝혀줄 하나의 단서는 아닐까.

데카르트는 또 다른 버전의 설명을 제안한다. 신이 세계(질료)를 창조하고 우리의 정신에 본유관념을 마련해 주었다면 우리는 그 본유관념에 힘입어 세계를 이해할 수 있다는 것이다. 반대로, 이성이 현실을 파악할 수 없다고 본다면 정신과 질료는 각기 근본적으로 다른 차원들에 속해 있을 것이다. 그렇다면 인간의 정신이 세계를 어떻게 이해할 수 있는가라는 형이상학적인 문제는 풀리지 않는 답보 상태에 놓이고 만다.

결국 포괄적으로 제기되는 것은 '진리'의 문제다. 성 아우구스티누스가 생각했던 진리는 이성과 현실(실재)의 방정식이자, 현실에 대한 이성의 이해가 낳은 결과나 완성이었다. 헤겔은 이성이 자기 외부의 현실을 이해하는 데 그치지 않고 그러한 현실에서 물질성을 제거하려는 야심을 갖는다고 했다. 그래서 헤겔은 "합리적인 것은 모두 실재요, 실재적인 것은 모두 합리적이다."라고 썼고 이성의 운명은 역사의 현실 속에서 스스로 실현되는 것이라고 보았다.

> "철학은 합리적인 것의 발견이요, 바로 그렇기 때문에 철학은 어디 있는지도 모를 그 어떤 것을 구성하는 것이 아니라 현재와 현실의 이해일 수밖에 없다."
>
> 헤겔, 《법철학강요》

그렇지만 현실은 이성이 정리한 것으로 결코 완전히 환원되지 않는다면적이고 변덕스러운 것이라고, 이성이 진리를 자처하는 거짓으로 우리를 속이는 거라고 생각할 수도 있다. 그렇다면 현실과 이성 사이에는 늘 부합되지 않는 어떤 것이 있다는 뜻이 된다. 이성이 현실을 단순화하고 도식화하고 일반화할 지라도, 니체는 그런 경우에 진리(진실)는 없으며 그저 현실이 있을 뿐이라고, 또한 우리는 그 현실을 무한히 다양하게 해석할 수 있다고 본다. 달리 말하자면, 인간의 유일한 진리는 해석뿐이라고 하겠다.

> "사물을 백 개의 면을 가진 거울에 있는 그대로 비추되 아무것도 묻지 않는 것, 나는 그것이야말로 모든 사물에 대한 완전무결한 지식이라고 부르려 한다."
>
> 니체, 《차라투스트라는 이렇게 말했다》

Q 철학은 이것도 옳다고 하고 저것도 옳다고 하잖아요. 무슨 의미가
있죠?

이런 말은 소피스트와 철학자를 혼동하기에 나오는 말입니다. 하지만
소피스트와 철학자는 다릅니다. 프로타고라스나 고르기아스 같은 소피
스트들은 실제로 어떤 주장을 논증해놓고 그것과 정반대되는 주장도 기
막힌 솜씨로 증명해 보이곤 했습니다. 그들에게 이성은 권력의 도구였
고 논증과 수사학은 상대를 설득하기보다는 꺾기 위한 도구였지요.

> "고르기아스: 나는 법정에서 판관을, 위원회에서 원로들을, 민중이 모인
> 자리나 시민이 모이는 그 어떤 회의에서 말을 통하여 시민들을 설득할
> 수 있는 힘을 얘기하는 것이오. […] 저 유명한 재력가도 그 자신을 위해
> 돈을 모으는 것이 아니라 다른 사람을 위해, 말로써 군중을 설득할 수 있
> 는 그대를 위하여 그리하는 것임을 알게 될 것이오."
>
> 플라톤, 《고르기아스》

철학자들은 바로 이러한 자세에 반대하여 일어났습니다. 소크라테스

와 플라톤이 그러한 철학자들의 선두에 있었지요. 그들은 이성이 권력이 아니라 지식과 손을 잡는다고 보았습니다. 물론 이성은 하나의 무기입니다만 그 무기는 어디까지나 진리를 위한 싸움에만 쓰이지요. 하지만 철학사를 전반적으로 살펴보면 철학이 서로 상반된 것을 논증하는 것 같다는 인상을 받을 수도 있습니다.

예를 들어, 데카르트는 자유의지를 말하며 인간이 자유롭다고 했는데, 그로부터 몇 년 후에 스피노자는 결정론을 주장하며 정반대의 이야기를 하였지요. 성 안셀무스나 데카르트처럼 신의 존재를 증명할 수 있다는 철학자가 있는가 하면, 얼마 지나서 그러한 증명이 불가능하다는 철학자가 나옵니다. 대표적으로 칸트도 신 존재 증명을 비판했었지요. 하지만 그렇다고 철학자들을 소피스트들과 마찬가지로 생각해선 안 됩니다. 철학자들의 논증이 서로 상반될 때가 있을지언정 그들은 동일한 요구에 따라 그러한 논증을 전개했습니다. 동일한 진리에 대한 갈증, 동일한 철학적 문제의식, 동일한 실존적 불안. 철학은 다양한 답변들을 내놓았을 뿐 그 답변들이 꼭 철학의 모순을 보여주는 것은 아닙니다. 철학자들은 소피스트들이 아니며, 사제도 아닙니다. 우리가 철학자들의 글을 읽는 이유는 진리를 발견하기 위해서가 아니라 그들의 문제의식과 만남으로써 더욱 성장하기 위해서입니다.

"철학은 이것도 옳다고 증명하고 저것도 옳다고 한다."는 말에는 때때로 철학이 우리에게 확고하게 정해진 진리를 가르쳐 주지 않는다는 실망감이 배어 있습니다. 하지만 종교가 우리에게 줄 수 있는 것과는 다른 것을 철학자들에게 기대하는 것, 그게 바로 성숙일 것입니다.

철학적 글쓰기

항상 모든 것에서
의미를 찾아야 하는가?

"항상 모든 것에서 의미를 찾아야 하는가?"라는 질문은 상당히 충격적이다. 모든 것에 의미가 있느냐 없느냐를 묻는 것이 아니라 우리가 의미를 찾아야 하는지를 묻고 있기 때문이다. 따라서 이 물음은 형이상학적 입장보다는 실존적 입장에 있다고 볼 수 있다. 의미를 찾는다는 것은 이해와 해석에 관련 되어 있다. 어떤 의미를 찾고자 하는 태도는 인간이 동물과 다른 점, 즉 놀라움이나 지적 호기심을 품을 수 있는 능력을 보여준다. 프랑스 어의 '어리석음(bêtise)'은 '짐승(bête)'라는 단어에서 나왔다. 어리석음이란 놀라운 것을 보고도 놀라운 줄 모르는 태도, 의미를 찾으려 하지 않는 태도가 아닌가?

지적 호기심이 인간의 능력 계발에 도움을 주는것은 사실이다. 또 인간으로서 마땅히 자기 능력을 계발하려는 노력을 게을리 해서는 안 될 것이다. 그러나 모든 것에서 의미를 찾으려는 지적 호기심은 위험할 수도 있다. 사실, 현실은 이보다 훨씬 더 복잡할 것이다.

실제로는 말도 안 되게 어이없는 일들도 많지 않은가? 예를 들어 나치는 600만 명의 유대인을 학살하는 만행을 저질렀는데 여기서 무슨 의미를 찾는단 말인가?

다른 한편으로, '하나의' 의미가 아니라 여러 가지 의미를 동시에 띨 수도 않은가? 말 안 듣는 아이에게 엄마가 지어 보이는 미소에 꼭 한 가지 의미만 있을까? 역사적 사건은 한 가지 의미로만 해석될 수 있을까? 매사에 하나의 의미를 찾으려 한다면 현실의 복잡하고 풍부한 성격을 놓칠 위험이 있지 않은가? 게다가 매사에 의미를 찾으려는 사람이 그런 의미를 찾지 못한다면 절망이나 환멸에 빠지지 않을까? 혹은, 의미를 찾았다고 믿었는데 자기가 잘못 생각했던 것이라면? 그렇다면 그 사람은 폭력이나 피해의식에 빠지지 않을까? 하지만 이러한 위험들이 의미를 찾는 과정의 가치를 깎아내리지는 않는다.

그렇다면 인간답게 살려면 반드시 매사에 의미를 찾아야 할까, 아니면 현실이 그리 단순하지 않음을 인정하고 의미를 찾겠다는 야심을 접는 편이 더 인간적일까?

본론 1

매사에 의미를 찾아야 한다.
논거 1
인간은 의미를 부여하는 동물이다.

인간은 삶에 근본적인 불만을 가진다. 인간은 지금 있는 것에 만족하지 못하는 동물, 현재 존재하는 것 이상을 열망하는 동물이기 때문이다. 인간이 바라는 '더'가 바로 의미일지도 모른다. 인간은 그냥 살아가는 데 만족하지 않는다. 인간이 자기 삶의 의미를 추구하기에 인간으로서 타고난 지능이나 언어적 능력도 발전할 수 있다. 그 이유는 인간은 언어를 통해서 자기가 겪은 것에 의미를 부여하기 때문이다. 의미의 부여, 즉 해석을 인간의 고유성으로 볼 수도 있겠다. 인간은 '왜?'라는 의문을 제기할 수 있는 동물이다. 따라서 **매사에 의미를 찾는 태도는 인간다움을 풍부하게 발휘하는 태도이기도 하다.**

철학은 허상이나 편견, 의견, 외관에 가려진 의미를 찾으려는 의지로 정의할 수 있다. 소크라테스의 산파술*도 결국 논의되는 대상의 의미를 찾으려 하거나 대화상대가 자기가 한 말의 의미를 찾을 수 있도록 돕는 기법이 아니었던가? 소크라테스가 이미 나온 이야기나 이미 알고 있는 것에 대해 새삼 놀라워하게끔, 주어진 의미를 무조건 받아들이기보다는 의문을 제기하게끔 유도하는 것 외에 무슨 일을 했던가?

논거 2
철학, 정신분석학, 종교는 의미를 해석하는 기술이다.

"놀라움은 전적으로 철학적인 감정이다. 놀라움은 철학의 유일한 기원이다."

플라톤, 《테아이테토스》

20세기에 들어와 정신분석학은 환자에게 자기 고통의 의미에 의문을 가질 것을 제안했다. 어떤 면에서 정신분석학은 징후의 의미를 이해함으로써 더 나은 삶을 살 수 있다는 생각을 전했다고 볼 수도 있다. 전통적인 의학은 그러한 징후에서 의미가 아니라 질병의 원인만을 찾으려

***산파술**
플라톤의 《테아이테토스》에 자주 등장하는 영혼의 산파술은 소크라테스가 직접 이름을 붙인 것으로 그의 삶의 방식과 깊은 관련이 있는 독특한 방법이다. 소크라테스는 지혜를 낳기 전에 반드시 거쳐야 할 진통 과정을 출산 과정의 진통에 빗대어 설명했다. 자신이 안다고 생각했던 것이 무지로 드러났을 때 갑작스러운 혼란 상태(아포리아)에 빠지게 되는데, 이때 혼란은 메논(산모) 쪽에서 더욱 두드러진다. 이런 진통을 겪은 후에 소크라테스(산파)와 메논(산모)은 지혜(아이)를 낳기 위한 탐구를 시작하게 된다.

했기 때문에 실패했던 것이다.

　종교도 비록 그 방식은 다르지만 인간의 삶에 의미를 부여한다. 신자들은 종교가 계시하는 의미를 찾음으로써 마음의 위안을 얻고 좀 더 성숙한 삶을 살 수 있을 것이다. 물론 어떤 철학적 근거나 정신분석가의 말 한마디로 의미를 찾게 되는 경우와 종교적 계시는 다르다. 하지만 종교를 통해 발견한 의미 역시 우리를 좀 더 인간답게 – 이를테면 교회가 성경을 해석하여 발견한 인간의 역할대로 – 살게 한다는 점에서는 마찬가지다. 이처럼 의미를 찾는 삶에서 우리는 다시 한 번 인간에게 고유한 해석이 얼마나 중요한가를 확인한다. 게다가 종교를 통해 삶의 의미를 발견함으로써 타인들에게 선을 베풀게 된다면 주체의 의무와 도덕적 의지가 조화를 이룰 수 있을 것이다.

논거 3
철학은 세계의 의미를 입증하는 학문이다.

　만약 우리가 소크라테스처럼 철학을 모든 것에서 의미를 찾고자 하는 연습으로 생각한다면, 철학은 그러한 과정일 뿐만 아니라 그 과정의 끝에 있는 것에 대한 증명, 곧 진리의 정립이기도 하다. 철학은 종교처럼 매사에 의미를 찾되, 계시가 아니라 이성을 통하여 찾는다. 또한 철학은 그저 문제 제기에만 그치지 않는다. 철학은 때때로 존재하는 것의 의미를 증명하고자 한다.

　우리의 논제에는 애매성의 여지가 있다. 우리는 모든 것에 의미를 찾아야 하는가? 기꺼이 즐겨 그러한 탐색에 나서라는 뜻인가? 아니면, 정말로 그래야만 한다는 뜻인가? 헤겔 철학은 역사의 의미를 입증하고자 했고 그러다 보니 인간의 삶 역시 보편사의 흐름 속에서 그 의미를 찾게되었다. 헤겔 철학은 세계의 변화에서 어떤 의미, 나아가 특정한 의미를 찾고자 하는 기획에 힘입어 체계화되었다. 헤겔 이전에는 스피노자가 역사 대신 자연과 신이라는 범주 하에서 세계의 의미를 찾고자 했다. 스피노자에 따르면 그 의미는 완전히 결정론적으로 작용한다. 따라서 만물은 그 안에 신이 깃들어 있고 필연적 법칙을 따르기 때문에 그러한 의미는 사물의 원인을 밝히는 것, 다시 말해 지식과 불가분의 관계에 있다. 사물의 진실을 깨닫는 사람은 스피노자가 생각하는 현자, 인생의 지고한 경지를 즐길 수 있는 자다. 그것이 바로 지복(至福), 앎을 통하여 이르는 행복이다.

스피노자와 지복

"영혼의 만족 그 자체는 신에 대한 직관적인 앎에서 나온다."

스피노자, 《에티카》

하지만 헤겔과 스피노자의 태도를 살펴보면서 우리는 새로운 문제에 부딪힌다. 철학이 삶의 의미를 주는 것이라면 철학과 종교를 혼동할 위험이 있지 않을까? 그러나 헤겔도, 스피노자도 삶의 의미를 찾는다기보다는 만물의 원인을 찾는 데 더 무게를 두지 않았던가? 그렇다면 해석의 자유는 어떻게 되는 건가?

우리는 일단 해석에 고유한 미덕에 있기 때문에 의미를 찾아야 한다는 주장으로 시작했었다. 그 해석은 세계의 애매성에 직면한 사람의 해석일 수도 있고, 정신분석을 받으며 자신에게 나타난 징후들을 살펴보는 환자의 해석일 수도 있다. 하지만 그런 의미를 이미 찾았다면, 종교나 철학을 통해 이미 그 의미가 주어졌다면 해석은 어떻게 되나? 다시 말해, 종교가 우리에게 의미를 전해 주거나 철학이 의미를 입증한다면 그래도 우리가 군이 해석해야 할 것이 있을까? 우리가 해석해야 하는 것과 설명되거나 입증될 수 있는 것을 구분해야 하나? 의미를 찾아야 할 것과 원인을 찾아야 할 것은 별개인가?

본론 2

모든 것에서 의미를 구하지 말고 인간적인 것에서만 구하라.

논거 1
근대 과학은 의미가 아니라 원인을 구했다.

의미를 찾는 것은 해석이다. 원인을 찾는 것은 해명이다. 근대적인 과학 정신은 고대인들처럼 만물에서 의미를 찾고 궁극적 목적을 가정하기보다는 만물의 원인을 밝혀 설명하려는 의지에서 태어났다. 따라서 인간적인 것과 인간적이지 않은 것을 구분해야 한다. 전자가 인문학의 대상이라면 후자는 엄밀한 과학이 밝히고자 하는 대상이다.

'2+2=4'에는 의미가 없다. 어쩌면 더 이상 이런 데서 의미를 찾지 않았기에, '왜?'가 아니라 '어떻게?'로 의문의 초점을 달리했기에 근대적인 과학이 발전할 수 있었을지도 모른다. 그래서 근대 과학은 아리스토텔레스의 과학과 대립된다. 아리스토텔레스는 자연의 사물에서 궁극원인*을 찾았다. 사물을 궁극적 목적성에 비추어 설명하고자 했던 것이다. 다시 말해, 아리스토텔레스는 '어떻게?'를 찾는 듯 보이지만 결국 '왜?'라는 물음의 답을 제시하고자 했던 셈이다. 돌멩이는 어떻게 해서 떨어지는가? 아리스토텔레스는 이 의문에 답하기 위해 돌멩이의 궁극적 목적을 알고자 했다. 돌멩이가 원래 자리로 돌아가기 위해 떨어진다는

---

*궁극원인

하나의 현상은 그 원인이 있으며, 그 원인의 존재 역시 다른 원인에서 유래하므로 인과관계는 수많은 연쇄를 소급하게 되지만, 무한소급은 불가능하다. 따라서 이 연쇄의 극에 첫째 원인이 있는데, 이것이 궁극원인이다. 궁극원인은 자기의 존재원인을 남에게 맡길 수 없는 자기 원인이며, 여러 가지 원인의 원인이다.

것이 아리스토텔레스의 답이었다. 자연에 대한 아리스토텔레스의 목적론적 접근은 '자연은 어떤 것도 헛되이 행하지 않는다.'라는 말로 요약될 수 있겠다.

> "자연의 모든 부분에는 경이로운 데가 있다. 헤라클레이토스는 자신이 부엌에 있으니 선뜻 들어오지 않으려 하는 외국 손님들에게 '들어들 오십시오, 부엌에도 신들은 계십니다.' 라고 권했다. 과연 그렇다. 우리도 동물의 종에 대한 연구에 혐오감을 가질 필요가 없다. 어떤 종에나 자연과 아름다움이 깃들어 있다. 이는 결코 우연이 아니며 자연의 모든 작품들을 지배하는 궁극적 목적성이다. 그런데 어느 한 존재의 생성을 관장하는 목적성이야말로 그 존재를 아름답게 하는 것이다."
>
> 아리스토텔레스, 《동물의 부분에 대하여》

이러한 목적성에 얽매이지 않고 마침내 '과학적'이 되기까지, 인간의 정신에만 있는 것을 사물에 투사하거나 해석하지 않기까지 참으로 오랜 시간이 걸렸다. 진짜 해명으로 넘어가기까지 무척 오랜 시간이 걸렸던 것이다.

근대 과학의 관점에서 보자면 인간적이지 않은 것에서 의미를 찾을 때 과학의 진보는 되레 난관에 빠질 수 있다. 게다가 사물의 의미, 특히 종교가 제시하는 대로의 의미를 기준으로 삼는다면 그 진보는 장애물에 부딪친다. 조르다노 브루노*는 우주의 무한성을 맨 처음 주장한 과학자였다. 그는 1600년에 이단으로 몰려 화형 당했다. 당시에 교회가 세계에 부여한 의미와 과학의 진리가 서로 양립할 수 없었기 때문이다.

논거 2
사물의 의미를 찾는 것은 과학의 진보에는 걸림돌이 된다.

그렇다면 비, 천둥 따위의 자연현상에 의미를 부여하는 자세가 종교적인 자세에 그치지 않고 얼마나 미신과 악습에 가까워질 수 있는지 능히 짐작할 수 있다. 과학의 진보에는 의미가 없다. 그러한 진보에 가치가 없다는 뜻이 아니라 딱히 무엇을 나타내는 작용이 아니라는 뜻이다. 어떤 가정된 의미가 아니라 현상의 원인을 심도 깊게 밝힐 때에 비로소 과학의 진보는 방향성을 띠게 된다. 그러므로 의미는 인간적인 것에서나 찾을 일이요, 인간적이지 않은 자연현상에 대해서는 원인을 찾는 것으로 족하다.

논거 3
사회적 사실을 사물처럼 받아들이고 싶은 유혹에 맞서다.

인간적이지 않은 것에서 의미 대신 원인을 찾고자 하는 과학적 태도는 역사의 과정에 대한 헤겔의 분석과 스피노자의 철학, 나아가 사회학자 뒤르켐의 '사회적 사실을 사물처럼 받아들이는' 태도와 통하는 데가 있다. 뒤르켐은 종교와 사회, 신념 등과 같은 인간적이고 사회적인 현상들도 원인을 분석하여 해명하고자 했다. 이러한 태도가 지나치다고 생각해서 비판하고 나선 사람이 바로 또 다른 사회학자 막스 베버다. 막스 베버의 이해사회학은 사회 현상을 해명하기보다는 해석하려는 입장에 있으며, 무엇보다 인간의 의도와 개인이 자신의 행동에 부여하는 의미와 개인이 가진 가치관과의 관계를 중요시했다. 막스 베버의 주장을 따른다면, 인간적이지 않은 사물에 대해서는 해명을, 인간적인 것에 대해서는 해석을 하고자 해야 한다. 정밀과학이 아니라 인문학에 속하는 것,

---

*조르다노 브루노
이탈리아 르네상스 시대의 자연철학자이자 스콜라 철학과 로마 가톨릭 교회의 반대자이다. 고대 그리스의 철학 사상과 코페르니쿠스의 지동설의 영향을 받았다.

인간의 고유한 정념이나 욕망, 가치관과 연관된 것은 의미를 구해야 할 사안이다.

하지만 마지막으로 제기해야 할 물음이 남아 있다. 인간적이지 않은 것, 자연에 속한 것에 대해서는 원인을 찾아야 한다고 해서 인간적인 것에서는 항상 의미를 찾아야 한다는 뜻이 될까? 인간의 정념 · 선택 · 욕망 · 개인 혹은 집단의 모험 · 정치적 계획과 종교적 신념 따위가 단순한 원인들로 설명되지 않는다고 해서 그것들이 모두 어떤 의미나 하나의 의미를 가지란 법은 없지 않은가. **논지 전환**

모든 것에서 의미를 찾기가 어려운 이유는 아마도 모든 것에 의미가 있지는 않기 때문일 것이다. 사실 우리가 사는 세상에는 기막힌 일도 있고 도무지 받아들일 수 없는 일도 있지 않은가? 극작가 사뮈엘 베케트의 《엔드게임*》에서 쓰레기통에서 머리를 내밀고 주고받는 인물들의 대화는 인생의 부조리함을 역력히 드러내지 않는가? 카뮈도 《이방인》에서 인간의 행동에 우리가 간주하는 의미 따위는 없음을 보여주지 않았는가? 적어도 주인공 뫼르소의 행동을 볼 때에는 그렇다. **본론 3**
인간적인 것 전
부에서 어떤 의
미를 찾아서는
안 된다.
논거 1
부조리한 것, 말
이 안 되는 것도
있게 마련이다.

> "내가 뒤로 돌아서기만 하면 아무 문제도 없을 거라고 생각했다. 그러나
> 햇볕에 진동하는 해변이 내 뒤에서 죄어들고 있었다. 나는 샘을 향해 몇

---

*__사뮈엘 베케트의 《엔드 게임》__
아일랜드 출신의 시인이며 비평가이자 소설가이고 극작가인 사뮈엘 베케트의 1957년 작품이다. 체스게임 용어인 '엔드 게임'은 어떤 움직임으로도 패배를 피할 수 없는 이럴 수도 저럴 수도 없는 상황을 뜻한다.

걸음 나아갔다. 아랍인은 움직이지 않았다. 그래도 그는 아직 내게서 꽤 멀리 떨어져 있었다. 어쩌면 그의 얼굴에 드리운 그늘 탓이었는지 모르지만 웃고 있는 듯했다. 나는 기다렸다. 뜨거운 햇볕에 뺨이 타는 듯했고 눈썹에도 땀방울이 맺혔다. 어머니의 장례식을 치르던 날과 똑같은 태양이었다. 그날과 똑같이 이마가 지끈거렸고 내 몸의 모든 핏줄이 살갗 아래서 떨고 있었다. 더 이상 그 뜨거움을 견딜 수 없어서 나는 한 발짝 앞으로 나왔다. 바보 같은 짓인 줄은 알고 있었다. 한 걸음 옮겨봤자 태양으로부터 벗어날 수 없음은 나도 알고 있었다. 하지만 나는 한 발짝, 딱 한 발짝을 앞으로 내디뎠다."

알베르 카뮈, 《이방인》

설령 의미가 존재한다 해도 우리가 정말 찾을 수나 있을까? 칸트는 우리가 사물 자체(누멘)에 접근할 수 없다고 했다. 그 말은 우리가 과학을 통해 세계의 진리에 접근할 수 없다는 뜻 아닐까? 물론 우리는 자아와 세계에 어떤 의미가 있기를 바랄 수 있고 믿을 수도 있지만 그게 정말로 그 의미를 찾았다는 뜻은 아니다. 하지만 사물의 의미를 찾을 수 없다고 겸손하게 인정하면서도 계속 그 의미를 탐색하지 말란 법도 없다. 파스칼은 《팡세》에서 "신음하며 찾는 자들에게는 격려할 수밖에 없다."고 했다. 모든 것에서 의미를 찾아서는 안 된다고 주장하는 이들에게 이 말은 하나의 응수가 될 수 있을 것이다.

논거 2
인간적인 것들에는 다수의 의미가 있을 수 있다.

첫째, 의미는 없을지도 모른다. 둘째, 의미가 있으되 찾을 수 없을지 모른다. 그리고 마지막으로, 의미가 있으되 하나가 아니라 여러 가지일 수도 있다. 인간적인 것들은 애매하며 여러 가지로 해석될 수 있다. 어쩌면 그 풍부함과 복잡성 때문에 인간 조건은 그토록 연약하면서도 아름다운 것이리라.

정신분석을 받는 환자는 자기 생의 복합적인 의미를 종종 맞닥뜨리곤 한다. 환자 자신의 말도 한 가지 뜻이 아니라 여러 의미로 해석될 수 있고, 그러한 복합적인 의미를 찾을 때에 비로소 치유의 효과가 나타날 것이다. 라캉이 재해석한 프로이트의 생각대로라면 주체의 체험에서 '하나의 의미'를 찾으려 하기 때문에 그 체험의 풍부함을 이해하는 데 방해가 되는지도 모른다. 라캉은 이러한 생각을 도발적인 한 문장으로 요약한다. "정신분석학은 환자를 이해하려고 들지 말아야 하며 바로 이 조건에서만 환자의 징후들이 말하는 바를 들을 수 있다."

정신적 삶뿐만 아니라 역사적 사건에도 이 말은 들어맞는지 모른다. 1929년에 발생했던 세계 대공황은 인구통계학을 비롯한 경제학과 사회학 분야에서 다양한 의미를 가지며, 정신적 측면에서도 큰 영향을 끼쳤다. 인문학이 해석의 학문이라면 그 이유는 인간적인 것들에 대해서는 다양한 해석들이 가능하기 때문이리라. 절대적인 하나의 의미를 찾으려 하면 인간 현실의 풍부함을 놓치고 만다. 니체가 보여주었듯이 결코 환원되지 않는 생의 다양성에 대한 두려움이 '하나의' 의미를 찾고픈 욕구를 불러일으키는 것일 수도 있다. 헤겔이 그랬듯 역사에서 의미를 찾는다고 하면, 혹은 기독교도들처럼 종교적 삶에서 의미를 찾는다고 하면, 그렇게 무엇인가를 이른바 진리처럼 내세우면 위안이 되니 말이다.

"왜 괴로워하는가? 모든 동물 가운데 가장 용감하고 고통에 익숙한 이 동물은 고통 그 자체를 거부하진 않는다. 아니, 고통의 존재 의미, 고통의 이유가 제시되기만 한다면 기꺼이 고통을 추구하기까지 한다. 지금까지 인류를 짓눌러왔던 저주는 고통의 무의미이지, 결코 고통 그 자체가 아니다. 금욕적 이상은 인류에게 의미를 주었다! 그것이 인류에게 주어졌던 유일한 의미였다. 어떤 의미든 간에 아무 의미도 없는 것보다는 낫다."

니체, 《도덕의 계보학》

논거 3
인간적인 것에서 의미를 찾으려는 태도가 위험할 수도 있다.

매사에 의미를 찾아서는 안 될 또 한 가지 이유는 종종 그러한 태도가 위험한 것으로 밝혀지기도 하기 때문이다. 의미나 진리를 찾았다는 확신에 빠져 그 진리를 아직 따르지 않는 타인들을 못 견뎌하는 광신과 폭력, 근본주의가 얼마나 많은가.

또한 의미를 찾고자 하나 찾지 못할 때의 위험도 배제할 수 없다. 실망과 혼란, 우울증은 진리를 찾지 못해 애태우는 자들을 덮치곤 한다. 그러므로 모든 것에서 의미를 꼭 찾아야 할 필요는 없다. 그러한 탐색을 의무처럼 여겨서는 안 된다. 자신이 대하는 것을 해석하고자 하는 자연스러운 성향으로 인간이라는 동물을 정의한다면 왜 굳이 의무를 들먹이겠는가? 선을 행하는 것이 도덕적 의무인 이유는 그러한 행위가 인간의 이기적 본성과 상충되기 때문이다. 칸트는 도덕을 행하려는 성향이 인간의 자연스러운 성향은 아니기 때문에 의무가 의미를 갖게 된다고 보았다. 그러므로 해석을 해야 한다고 못 박는다면 해석이 우리에게 자연스러운 태도가 아니라는 뜻일 텐데, 그러한 주장에는 반박의 여지가 많다.

결론

따라서 사물의 의미를 찾고 의문을 가지는 것은 바람직하다. 다만 그

러한 의지를 절대적으로 과장해서는 안 되며 하나의 의미만 찾으려고
해서도 안 된다.

또한 자연계에 속한 것에 대하여 의미를 찾을 필요도 없다. 그런 것들
은 원인을 탐구해야 할 것들이다.

인간적인 것들에 대해서도 전부 의미를 찾으려 할 필요는 없다. 그러
다 보면 정작 그것들의 복합성이나 풍부함, 어쩌면 참된 아름다움까지
도 놓칠 수 있기 때문이다.

앎에 대한 인간의 욕망은 자연스러운 것일까요?

인간에게는 살고자 하는 욕망이 있습니다. 스피노자는 '자기 보존의 충동(코나투스)'이라는 개념으로, 프로이트는 '생의 충동'이라는 개념으로 그러한 자발적인 욕망을 살펴보기도 했지요. 인간에게는 공격충동, 성충동, 그리고 소유욕이나 두려움 같은 본능이 있습니다. 하지만 '알고자 하는 욕망'은 좀 별개의 문제입니다. 라캉의 생각대로 앎에 대한 욕망은 억압된 공격충동이나 성충동이 변형된 것, 소위 '승화'에 불과한 게 아닐까요? 만약 그렇다면 앎에 대한 욕망은 자연스러운 것이라기보다는 문화적인 것으로 봐야 할 겁니다. 라캉은 '지식욕', 즉 지적 호기심의 기원이 아이들이 오랫동안 의문시하지만 답을 얻지 못하는 "어떻게 아기가 생길까?"라는 물음에 있다고 말합니다. 정신분석학은 전반적으로 인간에게 '자연스러운' 것, 자연발생적인 것은 오히려 '알고 싶어 하지 않는 성향'임을 보여줍니다. 그러니까 진짜 물음은 "어떻게 해서 알고자 하는 욕망이 떠오르는가?"가 될 것입니다.

116

철학적 생각하기

야만과 문화는 어떻게 다른가?

15년 전에 인도에서 5개월을 지냈다. 당시의 나는 전형적인 성질 급한 서양 젊은이였고, 상업학교에 다니는 동시에 소르본에서 철학을 공부하고 있었다. 내가 특히 매달렸던 분야는 헤겔 철학이었다. 헤겔 철학이라면 유럽중심주의와 동양 문명에 대한 멸시 때문에 자주 비판을 받는 서구 합리주의의 괴물 아닌가. 따라서 인도로 떠나면서 문화적 충격을 예상하긴 했지만 그래도 그 정도일 줄은 몰랐다. 원래는 경제학 관련 연구를 하러 간 것이었으나 곧 연구고 뭐고 간에 엄청난 혼란에 빠졌다. 인도에서 나는 터미널에 가서 아무 버스나 타고 훌쩍 떠나는 버릇이 생겼다. 가이드북에서 추천하는 명소들은 외면하고 인도인들과 더불어 먹고 마시거나 밀크 티 잔을 움켜쥔 채 몇 시간이고 꼼짝 않고 사람구경을 하곤 했다. 옛날에는 생각도 못했던 숙명론에 젖어 괴로움과 환멸, 신체적 고통을 기꺼이 감내해 보기도 했고, 전생을 생각해 보기도 했다. 요컨대, 나는 다른 세상을 발견했다. 나 이전에도 수많은 이들이 그랬듯이 동양의 매력에 무너지고 말았던 것이다. 나는 느림과 받아들임을 배웠고, 조급한 인간의 모습을 하고 있는 나의 내면에도 충분히 의식하고 관조할 수 있는 존재가 있음을 깨달았다. 인도에서 나는 글을 쓰지 않았고 책도 많이 안 읽었다. 드디어 나는 존재하는 법을 알았던 것이다. 아름다움과 죽음과 부유함과 가난함이 한데 반짝이며 어우러져 있는 이 세상에 그저 존재한다는 것만으로도 마음이 충만했다. 기억은 잘 안 나지만 아예 인도에 눌러앉을 생각도 했던 것 같다. 그만큼 나는 근본적이고 중대한 변화를 느꼈다. 나는 새 사람이 되어서 파리로 돌아갈 줄 알았다. 동양에서 배운 이 지고한 시선, 전에 없던 지혜로 일상에 접근하고 정신없이 돌아가는 서양에서도 인내와 평정심을 갖고 살아갈 줄 알았다. 친구나 지인들이 내가 얼마나 달라졌는지 놀랄 거라 생각하며 혼자 미소를 짓곤 했다. 내 안의 모든 것이, 심지어 손을 내밀거나 물건을 집는 사소한 몸짓까지 변했다고 느꼈다.

그러고서 어느 토요일에 파리에 돌아왔다. 며칠 동안은 현금이 필요 없었다. 그러다 화요일인가 수요일인가에 돈을 찾으러 갔다. 현금지급기에 서너 명이 줄서 있었다. 첫 번째 사람은 금세 돈을 찾아서 가버렸다. 하지만 두 번째 사람이 무척 시간을 끌었다. 나는 점점 짜증이 나기 시작했고, 어느 순간에 이르자 마구 소리를 지르고 싶어졌다. 지금 도대체 뭐하는 겁니까, 돈만 찾아서 꺼지면 되잖아요, 얼마를 찾을지는 미리 생각을 해뒀어야죠, 그렇게 따지고 싶었다. 나는 만나기로 되어 있는 친구들, 내가 할 일, 내 삶의 중요한 관건들과 꼭 해야 할 일을 생각했다. 내 안의 느긋한 존재는 이미 구부정한 어깨를 하고 한숨을 쉬고 있었다.

아, 난 어쩔 수 없는 서양인이로구나.

그렇다면 헤겔의 유럽중심주의를 비판해야만 할까? 헤겔은 역사가 동양에서 시작되어 필연적 진보의 길을 밟아 서양에서 끝난다고 했다. 따라서 헤겔이 동양을 인류의 유년기와 동일시하고 서양과 유럽, 나아가 프러시아의 우위성을 정당화했다는 점에서 유럽중심주의자, 서양중심주의자라고 비판할 수도 있을 것이다. 헤겔의 말대로라면 내가 인도, 최소한 남인도에서 더러 3000년 전의 모습이 그대로 남아 있는 듯한 현장에서 본 것이 인류의 과거, 현재 성년에 이른 인류의 유년기라는 말 아닌가! 하지만 내가 본 것은 역사의 어느 한 단계가 아니라 우월하지도 않고 열등하지도 않은 또 다른 문명일지도 모른다. 그저 우리와 다른 가치관을 적용하기 때문에 다소 이해하기 어려운 별개의 문명이고, 오늘날의 유럽이 그보다 더 진보된 단계라고 할 수는 없는 것이다. 그렇다면 인도 문명이라는 동일한 현실에 대하여 두 가지 해석이 나왔다. 솔직히 고백하자면 인도를 이리저리 헤매고 다니면서 이 두 해석은 차례차례 내 마음을 사로잡았다. 남인도에서 인도 사람들이 생각하는 시간과의 관계, 타인과의 관계에 매혹되었을 때에는 서구 문명보다 전혀 열등하지 않고 오히려 배울 점이 많은 다른 문명을 대하는 느낌이 들었다. 하지만 36시간 동안 기차를 타고 봄베이 역에 도착했을 때 철로를 따라 길게 늘어서서 용변을 해결하는 인도인들을 보고는 ─ 심지어 똥을 누면서 우리에게 손까지 흔들어주던 그들을 봤을 때는 ─ 나도 모르게 헤겔과 비슷한 입장을 취하게 됐다. 이 문명은 다른 문명들이 이미 옛날에 지나온 역사적 단계에 머물러 있는 것이 아닌가라는 생각이 들었던 것이다.

인도에서 지내는 동안 나는 새로운 습관이 많이 생겼다. 새로운 가치관, 시간과 세계를 대하는 새로운 태도를 발견하면서 행복했다. 하지만 서양에서 익힌 습관이 얼마나 나에게 뿌리 깊게 남아 있는지는 미처 생각지 못했다. 예를 들어 내가 습관을 바꾸겠다고 결심을 하면 과연 바꿀 수 있는 걸까? 철학의 입장, 적어도 데카르트나 칸트 같은 대다수 철학자들의 입장은 이성과 확고한 결단, 선택의 중요성을 강조한다. 칸트는 실천이성이 우리에게 선행의 길을 보여준다고 했으며 데카르트는 자유의지를 강조했다. 하지만 우리에게 뿌리 내린 습관의 힘은 이러한 주장들을 의심하게 한다. 물론 습관의 힘에 주목하고 우리가 내리는 결정이나 이성의 한계를 지적한 철학자들도 있지만 그들은 비교적 소수파이다. 흄이나 몽테뉴, 라 보에티 등이 그 소수파에 속한다.

라 보에티와 습관의 중요성

"과연 어째서 그렇게 많은 사람들, 그렇게 많은 마을과 도시, 그렇게 많은 국가와 민족들이 독재자의 전제 정치를 참고 견디는 일이 항상 일어나고 있는가. 인민들이 참고 견디는 바로 그 정도만큼 독재자는 그들에게 해악을 끼친다. 그들이 독재자로 인해 괴로워하지 않고 들고일어난다면 그는 어떤 악도 행할 수 없을 것이다. 놀라운 것은 인민들이 마땅히 느껴야 할 고통을 대수롭지 않게 여기는 태도이다. 수백만의 사람들은 비참한 노예 상태에서 생활하고 있다. 이는 어떤 막강한 권력에 의해서 강요당한 것이 아니다. 오히려 인민들은 결코 두려워할 필요가 없는 권력을 휘두르는 절대자의 명성에 홀리거나 그의 마법에 사로잡힌 것처럼 보인다. [⋯] 사람들이 자발적으로 복종하는 첫 번째 이유는 그들이 농노로 태어나 늘 그렇게 예속 상태에서 살아왔기 때문이다. 처음부터 자신의 의지와 상관없이 강제로 복종을 하다 보니 나중에는 습관에 따라 그렇게 살게 되었다.”

에티엔 드 라 보에티, 《자발적 복종》

몽테뉴와 관습의 권위

“사실 관습이라는 것은 폭력적이고 배신에 능한 여선생 같아서 우리 속에 부지불식중에 조금씩 권위의 발판을 마련하는 법이다.”

몽테뉴, 《수상록》

헤겔 철학을 유럽중심주의니, 다른 것을 열등한 것으로 깎아내렸다느니 비판하는 이유는 충분히 이해할 수 있다. 그러한 비판은 문화적 차이를 재고하고 위계질서와 무관한 각 문화의 독창성을 주목하는 데 도움이 된다. 하지만 반대로, 충분히 우열을 가릴 만한 측면에 대해서까지 이른바 ‘차이에 대한 존중’이 아무래도 좋다는 식의 편리한 상대주의를 낳을 수도 있다. 인권을 존중하는 문명은 그렇지 않은 문명보다 우수하다고 생각할 수 있지 않은가? 하지만 상대주의자들은 반박할 것이다. 인권 자체가 서양인들이 만들어낸 것에 불과하다면? 상황을 그렇게 바라보는 것 자체가 유럽중심주의적 시각 아닌가? 인권을 존중하지 않는 것처럼 보이는 문명들을 비난함으로써 서구적 세계관을 다른 세계에까지 투사하고 있지는 않은가? 상대주의자들은 이러한 물음을 빼놓지 않을 것이다.

나는 인도에서 이러한 상대주의적 시각과 보편주의적 시각의 충돌을 꽤나 구체적으로 경험했다. 한 번은 마두라이의 힌두교사원에서 지붕을 장식하고 있는 여러 개의 팔이 달린 조각상들에 눈길이 갔다. 헤겔도

《미학》에서 이런 종류의 조각상을 묘사하고 무엇인가를 구하듯 하늘을 향해 뻗은 수많은 팔들의 아름다움을 유아적 문명의 상징으로 여겼다. 그 팔들이 아직 찾지 못한 절대자에 대한 호소를 표현한다는 것이다. 하지만 그리스 인, 나아가 이후의 기독교인들은 그러한 절대자를 의식할 수 있었다. 헤겔은 보편자가 역사를 통해 차츰 실현된다고 보았는데 그렇다면 인도는 넘어서야 할 단계에 해당한다. 하지만 나는 보편적 문화에서 넘어서야 할 단계가 기적적으로 남아 있다고 생각하기보다는 다른 역사, 다른 문화를 마주하고 있다는 기분이었다. 그 조각상 앞에서 미학적 감흥을 느낀 순간, 나는 헤겔주의를 조금 접고 상대주의에 더 가까워져 있었다. 좀 더 정확히 말하자면 미학적 감흥을 통해 의미를 감각적으로 체험할 수 있다는 점에서는 헤겔의 입장에 동의하지만 보편사의 어느 한 시점이 아니라 서양의 역사와 문명과는 완전히 다른 문명을 만난다고 생각했다는 점에서 나는 골수 헤겔주의자는 될 수 없었다.

"위도(緯度) 3도의 차이가 온갖 법률을 뒤엎으며 자오선이 진리를 결정한다. […] 한 줄기 강이 가로막는 가소로운 정의여! 피레네산맥 이편에서 진리인 것이 저편에서는 오류가 된다."

파스칼, 《팡세》

"가장 야생적이거나 야만적으로 보이는 이들을 인류로 인정하지 않음으로써 우리는 그들에게 전형적인 태도 중 하나를 취하게 할 뿐이다. 어떤 것을 야만적인 일이라고 규정하는 인간이야말로 더없이 야만적이다."

클로드 레비 스트로스, 《인종과 역사》

Q 조롱과 반어는 어떻게 다른가요?

일단 '조롱'과 '반어'는 별개입니다. 조롱은 남을 우스꽝스럽게 만들려고 하지만 반어는 나름대로 상대의 지성에 호소합니다. 조롱은 조롱당하는 사람이 못 알아들을 때 더욱 효과적이지만 반어는 상대가 그 미묘한 속뜻을 알아차릴 때에 더욱 성공적입니다. 그러니까 반어보다 조롱이 남들과의 관계를 더욱 어렵게 합니다. 반어는 톡톡 튀는 방식으로 타인의 시각이 가진 한계를 지적하지만 그와 동시에 상대가 과오를 깨닫고 교정할 수 있는 기회도 제공합니다. 그래서 블라디미르 얀켈레비치는 《반어》에서 "반어는 자신이 미혹하는 바로 그 상대에게 은밀한 손길을 내민다."라는 말로 이러한 생각을 멋지게 요약했습니다. 이때에 반어는 '카이로스', 즉 상대의 발전이나 그 사람과 나의 관계에 상서로운 기회가 됩니다. 그래서 반어는 상호주관성을 통해서만, 관계 속에서만 의미를 갖지요. 반어법을 구사해 봤자 아무도 이해하지 못하면 의미가 없습니다. 오히려 그런 말을 한 사람이 우스워질 위험이 있지요. 하지만 조롱은 어떻게 받아들여지는가와 무관합니다. 조롱의 성격은 조롱하는 자와 조롱받는 자의 관계에 의존하지 않습니다. 얀켈레비치는 반어는 직접적인 것과 거리를 두는 자각적 활동이라고 했습니다. 반어는 정신의 미소지만 조롱은 정신의 찌푸림입니다. 소크라테스는 반어법의 대가였습니다. 그는 대화상대가 깊이 생각해 볼 수 있도록 유도하고, 자기가 한 말의 부족한 부분을 스스로 깨우칠 수 있도록 고무하기 위해서 반어법을 활용했습니다. 그래서 반어법은 소크라테스의 산파술, '정신이 앎을 낳도록 도와주는 기술'의 가장 중요한 도구가 되었습니다.

> "반어는 진보다. […] 반어가 지나간 자리에는 더 많은 진리와 더 밝은 빛이 남는다."
>
> 블라디미르 얀켈레비치, 《반어》

하지만 소크라테스가 자기만족에 빠져 반어를 이용해 타인의 발전을 꾀하기보다는 지적 우월성을 과시하거나 멸시를 드러냈다고 보는 이들도 더러 있습니다. 진짜 소크라테스의 모습에는 아마 이런 면도 있고 저런 면도 있었을 겁니다. 다만 플라톤이 묘사한 소크라테스를 닮고자 노력하는 것이 좋을 것입니다. 진지한 얘기에 짓눌리지 않되 여러분이 구사하는 반어법의 의미를 진지하게 생각해 보기 바랍니다.

정치

Chapter 4

+

Keyword

사회, 정의, 법, 국가

LA POLITIQUE

LA SOCIÉTÉ
LA JUSTICE ET LE DROIT
L'ÉTAT

정치적 현실주의?
정치적 이상주의?

여러분은 정치적으로 현실주의자에 가까운가, 이상주의자에 가까운가? 현실주의자들은 인간을 이기적인 개인이지만 함께 살아가게 해야만 하는 존재로 본다. 그래서 홉스는 개인들이 더불어 살아야 피차 이익이라는 점을 이해할 정도의 머리는 있기에 함께 살아갈 뿐, 정말로 함께 살고 싶은 것은 아니라고 했다. 국가는 사유재산을 가진 이들이 자신의 재산을 보호하기 위해 서로 힘을 합쳐야 한다는 결정 혹은 필요에 의해 탄생했을 뿐이다.

자연 국가 혹은 만인에 대한 만인의 투쟁

"인간은 그들 모두를 두렵게 하는 공통의 권력 없이 살아가는 동안에는 전쟁이라 불리는 상태에 있다."

홉스, 《리바이어던》

이상주의자들은 개인들이 사회적 삶이 이익이라는 것을 알 만한 지성이 있을 뿐 아니라 그렇게 살고픈 욕망도 있다고 본다. 무엇보다 인간에게는 사회적 삶을 통해서 더 나은 존재로 발전할 여지가 있다. 루소는 이 발전의 여지를 '완전가능성(perfectibilité)'이라고 불렀다. 루소에 따르면 인간과 동물의 차이는 이성이나 언어적 능력보다 자신을 개선할 수 있다는 점에 더 크게 있다. 정치는 바로 이러한 인간의 개선 능력을 발휘할 기회요, 시민권은 더 나은 인간을 도래하게 할 실천적 방법이다.

완전가능성은 인간의 고유성

"하지만 이 모든 문제들을 둘러싼 어려움이 동물과 인간의 차이에 대하여 논의의 여지를 다소 남기기는 하지만 그 둘을 구분 짓는 또 다른 특징, 반박할 수 없는 고유한 특징이 있다. 그것은 인간이 점차 완전해질 수 있는 능력이다. 그 능력은 여러 상황들에 힘입어 인간의 다른 능력들까지 차례로 계발한다. 동물은 태어난 지 몇 달 후면 일생 동안 변치 않을 모습을 지니게 되며 천 년의 세월이 흘러도 그 종의 최초 모습과 별 차이가 없으나 인간의 완전가능성은 우리 종에게나 개인에게나 남아 있다."

루소, 《인간불평등기원론》

정치에서의 '현실주의/이상주의'라는 구분을 좀 더 잘 이해하기 위해 민주주의의 예를 들어보자.

정치적 현실주의라는 관점에서 민주주의는 국민의 권력, 다수의 권력을 뜻한다. 토크빌처럼 민주주의에 대한 비판을 전개한 학자들은 '다수의 횡포'도 가능하다고 지적한다. 구체적으로는 의견이 같은 사람들의 수가 얼마나 많은지를 집계하는 것만으로 민주주의의 권력이 결정될 수 있을 것이다. 이 경우 다수는 전제적으로 그들의 시각을 소수에게 강요하게 될 것이다.

다수의 횡포

"집단적으로 규합된 다수, 소수라고 부르는 또 다른 개인과 상반되는 이해관계와 의견들을 갖고 있는 개인이 아니면 무엇인가? 그런데 우리가 전능한 힘을 지닌 한 사람이 자기 적들에 대하여 권력을 남용할 수도 있다고 인정한다면 어째서 다수도 그러한 횡포를 부릴 수 있다고 인정하지 않겠는가?"

알렉시스 드 토크빌, 《미국의 민주주의》

이 개인들은 당분간 권력을 누리겠지만 그 권력이 그들을 변하게 하진 않는다. 이러한 현실주의적 독해를 급진적으로 밀어붙인다면 어떤 조건에서는 민주주의 체제에서 권력을 잡는 이들이 다수가 아니라 소수라고까지 말할 수 있을 것이다. 선거를 치르는데 기권표가 너무 많거나 후보들이 난립한 탓에 사표(死票)가 많이 나와서 국민들의 선호가 투표에 제대로 반영되지 않는다면 국민의 대표가 소수의 지지를 등에 업고 선출될 수도 있다. 그렇다면 선거는 민주적 과정임에도 불구하고 소수의 전횡을 막지 못한 셈이 된다.

반대로, 정치적 이상주의의 시각에서 민주주의는 정말로 정치에 진지하게 투신하는 이들을 변화시키고 더 나은 인간을 출현하게 할 만한 정체(政體)다. 민주적 토론과 숙고는 언변과 사유에 발전을 불러올 것이며 우리는 공동의 주제를 두고 다른 사람들과 논의함으로써 더욱 연대하게 될 것이다. 민주주의를 이처럼 이상적으로 생각하는 태도는 민주주의의 어원적 의미를 훨씬 뛰어넘는다. 그러한 민주주의는 단순히 '인민(demos)의 권력(cratos)'만이 아니라 인간의 완전가능성까지 의미하게 될 것이다. 민주주의가 인간을 보다 완전하게 하는 기회가 되려면 시민 한 사람 한 사람이 개인의 이익보다 국가의 일반이익을 우선시하며 투표권을 행사해야 한다. 오직 그러한 노력만이 인간을 더 나은 존재, 덕스러운 존재로 만들 수 있을 것이며 이기적 개인을 시민으로 거듭나게 할 것이다. 하지만 각자 자신의 이익을 좇아 투표를 한다면, 그 투표 결과는 이해가 일치하는 무리 가운데 가장 사람 수가 많은 무리에게 승리를 안겨줄 뿐이다.

하지만 정치적 현실주의/이상주의는 '법'의 문제도 조망한다. 현실주의자들에게 법은 그저 이기적 성향을 타고난 개인들이 함께 살 수 있도록 공통적으로 적용하는 규칙들에 불과하다. 그러므로 법과의 관계가 개인들을 변화시키거나 인간의 본성을 변화시키지 못한다. 홉스는 인간들이 자연 상태에서 벗어나 정체를 이루기 위해 결정한 기본 규약이 인간의 뿌리 깊은 본성을 바꿀 수는 없다고 보았다. 그 규약은 개인을 이기적이며 지적인 존재로 취급하며 계속 그러한 존재로 내버려 둔다. 현실주의적인 인간들은 그저 안전을 보장받는 대가로 자신의 자유를 조금 제한하더라도 받아들이는 편이 낫다는 것을 알 뿐이다. 반면에 정치적 이상주의에서는 법과의 관계가 인간을 변화시키고 새로운 유형의 자유를 제안한다. 그래서 루소는 법에 대해 토론하고 어떤 것이 공익인지 생각하는 활동이 인간에게는 더 나은 인간이 되는 방법이라고 했다. 개인 안에 시민이라는 새로운 인간을 등장시키는 방법이라고 볼 수 있다. 하지만 루소는 자신의 이상주의를 충분히 자각하고 있었다. 그 자신도 그러한 민주주의가 실현 불가능하다고까지 말했을 정도였다. 그는 "인간들에게 법을 제안하려면 신들이 있어야 할 것이다."라고 했다. 오직 저 하늘의 신들만이 일반이익을 알고 그 어떤 개인적 이익에도 흔들리지 않을 테니까.

현실적인 이상주의자 루소

"신의 백성이 있다면, 그들의 정부는 민주적일 것이다. 그렇게 완전한 정부는 인간의 것이 아니다."

루소, 《사회계약론》

그래서 현실주의자에게는 안전이 자유보다 중요하고 이상주의자에게는 자유가 안전보다 중요하다고 말할 수 있을 듯하다. '법을 지켜야 하는가?' 라는 물음에 대하여 현실주의자는 함께 살려면 어쩔 수 없으므로 폭력적 자연 상태로 돌아가지 않기 위해서, 혹은 처벌을 받지 않기 위해서 지켜야 한다고 말할 것이다. 하지만 이상주의자는 법을 존중함으로써 우리가 성장하고 새로운 인간상을 실현할 수 있으니 그래야 한다고 대답할 것이다. 따라서 이상주의자는 법을 정말로 존중하고 현실주의자는 법을 적용한다고 할 수 있겠다.

이러한 문제의식에서 나아가 사회를 생각해 볼 수도 있다. 현실주의자에게 사회는 일종의 필요, 나아가 선택이다. 하지만 그러한 사회는 언제나 인간들이 생존과 이익을 위해서 서로 뭉치고 교환 및 거래를 발전시켜야 했음을 뜻한다.

쇼펜하우어, 고슴도치, 사회

"어느 추운 겨울날, 한 무리의 고슴도치들이 체온을 유지하여 얼어 죽지 않으려고 서로 바싹 달라붙어 있었다. 그러나 서로를 가시로 찌르는 탓에 곧 다시 떨어졌다. 그러다가 도저히 추위에 견딜 수 없어 다시 한 덩어리가 되었다. 또 서로 가시에 찔려 고슴도치들은 다시 떨어졌다. 이와 같이 그들은 이래도 괴롭고 저래도 괴로운 상태를 오갔다. 그리하여 마침내 고슴도치들은 상대방의 가시를 견딜 수 있는 적당한 거리를 발견하게 되었다. […] 이렇듯 사회에 대한 욕구는 인간들을 한 덩어리로 뭉치게 한다. 그러나 그들은 불쾌감과 반발심으로 인해 다시 멀어진다. 마침내 그들은 서로 견딜 수 있는 적당한 간격을 발견하게 되었다. 그것이 바로 정중함과 예의이다."

쇼펜하우어, 《여록과 보유》

이상주의자의 시각에서 사회는 인간이 지적 존재로서 어쩔 수 없이 받아들이는 한 단계일 뿐 아니라 지성적으로나 감정적으로나 개인의 인간다움을 심화시킬 기회이다. 함께한다는 것, 즉 사회를 이루고 산다는 것은 인간이 인간성을 계발하는 데 필수불가결한 조건이다.

마지막으로, 우리는 이 현실주의/이상주의의 프리즘을 통해 국가에 대하여 특정한 고찰을 할 수 있다. 현실주의자는 국가를 어떤 역사적 시점에서 사유재산을 지닌 이들이 집단의 안전을 보장받고자 찾아낸 해법이라고 본다.

국가는 온갖 냉혹한 괴물들 중에서 단연 으뜸이다

"국가는 냉혹하게 거짓말을 하니 그의 입에서 기어 나오는 거짓말이 바로 이것이다. '나 국가가 곧 국민이니라.'"

니체, 《차라투스트라는 이렇게 말했다》

반대로 이상주의자는 근대적인 국가가 자유의 승리를 일궈낸 커다란 역사적 진보라고 간주한다. 헤겔은 인간의 자유라는 가장 아름답고 진실한 관념이 근대 국가가 법을 제정함으로써 구체적으로 실현되었다고 본다. "법은 현실화된 자유의 왕국이다." 현실주의자는 국가가 담당하는 공공서비스(경찰, 사법, 보건, 공교육 등)를 자유를 억압하는 구속(세금, 사회보험 및 연금 납부 등)으로 보든가 그렇지 않으면 그저 평화로운 사회를 유지하기 위한 대책들로만 여긴다. 이상주의자에게 공공서비스는 관용에 대한 요구를 제도적으로 담아낸 결과이다. 헤겔의 표현을 따르자면 "친구를 위해 해 주는 일"을 일반화 및 객관화한 것이 공공서비스다.

"국가는 구체적 자유의 현실태이다."

헤겔, 《법철학강요》

정치와 관계를 맺고 있는 모든 주체들에게 우선 그들이 현실주의자인지 이상주의자인지 물어 보라.

홉스 대 루소, 볼테르가 심판을 보다

"주네브의 루소 씨의 철학은 홉스의 철학과 정반대다. 한 사람은 인간의 본성을 선하다고 보았으나 한 사람은 악하다고 보았다. 루소에 따르면 자연 상태는 평화로운 상태다. 홉스에 따르면 자연 상태는 전쟁 상태다. [⋯] 홉스는 분열과 혼란 중에 태어났고 루소는 학자들의 세계에서 살았다. 시대가 다르고 상황이 다르니 철학 또한 다르다. 루소는 감정이 풍부한 달변가다. 홉스는 건조하고 금욕적이며 원기왕성하다. 홉스는 왕위의 찬탈을 보았고 시민들이 무기를 들고 서로 싸우는 모습을 보았다. 광신적인 장로파 교도들이 조국을 피로 물들였기에 홉스는 신, 성직자, 제단에 반감을 품을 수밖에 없었다. 루소는 뛰어난 지식을 갖춘 인간들이 분열하고 서로를 미워하며 각자의 정념을 좇아 인정, 부, 위엄을 얻기 갈망하는 등 그들이 얻은 지식에 걸맞지 않게 행동하는 모습을 보았다. 그래서 루소는 학문과 학자들을 경멸했다. 홉스와 루소, 두 사람 모두 분노했던 것이다."

볼테르, 《백과전서》

철 학 선 생 님 께 질 문 !

Q 잘 구상된 것은 분명하게 표현될까요?

부알로*는 《시학》에서 "잘 구상된 것은 분명하게 표현된다."라고 했습니다. 여기서 이 문장을 인용하는 것이 놀라울지도 모르지만 역사의 우연으로 이 말은 널리 알려졌고 참으로 빈번하게 인용되고 있습니다. 그런데 이 말은 틀렸습니다. 이제 우리는 언어에 앞서 이미 완벽하게 존재하는 사유는 없다는 것을 압니다. 언어가 그저 표현만 하는, 그러니까 이미 언어 이전에 완성된 사유는 없습니다. 물론 여전히 철학에서는 학문의 진보(신경과학, 언어학 등)로 검증되지 않는 관념들을 기준으로 삼는 경우가 많습니다. 하지만 부알로의 이 말이 대중적으로 알려지면서 특수한 문제가 발생했습니다. 많은 이들이 "사유는 언어에 앞서 있다. 그러니까 사유가 엄정하다면 그 표현 역시 명확할 것이다."라는 부알로의 주

──────────

＊부알로

프랑스 파리 출신의 시인이자 비평가로, 당시 최고의 고전주의 이론가였다. 그는 문학 비평사에서 무척 중요한 저작물인 《시학》을 출간했는데, 이를 통해 고대 그리스의 이론과 문학의 전통을 지키고, 그 완벽함을 모방하자고 주장했다. 그는 고전주의 이론에 충실한 작가들을 옹호하고 그렇지 않은 작가들을 혹평했다.

장에 특혜를 주고 그 주장에 따라 결론을 내리게 된 것입니다.

그런데 우리가 사유를 일관성 있게 구성하기 위해서는 말이 필요합니다. 따라서 발화(發話) 이전의 사유는 결코 완벽하지 않지요. 아이도 말을 배우기 시작하면서 비로소 명확하게 생각하는 법을 배웁니다. 자신의 생각을 파악하려고 애쓰다가 자기도 모르게 혼잣말을 중얼거리는 경우가 얼마나 많습니까. 그 이유는 말에는 생각을 하게 하는 힘이 있기 때문입니다. 작가들은 누구나 그 사실을 압니다. 그들은 글을 써내려가다가 비로소 자기 생각의 본질을 깨닫곤 하지요. 헤겔은 이를 "우리는 말을 통해 생각한다."라고 요약했습니다. 헤겔은 언어 이전에 명확한 사유가 있을 수 없으며 혼란스러운 생각(이를테면 직관이라든가)이 분명하고 객관적인 것이 되려면 말을 필요로 한다고 보았지요.

헤겔 이전에도 장 자크 루소가 "일반 관념을 갖기 위해서는 말이 필요하다."라고 썼습니다. 부알로의 주장은 지나치게 합리주의적입니다. 이성이 먼저 우리 안에 있고 언어는 그 후에 그 이성을 표현하는 기능, 단어들로 옮기는 기능만 한다고 주장했으니 말입니다. 부알로와 비슷한 입장의 철학자는 데카르트를 제외하면 별로 없습니다. 오늘날 우리는 이성과 언어가 훨씬 더 긴밀하게 얽혀 있음을 알고 있습니다. 아마 인간은 말을 하기 때문에 생각도 할 겁니다. 우리는 말을 할 수 있는 동물이기 때문에 생각도 할 수 있는 동물이 되었을 것입니다.

말로 표현할 수 없는 것, 그것은 모호한 생각이다

"말이라는 분절음만이 내적인 것과 외적인 것이 긴밀하게 이어져 있는 삶을 우리에게 제공한다. 결과적으로, 말을 통하지 않고 생각하기를 바란다는 것은 무모한 시도다. […] 일반적으로 말로 표현할 수 없는 것이 더 우위에 있다고들 생각하는 것도 사실이지만…… 그것은 피상적이고 근거 없는 견해다. 사실은 말로 표현할 수 없는 것은 모호한 생각, 아직 발효 상태에 있는 생각일 뿐이다. 그러한 생각은 말을 찾을 때에 비로소 명확해진다."

헤겔, 《철학백과사전》, 제3부

일반 관념을 지니려면 말이 필요하다.

"일반 관념은 말의 도움을 받지 않고는 정신에 깃들 수 없으며 인간의 오성은 명제를 통해서만 그러한 관념을 파악한다. 동물이 스스로 일반 관념을 형성할 수도 없고 그에 따른 완전성을 획득할 수도 없는 이유 중 하나가 바로 여기에 있다. […] 따라서 일반 관념을 갖기 위해서는 명제를 발화해야 한다, 말을 해야만 한다."

루소, 《인간불평등기원론》

철학적 글쓰기

법은 공정할 수 있는가?

한 남자가 총을 들고 은행을 털러 들어가 두 사람을 죽였다. 프랑스에서라면 이 남자는 10년쯤 옥살이를 하고 풀려날 것이다. 하지만 미국 캘리포니아에서라면 사형을 당할 수도 있다. 실정법*의 상대성은 정의라는 관념 자체와 맞지 않는다. 정의는 곧잘 여신의 모습으로 상징될 만큼 영원하고 신성한 것, 보편적인 것을 지향하지 않는가. 게다가 실정법은 인간의 본성, 자유, 이성, 정의 같은 보편적 가치들을 기초로 삼는 '자연법'과 구분된다. 이때 '자연법*'은 인간이라면 누구나 '권리'가 있는 것을 규정할 것이다. 그것이 곧 '인권'이다.

＊실정법과 자연법

실정법은 현실적으로 적용되고 있는 법 전체를 의미하며, 자연법은 인위적이 아닌 자연적 성질에 바탕을 둔 보편적이고 항구적인 법률 및 규범을 말한다.

정의에 대한 보편적 요구와 실정법을 구분해야 하는 첫 번째 이유는 실정법의 상대성 때문이다. 두 번째 이유는 실정법이 일반적이기는 해도 보편적이지는 않기 때문이다(지방자치법, 국법, 국제법 등의 범주에 따를 뿐 시대와 공간을 초월하여 보편적이지는 않다). 우리는 실정법을 주어진 시공간에서 적용되며 구속력이 있는 객관적이고 일반적인 공동 규칙 정도로 정의할 수 있다. 하지만 도덕법은 − 예를 들어 칸트의 정의대로라면 − 객관적이라기보다는 주관적이다. 또한 도덕법은 일반적이지 않으나 보편적이다(최소한 보편적이 되고자 하는 것은 맞다). 도덕법을 지키지 않아도 감옥에 끌려간다든가 하는 객관적 처벌은 받지 않는다. 그저 양심의 가책이나 후회가 남을 뿐이다. 낙태는 프랑스에서 합법적으로 허용되지만 아일랜드에서는 불법이다. 하지만 낙태를 부도덕하고 부당한 일로 여기는 사람은 다른 사람들도 그렇게 여겨야 마땅하다고 생각할 것이다. 이처럼 법과 도덕은 서로 다른 차원에 속해 있다. 법이 곧 정의는 아니다. 법원이 꼭 정의가 한 치 틀림없이 실현되는 장소는 아닌 것이다!

그렇지만 법과 정의를 화해시키고자 노력할 수는 있다. 그 화해의 첫 번째 실마리는 실정법을 정의를 지향하여 발전시키는 것이다. 그렇다면 법은 전적으로 정의롭지는 않으나…… 그렇게 될 수도 있겠다. 또 다른 실마리는 법이 비록 완전하지 않을지언정 법의 원칙과 본질은 정의롭다고 생각하는 것이다. 법이 있기에 인간은 끝없는 복수의 악순환에서 벗어날 수 있고 인간 사회가 제대로 돌아갈 수 있는 것 아닌가.

우리는 '정의'라는 말의 의미를 조금씩 재정의해야 할지도 모른다. '정의'라는 단어가 꼭 완전무결한 정의를 뜻한다기보다는 법의 끊임없는 '조정'을 뜻할 수도 있을 것이다. 일반적인 법과 구체적이고 개별적인 사태 사이의 조정, 법과 풍속의 역사적 변화 사이의 조정, 나아가 객관적 법과 정의에 대한 우리의 주관적 요구 사이의 조정이라고 해도 좋겠다.

그렇다면 다음과 같은 표현으로 문제를 제기해 보자. 법은 완벽한 도덕성, 정당성이라는 의미에서, 혹은 완벽한 '조정'이라는 의미에서 정의로울 수 있는가? 아니면 법은 결코 정의에 이르지 못한 채 질서를 수호하는 기능에만 국한되는가?

본론 1
법은 원칙적으로 정의롭다.

논거 1
법은 각 사람이 기본권을 보장받고 평화롭게 살 수 있게 한다.

'법이 정의롭다'는 말이 어김없이 들어맞지는 않을지라도 법의 본질은 정의롭다 할 수 있지 않을까? 사실, 법이 존재한다는 것만으로 정의롭다고 할 수 있다. 법이 있다는 것은 비논리적인 대응과 복수에 빠진 개인들이 아니라 바로잡고 처벌해야 할 부분이 사회에 있다는 뜻이다. 법의 존재 자체가 두 개인의 분쟁 사이에 사회를 개입시킨다. 이때 분쟁은 개인의 충동이 아니라 사회가 제정한 규칙에 종속되므로 본질적으로 좀 더 정의롭게 처리될 수 있다. 법이 있기에 범죄자는 법이 정한 벌을 받고 나면 사회에 복귀하여 사회의 일원으로서 살아갈 수 있으며, 피해자는 자기가 복수를 하지 않아도 가해자의 처벌을 보장받거나 자신이 입은 피해에 대한 배상을 받는다.

법이 폭력의 악순환을 피할 수 있게 한다는 점을 감안한다면 정의롭지 않다고 말하기 곤란하다. 법이 있기에 인간은 매순간 부당한 죽음을 두려워하지 않고 살아갈 수 있다. 법이 정의롭다면 법의 요구, 즉 사회의 안전을 대가로 개인의 자유를 제한해야 한다는 요구가 정당하다는 뜻이다. 우리는 법이 정의롭다고 말하지만 이것은 법이 매번 어김없이 정의를 구현한다는 뜻이 아니다. 인간이 폭력적인 자연 상태를 벗어나 평화롭게 살아갈 수 있게 하는 법의 원칙 자체가 정의롭다는 뜻이다.

그렇다면 법이 사회를 가능하게 하는 시점부터는 정의롭고 사회의 안전이 위협받는 시점부터 법은 정의롭지 않다고 인정하는 셈인가? 사회를 돌아가게 하고 개인에게 최소한의 안전을 보장하는 것이 곧 정의인가? 그러한 관점에서는 군주가 임의로 정한 법도 여러 가지 사회적 불평등을 바로잡지 못할지언정 백성들에게 왕국의 보호를 제공하였으니 정의롭다고 해야 할 것이다. 하지만 구소련이나 이란에서처럼 무고한 국민들의 죽음을 명령하는 법은 법의 본질에 충실하지 못하였으니 정의롭다 할 수 없겠다.

다른 한편으로, 법이 그 본질상 정의로운 이유는 만민에게 평등하게 적용되기 때문이다. 요컨대, 평등의 원칙이 법을 정의롭게 한다. "누구도 무시해서는 안 된다."는 이 법이 인간들을 평등하게 한다. 출생이나 사회적·경제적 상황으로 인한 불평등이 아무리 심해도 모두가 기본권은 존중받을 수 있기에 법적 평등이 수립된다. 여기서도 법이 권리(평등권)를 수립하기에 정의로운 성격을 띠는 것이므로, 만약 법이 이 본질에 충실하지 못하다면 정의롭다고 할 수 없게 된다.

무엇이 정의로운 것인지를 정한다는 이유만으로 법은 정의롭다고 볼 수도 있다. 사실 무엇이 정의롭고, 정당하고, 도덕적인가는 상당히 주관적인 판단일 수 있다. 어떤 사람은 낙태나 사형제도가 마땅히 필요하다고 생각하는 반면, 다른 어떤 사람은 몹시 부당하다고 생각할 수도 있다. 그러니 법에 부합하도록 '정의'를 재정의해야 하지 않겠는가? 그래서 법은 정의를 사회적으로, 경제적으로, 정치적으로, 심지어 도덕적으로 규정하게 된다. 무엇이 정의롭고 무엇이 부당한가를 주관적으로 판단한

논거 2
법은 정의롭다. 법이 정의를 규정하기 때문이다

다면 끝없는 분쟁이 있을 뿐이므로 법의 객관성에 맡겨야 한다. 사회의 관점에서 법적 규범이 정의를 규정하므로 죄를 짓고 법에 따라 처벌을 받은 자는 응당 정의로운 법에 따라 처벌을 받은 셈이다.

처벌의 근거에 대해서는 아무리 토론해 봤자 소용없다. 법에 맡긴다는 것은 자연법의 기준과는 상관없이 그저 인간들끼리 약속했기에 정당성을 띠는 것, 법으로서의 법에 귀의한다는 뜻이다. 정치적으로도 어떤 법이 민주적 심의과정을 거쳐서 결정되었다면(즉 합의에 의한 것이라면) 그 시점부터 정당한 것으로 볼 수 있다. 여기서도 법은 그 자체로 완전할 필요가 없으며 그저 사회의 기능에 도움이 되므로 '정의로운' 것이다. 그렇다면 실정법과 자연법의 괴리는 사실상 별 문제가 되지 않는다. 실정법을 만드는 사람들이 정의에 대한 주관적 생각에 바탕을 두었든, 실정법이 역사의 진보에 따라 어떤 정의의 이상에 점차 가까워졌든, 법이 정의를 규정한다고 보면 어차피 어느 쪽이나 상관없기 때문이다.

논거 3
법의 역사적 진보가 정의를 규정한다.

마지막으로 법은 정의롭지 않지만 그렇게 '되어간다고' 생각해 보자. 역사적으로 법은 발전해왔다. 그러한 진보는 정의에 대한 요구를 법적으로 풀어냈기에 가능했고, 법은 인간의 본질적 가치들을 점점 더 객관화했다. 이런 생각의 대표 주자가 헤겔이다. 헤겔에 따르면 역사는 진보를 그 특징으로 한다. 그리고 역사의 진보는 법의 진보를 통해 구체적으로 나타났다. 법의 진보는 인간이 자유로운 존재라는 의식을 객관화했다. 그래서 원래는 추상적이고 주관적이었던 자유나 정의 같은 가치들이 법으로 제정됨으로써 차츰 객관화되었다. 마치 정의에 대한 요구가 실제로 구현되기 위해서는 법이 되어야 할 필요가 있었던 것처럼 말이다.

헤겔은 고귀한 가치들이 역사의 진보에 따라 법으로 드높여졌다고 보았다. 흔히 법이 인간의 (자연 상태의) 자유를 박탈했다고 생각하는데 헤겔이 보기에는 그렇지 않았다. 법은 오히려 우리의 자유가 객관적으로 인정받을 수 있는 틀을 마련했다. 우리는 우리가 원하는 그 누구라도 사랑할 자유가 있다. 혼인법은 이 자유를 객관적으로 보장한다. 또한 그 사랑의 자유가 인정받을 수 있게끔 객관적이고 사회적인 틀을 제공한다. 주관적으로 부를 재분배하여 가난한 사람들을 도와야 한다는 생각들은 공공서비스와 사회보장이라는 제도로 발현된다.

법은 정의에 대한 순수한 요구를 더럽히는 것이 아니라 오히려 그러한 요구를 실현하는 것이다. 달리 말하자면 우리는 법적 세계 안에서 진정으로 정의로운 인간답게 행동할 수 있다. 이때에 법은 단순히 사회를 가능하게 할 뿐만 아니라 자유와 실제적 정의까지도 가능하게 한다. 자유와 정의는 이제 추상적인 이상으로만 존재하지 않고 역사적 현실과 사람들의 일상에서 드러난다. 헤겔에 따르면 역사의 종말에 이르러 법은 인간을 가능한 최선의 방식, 가장 정의로운 방식에 따라 살아가게 할 것이다. 법을 통해서만 정의로울 수 있으며, 법 안에서만, 법을 통해서만, 정의가 우리를 고무할 수 있을 것이다.

"근대 국가의 원리에는 주관성의 원리를 […] 실현시키는 힘과 경이로운 깊이가 있다."

헤겔, 《법철학강요》

그러나 법이 그 원칙상 정의로울 수 있고 법이 역사적으로 정의로운 방향으로 나아가고 있다 해도 때로는 주관적으로 보아 법이 부당하다고 느껴지기도 한다. 또 어떤 경우에는 객관적으로 따져보아도 법의 구체적 실현이 인권 같은 주요 원칙들과 모순될 수도 있다.

게다가 법이 정의롭다고 하는 주장들 가운데 어떤 것은 정반대의 주장과 충돌할 수 있을 듯하다. 예를 들어 법은 만민에게 평등하기에 정의롭다는 주장은 인간은 누구나 독창적인 존재이므로 개인의 독자적 세계관을 존중하는 것이 정의라는 주장과 충돌할 것이다. 여기서 말하는 '부당함'은 결국 법과 개인의 독자성 사이에 '조정이 잘못되었다'는 의미다. 이러한 주장을 전개한 사람이 바로 니체다. 법은 그 정의상 일반적이기 때문에 개인들, 그것도 가장 우수한 개인들의 독자성과 유일성을 부정하게 마련이다. 초보운전자나 카레이서나 똑같은 속도제한을 당한다. 니체는 일반적인 법이 일부 개인들의 위대함을 모욕하는 일종의 '최소의 공통분모'라고 했다. 법은 경찰을 모욕해서는 안 된다고 싸잡아 금지할 뿐, 미움에서 비롯된 상스러운 욕지거리와 경찰의 월권행위를 비꼬는 기지 넘치는 모욕을 구분하지 않는다.

법의 원칙은 옹호할 만하고 법이 존재하기 이전 사회의 폭력성을 생각해 보건대 마땅히 법은 있어야겠지만 그렇더라도 법이 현실적으로 부당하게 느껴질 수 있다는 점은 마찬가지다.

앞에서 보았듯 개인의 독자성을 부정한다는 것은 곧 나의 자연적 자유를 부정한다는 것이다. 뭐든지 내 멋대로 할 수 있는 이 자연적 자유가 법이 제공하는 안전보다 더 가치 있다고 생각한다면 법이 나에게 가장 소중한 것을 앗아가는 셈이니 부당한 것이다. 우리는 토마스 홉스의 이론에서 사회계약, 다시 말해 인간들이 자연 상태에서 벗어나 시민 상태로 들어가기 위해 맺은 최초의 약속을 볼 수 있다. 홉스가 말하는 '계약', 즉 법은 우리가 서로 약속을 맺을 때에, 또한 각자의 자유를 다소 희생하고서라도 안전을 보장받고 싶어할 때에 비로소 '정의로운' 것이 된다. 하지만 이 두 조건 중 어느 하나라도 성립하지 않는다면 법은 부당해 보이고 반자연적인 폭력으로 느껴질 수 있다. 만약 나의 자연적 자유가 사회적 안전보다 중요하다면 법은 불의하지 않은가? 게다가 우리가 언제 약속을 했었나? 성년이 되는 그날 바로 시청에 가서 자유를 조금 제한당하더라도 안전을 원한다고 동의하고 서명이라도 했던가? 아니, 우리는 그런 적 없다.

법은 상대적이고 종종 시대착오적인 성격을 띠기에 법과 정의를 동일시하는 것은 옳지 않다. 정의가 보편적이고 절대적인 요구인 반면, 법은 역사와 지리적, 문화적 특수성에 뿌리를 내리고 있기에 정의와는 아주 미약한 관계만을 유지하는 사회의 조직양식으로 남을 뿐이다. 헤겔은 법의 역사적 차원이 정의를 지향해왔다고 보았다. 역사는 진보하면서 선과 정의가 점차 실현되게끔 한다는 것이다. 하지만 법의 역사적 차원을 전혀 다른 방향으로 볼 수도 있다. 법이 쭉 진보해왔다기보다는 시대에 따라 순전히 상대적인 양상을 띠었다는 것이다. 똑같은 죄를 저질러도 과거와 현재의 처벌은 같지 않지만 그렇다고 법이 개선되었다고 할수도 없다. 심지어 어떤 경우에는 오히려 법이 퇴보한 것처럼 보이기도 한다.

법과 관습의 관계도 같은 이유에서 문제의식을 불러일으킬 수 있다. 풍속이나 사회적 관습은 법보다 빨리 변한다. 그래서 법이 사회와 괴리

논거 2
법은 상대적이고 시대착오적이기에 부당하다.

되는 경우가 종종 발생한다. 보편적 정의에 맞지 않는다고 하기는 뭐하지만 어쨌든 현실과는 잘 들어맞지 않기 때문에 과거에는 정당했던 법이 지금은 부당한 것이 될 수 있다. 예를 들어 남편과 아이가 있는 여자가 다른 남자와 동거한다면 그 내연남은 여자의 아이와 함께 살더라도 아이의 친권을 갖거나 법적 책임을 지지는 않는다. 하지만 현실적으로는 아이와 함께 사는 내연남이 아버지 역할을 하는 경우도 많다. 법이 따라잡기 전에 사회적 풍속이 이미 변해 버린 것이다. 또는 반대로 어느 나라에서 사형제가 폐지되었지만 그 나라 국민들은 사형제가 필요하다고 생각할 수도 있다. 이 경우에는 사람들의 의식구조가 변하기 전에 법이 먼저 변했다고 하겠다.

법을 역사와 생성으로 바라본다면, 법은 완전히 정의로울 수 없다. 앞에서 살펴보았듯이 아마도 법은 그 본질이나 원칙에 있어서는 정의로울 테지만 법의 현실은 상대적이고 불완전하며 역사적으로 계속 변화한다. 법이 풍속의 변화를 예측하거나 시대를 앞서나감으로써 정의를 지향한다 할지라도 정의를 영원불변한 본질로 본다면 결코 정의롭다 할 수 없을 것이다. 그러므로 법이 정의에 근거하여 변화의 활력을 얻는 것은 사실이지만 법이 정의롭다 하기는 어렵다.

논거 3
법이 권력의 계책 혹은 객관적 불의가 될 때도 있다.

다른 한편으로, 법의 현실에 좀 더 관심을 갖고 살펴보면 이따금 객관적으로도 불의한 법들이 보인다. 예를 들어 법이 어떤 알력관계를 위장할 수가 있다. 어느 아프리카 추장이 쿠데타를 일으켜 권력을 잡고는 자기네 부족에게만 유리한 법을 제정하게 했다고 치자. 이처럼 부당한 원칙들, 인종주의적이거나 비인간적인 원칙들도 더러 법의 탈을 쓰고 구속력을 발휘하곤 한다.

마키아벨리는 《군주론》에서 권력자에게 조언한다. 비록 무력으로 권력을 잡았다 하더라도 장기적으로 집권을 하려면 반드시 법의 도움을 받아야 한다고 말이다. 권력자는 '사자의 힘'만으로는 안 된다. 그는 자신의 힘을 법으로 만들 수 있는 '여우의 교활함'도 겸비해야 한다. 장 자크 루소도 '가장 강한 자의 법'이라는 역설을 지적하면서 비슷한 생각을 비췄다. 가장 강한 자는 그 자리를 유지하기 위해서 '자신의 힘을 법으로, 복종을 의무로' 변화시켜야만 한다. 가장 강한 자는 무법자다! 사실 그가 가진 것은 힘뿐이고 그가 그 힘을 법으로 변화시키는 이유는 정의의 이상을 실현하기 위해서가 아니라 자기가 오래오래 떵떵거리기 위해서다.

"가장 강한 자라 해도 자신의 힘을 법으로, 복종을 의무로 변화시키지 않는 한 언제나 주인이 될 수는 없다."

루소, 《사회계약론》

법이 알력관계를 반영할 뿐이라는 생각을 민주주의의 기능에까지 적용해 볼 수도 있다. 각 사람이 선거에서 자신의 이익만을 고려한다면 다수의 승리는 그저 개인의 이해가 서로 일치하는 무리들 가운데 가장 사람 수가 많은 무리가 승리한다는 의미밖에 되지 않는다. 이는 법안을 투표할 때에도 마찬가지다. 따라서 민주적 절차를 밟아 마련된 법일지라도 그렇게까지 정의롭지 않을 수가 있다. 그러한 법은 알력관계와 다수의 승리를 뜻할 뿐, 꼭 정의의 승리를 뜻하진 않는다. 물론 완전한 알력관계와 다수의 의견은 구분해야 한다. 민주주의 체제에 고유한 '다수의 횡포'와 순전히 권력에 의해 악법이 제정되는 경우는 다르다. 그렇더라도 알렉시스 드 토크빌이 《미국의 민주주의》에서 다수의 횡포를 언급한 이유는 유권자들이 개인주의자들이라면 투표의 결과가 세력관계만을 반영할 수도 있음을 지적하기 위해서였다. 이때에 민주주의와 선거 결과는 소수들에게 부당하게 느껴질 것이다. 법이 정말로 정의롭기 위해서는, 법이 일반의지의 표현이 되기 위해서는 각 사람이 그러한 일반의지를 고려하여 투표권을 행사해야 한다. 하지만 개인이 자기 이익을 위해 투표권을 행사한다고 현실주의자의 관점에서 바라본다면 그 결과는 정의롭지 않을 것이다. 그 결과는 일반의지의 표현이 아니라 소수에 대한 다수의 강요일 것이다.

마르크스주의에서는 법을 지배계급이 장악한 도구로 본다. 그래서 마르크스는 '부르주아의 법'은 주체들의 평등이나 정의를 지향하지 않고 그저 지배계급의 권력을 강화할 뿐이라고 했다. 게다가 마르크스주의의 독해를 적용해 보건대 지금도 자신을 보호하기 위해 법을 이용하는 자들은 가난한 자보다 부자 쪽이다. 법은 어렵고 복잡하며 법적 절차에는 비용이 많이 든다. 점점 더 법의 권위에 호소할 일이 많아지는 사회에서 모든 시민들이 공평하게 법으로 자신을 보호할 수 없는데 과연 법이 정의롭다는 말이 나오겠는가?

마지막으로, 정의롭지 않은 법을 버젓이 적용하는 정치 체제들이 너무나 많다. 쉽게 말해 비인간적인 법, 인종차별적인 법도 많다. 그러한 법은 불공평할 뿐만 아니라 '자연권'과 인간으로서 마땅히 누려야 할 최소한의 존엄 같은 원칙들과도 모순된다. 법이 정의로운지 어떤지는 단언하기 힘들지만 적어도 그러한 악법들이 부당하다는 것은 확실히 말할 수 있다.

법의 불의성은 이처럼 비인간성이나 지나친 일반성, 상대성, 시대착 논지 전환
오적 성격, 알력관계에 대한 위장 등 매우 다양한 양상으로 나타나지만
법의 목표가 정의가 아니라 질서라고 생각한다면 그래도 부수적인 문
제들로 여길 수 있다. 괴테는 "무질서보다는 불의가 낫다."라고 했다.
이 말은 불의는 일부 피해자들을 낳을 뿐이지만 무질서는 사회 전체를
원시적 폭력 상태로 되돌릴 위험이 있다는 뜻으로 해석될 수 있다. 즉,
불의가 무질서만큼 사회에 치명적이지는 않다는 것이다. 하지만 이러
한 주장에는 한계가 있다. 지나친 불의는 무질서를 불러일으키기 마련
이기 때문이다. 더욱이 오늘날과 같은 미디어 시대에는 어떤 불의가 미
디어를 통해 일파만파 전해지면서 광범위한 분노와 혼란을 불러올 수
도 있다.

그러므로 법의 불의한 성격을 가급적 제한하려고 노력해야 한다. 그
이유는 단순히 정의를 사랑해서가 아니다. 그것이 질서, 안전, 원시적 폭
력을 몰아내고 수고스럽게 얻어낸 평화로운 삶을 보전하는 방법이기 때
문이다.

법은 정의롭지 않다. 사실 법을 정의의 실체나 객관적 본질로 규정하 본론 3
여 실정법이 그러한 정의를 표현한다고 보기란 불가능하다. 우리는 법 법은 가급적 특
의 불완전성에 대한 비판을 새겨들어, 법이 완벽하게 정의롭지는 않더 수한 사례, 사회
의 관습, 정의의
라도 가급적 정의에 부합되도록 최대한 불완전성과 불의를 바로잡으려 이상과 부합해야
고 노력할 수는 있다. 한다.

니체는 법이 지나치게 일반적이라고 비판했다. 판사가 하는 일이 바 논거 1
로 일반적인 법을 개별적 사례와 최대한 잘 적용하고자 노력하는 것이 올바른 판단의
기술 : 특수한 사
례와의 조정

다. 판사가 법을 해석한다는 것은 그냥 법을 적용하는 데 만족하는 것이 아니다. 더욱이 올바른 판단의 기술은 특수한 것(역사와 맥락 속에서 범죄를 저지른 한 인간)과 일반적인 것(법이라는 공통의 규범) 사이의 변증법에서 나온다. 이 기술은 인간만이 구사할 수 있다. 그렇기 때문에 판사들이 존재하는 것이다. 법은 컴퓨터가 기계적으로 적용할 수 있는 것이 아니다. 심지어 기존의 법을 적용하지 않고 특별한 사례를 검토하고 참작하여 앞으로 적용할 규범으로 삼는 경우도 있다. 이 같은 결정은 법적 절차가 완전히 정의롭지는 않지만 끊임없이 현실과의 조정을 꾀한다는 점을 잘 보여준다. 또한 사법권이 입법권이나 행정권과 독립되어 일정한 자유를 누릴 수 있도록 보장하는 민주적 권력 분립이 이러한 법의 조정을 가능케 한다고 하겠다.

논거 2
변화된 관습과의 조정

하지만 법은 관습의 변화도 따라잡아야 한다. 이때에도 법은 정의와 부합하는 본질을 지니고 있다는 의미로 정의롭다고 할 수는 없지만 흐르는 시간 속에서 계속 변화하는 것과 보조를 맞추고자 노력해야 한다. 법을 제안하거나 구상하는 이들은 그러한 변화를 감안하여 기존의 법을 개정하거나 새로운 법을 수립한다. 하지만 대체로 법보다는 관습이나 기술의 변화가 빠르다. 유전자조작, 생명공학 등의 과학기술의 진보가 가속화되면서 법은 더욱 곤란해졌다. 법은 이미 나타난 변화에 적응해야 할 뿐 아니라 다른 변화들까지 예측해야 하게 된 것이다. 이를테면 복제생명체에는 어떤 법적 지위를 부여해야 할까? 인간복제는 아직 당분간은 공상과학소설에나 나올 법한 이야기지만 법학자들은 이미 새로운 법적 규범에 대해서 고민하고 있다. 이러한 예들을 생각만 해 보더라도 법의 책임이 막중하다는 것을 짐작할 수 있다. 순수한 정의는 아주 멀리 있는 지평으로서 우리의 행위를 규제할 뿐이다. 물론 그 지평이 법의 조정이나 시대를 앞서가려는 노력에 방해가 되지는 않는다.

법의 끊임없는 조정 요구는 법을 가급적 정의에 대한 주관적 요구와 일치시키려는 데까지 나아간다. 개별적 사례에 가급적 잘 들어맞게 법을 해석하려고 고민하는 판사나 법이 사회의 관습과 괴리되지 않도록 개정을 제안하는 국회의원이 있다고 치자. 우리는 그들의 노력이 정의의 이상을 기준으로 삼아 전개되기를 바라야 할 것이다.

정의의 이상과의
조정

결국 법은 여러 가지 특수한 상황들, 풍속의 변화, 정의에 대한 주관적 이상이라는 일정한 척도들에 맞추어져야 한다. 이러한 생각에서 한 가지 가르침을 얻을 수 있다. 법의 관념, 나아가 정의의 이상 그 자체에는 적절함, 다시 말해 적당한 비례에 대한 고민이 있다. 법을 인간에게 적용하여 지은 죄에 비례해서 벌을 주고 피해에 걸맞게 보상을 주어야 한다는 고민 말이다. 이러한 고민은 "눈에는 눈, 이에는 이."라는 탈리온 법에서도 읽을 수 있다. 이 법은 다른 사람의 한 눈을 망가뜨린 자에게는 그 한 눈에 상당하는 처벌을 내려야 하고 이 하나를 부러뜨린 자에게는 이 하나에 해당하는 처벌을 내려야 한다는 뜻이다. 그러므로 탈리온 법을 '복수의 법'이라고 보기에는 무리가 있다. 복수는 언제나 당한 것보다 더 갚아주려는 경향이 있기 때문이다. 구약성경 속의 탈리온 법은 죄와 벌, 보상 사이에 비례관계가 있어야 한다고 보았다는 점에서 이미 근대법의 정신을 예고하고 있다. 적절한 정도를 추구하는 이 고민이야말로 정의에 대한 약속이다.

Chapter 4 _ 정치   151

"사람들이 죄를 짓지 못하게 막으려면 그 죄가 공공선에 상반되는 정도

보다 더 무거운 처벌이 기다리고 있어야 한다. 따라서 범죄와 형벌은 비

례관계에 있어야 할 것이다."

베카리아, 《범죄와 형벌》

결론

법과 정의는 동
일하지 않다.

법의 존재만으로도 정의를 말할 수 있으며, 법이 구현하는 몇 가지 거
대한 원칙들을 통해 정의를 말할 수도 있겠지만, 그렇더라도 현실적으
로는 법과 정의를 동일시할 수 없다는 데 동의할 것이다. 법은 객관적이
지만 정의에 대한 요구는 주관적으로 체험된다. 법은 주어진 시공간에
따라 상대적이지만 정의는 영원하며 절대적이고자 한다. 법은 일반적일
뿐이지만 정의에 대한 요구는 보편을 지향한다. 하지만 법이 정의롭지
못하다고 말한다면 그 이유는 법의 현실이 순수한 정의의 이상과 걸맞
지 않아서만은 아니다. 법은 독자적 사례에 부합하지 못함으로써 불의
할 수도 있고 관습의 변화를 따라잡지 못해서 불의할 수도 있다. 현실에
서의 법은 어느 정도는 항상 그렇다.

그렇지만 여기에 머물러서는 안 된다. 실제로 지나치게 불의한 법은
사회의 질서마저 깨뜨릴 위험이 있다. 그러한 무질서를 피하기 위해서,

---

*합법적인 것과 정당한 것

아일랜드 여자가 강간에 의해 임신을 하고서 낙태를 원한다고 치자. 그런데 아일랜드에서는 모든
낙태가 '불법'이다. 하지만 그녀는 낙태가 합법적이지 않더라도 정당하다고 생각할 수 있다. 합법
적인 것은 단순히 법에 따르는 것이다. 정당한 것은 주관적 양심에 비추어 정의로운 것이다. 특히
법 자체에 문제가 있다면 합법적이지만 정당하지 않은 경우, 불법적이지만 정당한 경우가 얼마든
지 있을 수 있다.

사회가 폭력에 대한 호소로 돌아갈 위험을 저지하기 위해서, 법은 항상 새롭게 조정되어야 하고 완벽하게 정의롭지는 않더라도 가급적 불의를 바로잡기 위해 힘써야 한다. 그런 의미에서 법이 정의에 대한 주관적 이상을 좇아 언제나 좀 더 공정해지고자 노력하는 것은 결코 무익한 일이 아니다.

Q 사회를 이루고 사는 것은 인간의 고유성인가요?

인간 외의 꿀벌이나 늑대, 철새 같은 동물들도 조직적인 집단을 이루며 살아갑니다. 때로는 그러한 동물들의 집단이 인간의 사회에 비추어 모자란 점도 없어 보이고요. 만약 사회적 삶을 인간의 고유성으로 보려면 동물들은 자연적 본능에 따라 군집을 이루어 살지만 인간은 사회를 이루고 살기를 스스로 선택했다고 해야 할 것입니다. 홉스는 《리바이어던》에서 인간들이 폭력적인 자연 상태에서 벗어나 법이 관장하는 사회를 이루고 살기로 계약을 맺었다고 가정합니다. 루소도 《사회계약론》에서 개인이 자기 자신과 타인들을 상대로 맺은 약속의 결과물이 사회라고 말합니다. 이것을 의지주의(volontarisme) 혹은 정치적 계약주의라고 하는데, 다시 말해 사람들이 사회적 삶의 이익을 누리는 대신에 자연적 자유를 일부 희생하기로 결정했다는 뜻입니다. 그러므로 항상 사회적 삶을 살 수밖에 없는 꿀벌이나 늑대 같은 동물들의 경우와는 다르지요. 하지만 이렇게 이해한다고 모든 문제가 해결되진 않습니다.

홉스나 루소도 그러한 최초의 계약이 실제로 이루어졌을 거라고는 생각지 않았을 것입니다. 둘 중 어느 한 사람도 원래 각자 고립되어 살던 인간들이 어느 날 갑자기 숲에서 나와 정체(政體)를 구성했을 거라는 생각은 하지 않았습니다. 우리는 종종 잊고 있지만 홉스의 가설도, 루소의 가설도 사회의 기원에 대한 허구일 뿐입니다. 그들은 그저 사회적 삶이라는 것이 어떤 것인가를 설명하기 위해서 우리가 그러한 삶을 결정한 것처럼 말하고 싶었던 것입니다. 우리가 평화로운 사회 속에서 살고 있다는 것 자체가 (과거에 어떤 계약을 맺은 것처럼) 자연적 자유의 일부를 안전과 맞바꾼 결과라고 알려주기 위해서요. 인간이 어느 시점에서 자연 상태를 벗어난 게 아니라면 군집생활을 하는 동물들과의 차이가 다시금 문제가 됩니다. 프로이트가 말한 대로 사회적 삶이 개인의 자연적 본능을 억압하고 살게끔 한다는 점이 꿀벌이나 늑대의 군집생활과 다른 점이라고 말할 수도 있겠지요. 그렇다면 사회적 삶이 인간의 고유성이 아니라 그 사회적 삶이 인간의 정신세계에 미치는 영향, 즉 **억압과 무의식이 인간의 고유성**이라고 해야 할 것입니다. 이러한 관점에서 볼 때에 동물들에게는 사회적 삶이 자연스러운 본능에 따른 결과이지만 인간에게는 '문명 속의 불안'을 만들어내는 개인적 삶에 대한 폭력이 될 수도 있습니다.

역사적으로 정치는 나아지는가?

복도에서 일어난 일이다. 내 손에는 폐지가 가득 찬 묵직한 쓰레기봉투가 들려 있었다. 이제 곧 어두워지려는 겨울날, 나는 노란색 폐지함을 찾는 중이었다. 그러다가 갑자기 몹시 피곤해져서 '환경이고 뭐고 난 몰라. 꼭 폐지함이 아니더라도 맨 먼저 눈에 띄는 쓰레기통에 처박아야지.'라고 생각했다. 바로 그때 봉투 안에 들어 있는 폐지 중에서 맨 위에 있던 복사물이 보였다. 그만둔 지 한참 된 어느 강의의 복사물이었다. 〈헤겔, 마르크스, 콩트, 19세기의 위대한 역사철학자들〉이라는 제목이 보였다. 갑자기 정신이 번쩍 들었다. 바로 이 사람들 때문이었다. 내가 후세에 대한 책임을 망각한 것도, 서양이 미래를 볼모로 잡지 못하게 된 것도 이 철학자들 때문이었다. 헤겔, 마르크스, 콩트라는 이 괴물 같은 사상가 세 사람에게는 실제로 공통점이 있다. 그들은 모두 진보를 숙명으로 여겼다. 인간이 원하든 원치 않든 역사는 필연적으로 가치의 실현을 향해 나아간다고 했다. 헤겔에게는 그 가치가 자유였고, 마르크스에게는 공산주의였으며, 콩트에게는 과학 정신이었다. 19세기의 가장 위대한 정신의 소유자들이 인류의 의지 없이도 긍정적 변화가 일어날 것임을 그토록 체계적으로 증명해 보였는데 어떻게 사람들이 책임감을 갖고 미래를 생각하겠는가? 물론 이 말에 사람들은 헤겔은 위대한 인간들의 소임을 강조했고 마르크스는 프롤레타리아 혁명을 촉구했다고 반박할 것이다.

하지만 착각하지 말자. 헤겔이 말하는 위대한 인간은 역사가 좌우하는 도구일 뿐이며, 마르크스가 말하는 프롤레타리아 혁명은 어차피 필연적으로 일어날 역사의 과정을 앞당기는 촉매에 불과하다. 신자들이 신을 믿듯 이 철학자들은 진보를 믿었다. 그들이 역사의 진보를 반드시 도래할 필연으로 제시했기에 인간은 스스로 더 나은 내일을 만들기 위해서 어떻게 해야 한다는 의무감을 느끼지 못한다. 그들은 오늘날의 무책임한 인류에게 핑계와 알리바이를 마련해 준 셈이다. 데카르트가 인간을 "자연의 주인이자 소유자"로 보았기 때문에 지금의 환경 파괴가 발생했다고 비난하는 사람들은 많다. 하지만 헤겔, 마르크스, 콩트에 비하면 데카르트는 아무것도 아니다.

나는 이런 생각을 하면서 폐지를 폐지함이 아닌 일반 쓰레기통에 몽땅 쑤셔 넣었다. 미래의 신께서 부디 나를 용서하시기를! 하지만 난 적어도 내가 왜 이런 인간이 됐는지는 알고 있었다. 젊었을 때 헤겔을 너무 열심히 읽은 탓에 이 모양이 된 거다.

인류의 미래에 관심을 갖고 책임을 느끼려면, 우리의 아이들뿐만 아니라 그 아이들의 아이들까지 생각하려면 '휴머니즘'에 입각해야 한다.

휴머니즘은 인간을 생각하고 인간을 역사의 원동력으로 보는 관점이다. 그런데 앞에서 거론한 19세기의 3대 역사철학자들은 전혀 그렇지 않았다. 헤겔의 예를 들어보자. 그의 주요한 관심은 역사, 혹은 신, 혹은 절대 정신이었다(결국은 다 마찬가지다). 그의 철학 전체가 어떤 절대정신에 대한 관념에서부터 출발한다. 헤겔은 역사의 원동력이 자기 자신의 진리를 탐색하는 이 신적 존재라고 보았다. 따라서 인간을 초월해 있는 형이상 학적 원동력이라고 하겠다. 마르크스의 예도 살펴보자. 물론 마르크스 는 구체적인 인간의 삶에 관심을 두었으니 좀 더 휴머니즘에 근접했다 고 하겠다. 하지만 마르크스가 역사의 원동력으로 보았던 것은 경제였 다. 역사의 진보를 낳는 것은 개인의 자유가 아니라 계급투쟁이다. 역사 의 진보가 신적 존재의 그 자신에 대한 탐색(헤겔의 경우)에 달려 있다면, 혹은 자본주의 경제 고유의 논리에 달려 있다면 어떻게 인간이 개인적 으로나 집단적으로나(정치적으로나) 장차 도래할 역사에 책임을 느낄 수 있 단 말인가? 게다가 이 위대한 역사결정론자들은 비판적 감각을 잃게 한 다는 위험마저 끌고 들어왔다. 역사가 어떤 상위 법칙에 따라 전개된다 면 우리 스스로의 판단보다는 그 상위 법칙을 파악하고 역사의 판단을 무조건 신뢰하게 될 위험이 크다. 스탈린 체제의 숙청재판이었던 모스 크바 재판에서 반체제투사들은 무조건 강제수용소로 끌려가거나 추방 을 당했다. 당시 거리에서 행인들을 붙잡고 그러한 처벌이 너무 가혹하 지 않느냐고 물었을 때 대부분의 소련 사람들은 "역사가 심판하겠지요." 라고 대답했다. 이 말에는 '나, 인간은 판단하지 않는다. 나의 비판적 감 각을 양위하고 역사에 모든 판단을 맡긴다.' 라는 의미가 함축되어 있다. 게다가 헤겔은 역사를 '세계의 재판소' 라고 하지 않았는가. 이 말도 같은 의미, 즉 반(反)휴머니즘적인 의미로 해석될 수 있겠다. 우리가 잘했는지 잘못했는지는 '재판소'로서의 역사가 말해 줄 것이다. 현재는 미래가 심판할 것이다. 판단은 미래의 몫이지 지금 여기에 있는 나, 나의 비판의식의 몫은 아니다. 정치적으로 발전적인 숙고인가 아닌가는 미래가 판단할 몫이지, 우리 인류 형제들이 어찌할 수 있는 일이 아니다.

헤겔, 마르크스, 콩트는 모두 학문적 야심이 있었다. 그들은 모두 자신의 주장을 입증함으로써 명증한 지식의 입장에 서기를 원했다. 비록 그들의 저작이 뛰어난 일관성을 갖추고 있으며 폭넓은 규모와 탄탄한 내적 구조가 감탄스러울지라도 그들이 학자라기보다는 신념의 화신들에 더 가깝지는 않았는지 묻지 않을 수 없다. 그들은 인류의 긍정적 미래를 (객관적으로) 입증했다기보다는 (주관적으로) 믿는 입장이 아니었을까? 어쨌거나 이전에는 인간의 삶에 의미와 지평을 부여하는 기준이 신이었다면, 19세기에는 역사가 상당 부분 그 기준을 대체했다. 분명히 이 세 사람의 철학에는 종교적이고 예언자적인 성격이 있다. 철저한 무신론 철학을 펼쳤던 마르크스에게서조차 그러한 성격이 보인다. 우리는 최소한 다음과 같은 질문을 제기할 수 있겠다. 그들이 역사의 진보에 대한 철학을 전개했던 이유는 그들 자신이 역사의 진보를 믿었기 때문이 아닐까? 인류의 진보라는 지극히 가설적인 대상을 믿었기 때문에 그런 철학이 나온 게 아닌가? 그렇다면 데카르트나 그 이전의 성 안셀무스도 일단 그들이 신을 믿었기 때문에 신 존재 증명을 하고자 했을까? 앎의 증명에 몰두하고 합리성을 내세우는 철학의 근간에 어쩌면 신념이 있는 게 아닐까?

"나의 주님이시여, 당신은 정녕 존재하지 않는다고 생각될 수조차 없는 분이십니다."

성 안셀무스, 《프로슬로기온》

우리는 종종 '선택'은 여러 가지 욕망과 독립적으로 그 욕망을 중재할 수 있는 의식의 행위라고 생각한다. 하지만 생각해 보라. 폐지를 일반 쓰레기통에 버린 것이 정말로 나의 선택이라고 하기는 어렵다. 그냥 내 안에서 그렇게 결정이 났다. 그럴 수밖에 없었다. 내 안에 여러 가지 욕망이 있는데 그중에서 빨리 이 귀찮은 폐지를 처분해버리고 싶은 개인으로서의 욕망과 분리수거를 잘해서 인류의 미래를 지켜야겠다는 시민으로서의 욕망이 서로 모순된다고 치자. 그런데 나의 경우, 개인으로서의 욕망이 시민으로서의 욕망보다 강했던 것이다. 니체는 사실은 가장 강력한 욕망에 따라 선택이 이루어질 뿐이고, 그 후에 개인의 의식이 개인의 행동을 소급적으로 귀속시키려고 하기 때문에 "내가 선택했다."는 말이 나온다고 했다. 내가 폐지를 폐지함에 버렸다고 해도 이 설명은 유효하다. 만약 내가 생태학적 위기를 의식하는 시민답게 분리수거를 했다면 그 이유는 시민으로서의 욕망이 제일 강했기 때문이다. 이때에도 '내가 선택했다.'라는 주장은 나중에야 나온다. 의식이 욕망과 독립적이라고 주장하는 와중에도 가장 강력한 욕망과 손을 잡는다.

Q 민주주의는 표현의 자유를 보장하는 것이지요?

많은 사람들이 이런 생각을 합니다. 하지만 이러한 주장의 문제점은 정치적 표현과 그냥 흔히 말하는 표현을 하나로 뭉뚱그려 생각한다는 데 있습니다. 민주주의는 누구나 정치적 의사를 표현할 수 있도록 해야 합니다. 이를테면 선거나 투표가 그러한 표현의 장이라고 하겠지요. 어원적으로 '민주주의'는 '국민, 인민'이 '권력'을 갖는다는 뜻입니다. 그러니까 국민이 '권좌'에 앉아 있지는 않더라도 국가의 정책을 결정하거나 최소한 그 정책을 결정하는 이들만이라도 선택해야 합니다.

민주주의와 표현의 자유가 서로 호응하는 것은 사실이지만 민주주의를 표현의 자유 혹은 권리와 동일시한다면 정치적이지 않은 주제에 대한 자유로운 표현까지도 '민주적이다'라고 생각할 위험이 있습니다. 이를테면 "난 피어싱을 84개나 했지만 좋기만 합니다.", "난 뚱뚱하지만 이런 내 모습이 좋아요.", "난 우리 엄마를 도저히 못 참겠어요." 같은 발언들이나 행인들을 대상으로 하는 거리여론조사가 민주주의와 동일시 되겠지요. 이처럼 사적인 것에 치중하다 보면 정치에 대해서 발언하고 함께 삶의 방식을 구상하며 공동체의 미래를 생각한다는 민주주의의 위대함을 잊어버릴 위험이 있습니다. 더욱이 민주주의는 이런 식으로 공존을 창출합니다. 개인들에게 그 공존에 대해 물어봄으로써, 각자의 개별적 상황 말고도 다른 것을 생각하게 함으로써 공공선이 존재할 수 있게 하는 것입니다. 하지만 자기 엄마를 증오하는 사람을 붙잡고 좋아하는 피어싱 얘기를 아무리 해 봤자 공존이나 공동의 세계는 이루어지지 않습니다. 저마다 자기 의사를 표현하긴 하지만 정치적 의사 표현은 없기 때문입니다.

아리스토텔레스에게 민주주의는 이러한 공공선에 대한 집단의 토론이나 숙고와 떼려야 뗄 수 없는 것이었습니다. 물론 아고라에서 사생활 얘기를 늘어놓는다는 것은 있을 수 없었지요. 게다가 전제주의 체제에서도 국영 채널이 개인들이 자기가 좋아하는 음식이나 성생활에 대한 표현의 자유를 마음껏 행사하는 프로그램들을 제작, 방송하는 일은 얼마든지 있을 수 있습니다. 그런 방송 프로그램에서는 정치 얘기만 아니면 무슨 말이든 해도 용납하겠지요.

민주주의가 국민들에게 발언의 자유를 주는 것은 사실이며 그런 것 또한 커다란 진보입니다. 하지만 더 크고 중요한 문제가 있습니다. 가족 문제나 몸무게 얘기보다는 국가나 법정근로시간 단축, 국제사회에 대한 자기 의사를 공개적으로 표현할 수 있어야 합니다. **민주주의는 정치적 주제들에 대한 표현의 자유입니다.**

도덕

Chapter 5

+

Keyword

자유, 의무, 행복

LA MORALE

LA LIBERTÉ
LE DEVOIR
LE BONHEUR

도덕은 현실인가,
환상인가?

도덕이 분명히 있다고 주장하는 사람은 칸트처럼 인간이 사리사욕에 얽매이지 않고 자율적으로 선을 행하고 싶어할 수 있다고 생각한다. 도덕적으로 행동한다는 것은 단순히 잘 조련된 개처럼 '좋은 교육'의 가르침을 실제로 적용한다는 뜻이 아니다. 도덕적으로 행동한다는 것은 그 자신이 도덕적 선의의 기원이라는 뜻이다. 이렇게 보기 시작하면 자율 없는 도덕은 성립할 수 없다. '자율(autonomie)'이라는 단어 자체가 '자기(auto)'에게 선의 '규율(nomos)'를 준수하게끔 스스로 강요한다는 뜻이다.

하지만 그 같은 진정한 도덕은 환상에 지나지 않을지도 모른다. 인간은 언제나 종국적으로는 사리사욕에 따라 움직이는 존재이다. 심지어 선을 행할 때조차도 인간은 자신을 위해서 그렇게 하는 것이다. 좋은 이미지를 위해서, 좋은 평가를 받고 싶어서, 다른 사람도 자신에게 그렇게 해 주기를 바라서, 죄책감에 시달리기 싫어서……. '도덕'은 포괄적인 이해관계에 대한 위장, 혹은 인간이 이미지 관리에 다시 붙인 허울 좋은 이름에 불과할지도 모른다.

> "자신에 대한 희생이든 자기 이익에 대한 희생이든, 덕스러운 행동은 고결한 영혼이 느끼는 필요, 관대한 마음의 자기애, 말하자면 대단한 기개의 이기심이라고 하겠다."
>
> 샹포르, 《격언과 고찰》

칸트는 '순수하게 도덕법을 지키려는' 행동과 그냥 '도덕에 순응하는' 행동을 구분했다. 전자에는 도덕성이 있지만 후자에는 도덕성이 없다. 분명히 외부적 관찰로는 두 행동을 구별할 수가 없다. 행동의 당사자만이 자신의 의도가 정말로 선한지 그렇지 않은지를 '마음속으로' 안다. 이 부분에 있어서 자신의 양심을 마주하는 자는 본인뿐이다. 흔히 "각자의 양심에 맡길 일"이라고 하지만 어차피 자기 말고는 양심을 알 사람도 없다.

> "무덤 속에 있는 눈이 카인을 바라보고 있었다."
>
> 빅토르 위고, 〈의식〉

카인이 아벨을 살해했다는 구약성경 속의 사건을 소재로 하는 이 시의 마지막 행에 등장하는 '눈'은 누구의 눈일까? 죽은 아벨의 눈? 하느님의 눈? 어쩌면 카인 자신의 눈, 그의 도덕적 양심의 눈은 아니었을까?

"도덕은 현실인가, 환상인가?"라는 물음은 자유의 문제를 특별한 시각에서 조망한다. 칸트의 생각대로 도덕이 존재한다면 어떤 의미에서 자유도 존재한다. 인간이 이기적 천성의 일방적 결정에서 해방되어 자신의 이성이 생각하는 선을 자유롭게 실천할 수 있다는 뜻이기 때문이다. 이때의 자유는 도덕적 본질에 의해 존재한다. 아무도 나에게 선을 행하고 싶어 하라고 강요할 수 없다. 내 의도의 성격은 오로지 나에게 달렸다. 따라서 도덕은 인간에게 고유한 자유일 것이다. 동물과 달리 우리의 행동은 본능으로만 결정되지 않는다. 우리는 자연적으로 주어진 것과 간격을 둘 수 있으며 바로 그 간격 속에 도덕과 자유의 여지가 있다.

> "그러므로 자발적 행위와 도덕적 행위는 매우 흡사한 데가 있다. 도덕적 행위는 단순한 자발적 행위가 아니라 각별히 훌륭한 자발적 행위라고 하겠다."
>
> 프라딘, 《일반심리학》

반대로 도덕은 존재하지 않고 우리의 모든 행동이 이해관계나 기계적 습관으로 설명된다면 칸트가 말한 것과 같은 인간의 자유는 있을 수 없고 우리에게 남아 있는 동물적 성향들에 대한 예속밖에 없을 것이다. 물론 인간이 자신의 잇속을 차리며 계산에 따라 움직이는 것도 자유로운 행동이라고 생각할 사람들이 있겠지만 자유에 대한 일반적인 비판들을 참고하자면 그렇지가 않다. 뒤르켐이 의혹을 제기했던 대로 내가 만족시키고 싶어 하는 이 이기적 욕망들이 실제로는 '나의' 욕망이 아니라 내가 속한 사회계급의 욕망이 아닐까? 스피노자가 말했듯 나는 나의 '이익을 구하는' 행동을 설명하는 진짜 동기들을 모르면서 스스로 자유롭다고 착각하고 있지는 않을까? 칸트는 자유를 도덕적으로 정의함으로써 이 모든 비판을 벗어났다. 칸트의 관심은 자유의 기원을 각 사람의 순수한 선의에서, 양심의 비밀에 한정하는 것이었다. 그러한 선의와 양심을 판단할 수 있는 사람은 본인뿐이다.

우리는 또한 '의무'를 이러한 시각에서 고찰할 수 있다. 도덕이 존재한다면 도덕적 의무(다른 사람이 잘되기를 바랄 것, 타인을 수단이 아니라 목적으로 대할 것)는 참다운 의무가 된다. 다른 사람 아닌 나 자신이 자유로운 의지로 스스로에게 강요하는 의무 말이다. 이는 타자들에 대한 의무이자 자기 자신에 대한 의무다. 반대로 도덕이 존재하지 않는다면 타자들에 대한 나의 의무(다른 사람을 해치지 말 것, 남의 자유를 침해하지 말 것 등)는 사회가 강제하는 외부로부터의 구속에 더 가까워진다. 도덕이 없다면 우리는 피차 이익이 되는 한에서만 서로를 존중하거나 감내할 수 있을 것이다. 타자들에 대한 의무는 타산적인 것에 지나지 않고 자기 자신에 대한 의무라는 것은 아마 있지도 않을 것이다.

결국 이러한 문제의식은 행복에 대한 우리의 생각을 조건화한다.

도덕이 존재한다면 행복은 덕과의 관계로 정의될 수 있다. 진정한 행복은 바로 여기서 선을 행하는 것, 아니 일단 선을 행하기를 바라는 것이다. 마음 깊은 곳에서 자신의 선한 의도를 느끼고 그로써 참다운 인간답게 행동한다는 존엄성을 누리는 것이다. 물론 '그것이 진정한 행복일까?'라는 의문을 가질 수 있겠다. 칸트는 그러한 의문에 대하여 분명하게 대답한다. 중요한 것은 행복해지는 것이 아니라 '행복을 누릴 자격'을 갖는 것이라고.

"그러므로 도덕은 어떻게 하면 행복해지는지 가르쳐 주는 교의가 아니라 우리가 '행복을 누릴 자격'을 갖기 위해 어떻게 해야만 하는지를 가르쳐 주는 교의다."

칸트, 《실천이성비판》

도덕이 존재한다면 행복보다 행복을 누릴 자격, 그러한 존엄성이 더욱 중요해진다. 어쩌면 그러한 존엄이나 덕을 진정한 행복이라고 부를 수도 있을 것이다. 하지만 도덕이 존재하지 않는다면 행복은 덕과 아무 관계도 없다. 행복은 도덕적 의도의 성격을 전혀 문제시하지 않으며 지속되는 기분 좋은 상태일 것이다. 여기서의 행복은 자아의 이기적 실현이라는 개인적 행복이 될 수도 있겠다. 스피노자는 우리 존재의 잠재성이 증대하는 것이 곧 기쁨이라고 했으며 이러한 기쁨을 진정한 행복으로 보았다. 그는 사랑도 이러한 잠재성의 증대로 보았지만 여기에는 외부적 원인(사랑의 대상)이 수반된다. 스피노자처럼 도덕과 무관한 철학적 시각에서라면 타인이 나의 행복이나 기쁨을 위한 수단이 될 수도 있을 것이다. 하지만 도덕적 시각에서는 타인을 수단으로 삼을 수 없다.

도덕이 존재한다면 가장 큰 행복은 타인이 잘되기를 바라는 것이다. 도덕이 존재하지 않는다면 나의 행복은 타인을 도구화할 수밖에 없다.

Q 사람은 누구나 행복을 바랄까요?

프로이트는 《쾌락 원칙을 넘어서》에서 인간이 확실히 원하는 것은 바로 불행이라는 혁명적인 직관을 보여주었습니다. 정신분석학이 수립된 지 1세기가 넘은 지금, 우리는 그 직관을 긍정할 수 있을 것 같습니다. 그래서 인간은 그토록 철저하게 '반복 강박'에 따라 불행해질 수밖에 없는 삶의 도식들을 되풀이하나 봅니다. 물론 인간이 의식적으로 불행을 바라는 것은 아닙니다. 오히려 불행 때문에 괴로워하는 입장이라고 할 수 있을 것입니다. 하지만 그 고통의 반복이 인간에게 무의식적인 희열을 주기 때문에 고통의 반복을 과감히 끊고 치유되지 못하는 것입니다.

파스칼은 《팡세》에서 "모든 인간은 행복을 추구한다."라고 했습니다. 하지만 이것은 어디까지나 인간의 의식적 추구, 인간의 '의지'가 의식적으로 겨냥하는 것을 두고 한 말입니다. 하지만 행복의 조건들을 모으려는 노력을 하지 않으면서 스스로를 다그치거나, 행복해지려야 행복해질 수 없는 하루하루를 반복하는 사람들의 모습을 보다 보면, 프로이트와 같은 의문을 제기해 보는 것도 당연합니다. 인간이 정말로 원하는 건 뭘까요? 행복해지는 걸까요, 불행해지는 걸까요?

"모든 인간은 행복을 추구한다. 사람들이 강구하는 수단은 서로 달라도 그 점에는 예외가 없다. 모두들 이 목표를 지향한다. 그래서 어떤 이들은 전쟁에 나가고 어떤 이들은 그러지 않지만 결국 양쪽 모두 시각이 다를 뿐 원하는 바는 같다. 의지는 이 목표를 향해서가 아니면 조금이라도 나아가려 하지 않는다. 이것이 모든 인간의 모든 행위의 동기다. 교수형을 당하러 가는 사람들조차도 마찬가지다."

파스칼, 《팡세》

행복을 진실보다 우선시해야 하는가?

서론 새해가 밝아 가까운 이들과 정초인사를 나눌 때에는, 누구나 서로에게 좋은 이야기를 해 주고, 덕담을 주고받는다. 그런 때에 허심탄회한 진실을 늘어놓을 필요는 없다. 그렇다면 우리는 행복이 진실보다 더 낫다고 여기는 것일까? 진실보다는 행복이 바람직한가? 우리는 행복을 진실보다 우선시해야 할까?

실제로 진실을 모르기 때문에 행복할 수 있는 경우도 있다. 여기서의 진실은 형이상학적인 진리일 수도 있고 지극히 사적인 진실일 수도 있겠다.

어떤 사람이 고통과 권태를 오가는 것이 인간 조건의 진실이라고 생각하기에 행복할 수 없다고, 혹은 인생과 세상의 진리를 찾을 수 없었기에 행복하지 못하다고 상상해 보자. 요컨대, 그 사람이 '진리/진실' 때문에 행복할 수 없다고 치자.

그는 자신의 개인적이면서도 객관적인 진실을 찾지 못해서, 삶에서 자신의 참다운 가치를 드러내지 못해서 불행할지도 모른다. 헤겔은 그러한 자기 자신의 진실이 행동을 통해 객관화되고 타인들의 인정을 받을 때 비로소 인간이 진정한 행복을 얻는다고 했다.

그러한 개인적 진실은 좀 더 내밀한 의미, 순전히 주관적인 진실이라는 의미를 띨 수도 있다. 이를테면 정신분석학이 분석을 받는 이에게 납득시키고자 하는 진실이 그런 것이다. 어젯저녁 술자리에서 사근사근하게 웃으며 더없이 잘 지내는 것처럼 보였던 친구도 어쩌면 이러한 주관적 진실을 부정한 채 불행하게 살아가고 있는지도 모른다.

어떤 경우에나 진실은 담론과 현실의 일치다. 행복은 우리가 의식하는 지속가능한 기분 좋은 상태다. 그렇다면 행복하기 위해서 현실에 눈을 감아야 할까? 아니면 의식적이며 지속가능한 기분 좋은 상태를 세계의 진실이나 자신의 진실이라는 문제보다 우선시한다는 사태 자체에서 우리의 행복은 이미 좌절되고 마는 것일까?

물론 행복의 성격을 어떻게 보느냐에 따라 답변은 달라진다. 행복을 아무 의문도 제기할 필요가 없고 아무 걱정도 없는 상태로 볼 수도 있고, 어떤 불만을 원동력 삼아 삶에 의미를 부여하며 무엇인가를 찾는 인간 고유의 탐색으로 볼 수도 있기 때문이다. 후자의 경우에서 인간이 찾는 것이 바로 진실이라고 말할 수도 있겠다. 그러한 행복은 스스로 의식되기를 바라며 내면에 대한 탐색과 성찰로 고무되기를 원한다. 그 복은 진실의 결과이자 동조자이기 때문에 진실보다 선호되는 것 자체가 불가능하다. 그러한 행복에 맞서서 다른 종류의 행복이 유혹으로 다가온다. 아무 고민도 없는 행복, 나아가 환상 속의 행복, 어쨌거나 진실 따위에 개의치 않는 행복이다. 진실은 참을 수 없는 상처가 되거나, 재미가 없거나, 영영 찾을 수 없거나, 아예 존재하지 않거나 할 수도 있기 때문이다.

그렇다면 진실보다 행복을 앞세워야 하나, 반대로 그러한 선호를 거부해야 하나? 이를테면 행복과 진실은 서로 조화되어야 하는 것으로 보는 태도도 있을 수 있겠다. 달리 말하자면, 무엇이 가장 충만하고 지속가능한 참 행복인가? 진실에 대한 고민 없는 행복? 진실을 의식하는 행복?

본론 1

그렇다. 행복을 진실보다 우선시해야 한다.

논거 1
진실은 참을 수 없는 것이기에 행복이 더 우선시되어야 한다.

가장 일반적인 의미의 진실은 끔찍하고 참을 수 없는 것일지도 모른다. 우리 인간이 겪는 고통에는 아무 의미도 없다, 사람들은 불의와 불평등에서 영원히 벗어나지 못할 것이다, 우리의 삶은 부조리하다. 이런 게 진실일지도 모른다. 그렇다면 진실을 외면하고 더 이상 생각하지 말아야 할 것이다. 또한 진실을 회피함으로써 행복해질 수 있다면 마땅히 진실보다 행복을 우선시해야 한다.

그러나 "행복을 진실보다 우선시해야 할까?"라는 논제에는 행복과 진실이 분명히 존재한다는 전제, 또한 그 둘을 분리할 수 있다는 전제가 깔려 있다. 진실에 개의치 않고 행복하게 살건가, 행복을 희생하면서도 진실을 위해 살 수 있다는 가정이 개입되어 있는 것이다.

니체의 첫 번째 저작 《비극의 탄생》도 인간 조건의 진실은 우리가 직시하기 어려울 만큼 가혹하다고 말한다. 우리의 고통이 마땅히 받아야 할 것도 아니고, 죄를 씻는다는 의미도 없다는 사실을 직시하기란 불가능하다. 술과 도취의 신 디오니소스의 도덕을 초월한 웃음을, 우리네 인생의 무의미를 정면으로 바라보기란 불가능하다. 니체에 따르면 그게 바로 우리가 디오니소스적 진리를 외면하고 싶은 이유이다. 그 때문에 우리는 아폴로 식으로 진리를 미화하며 회피한다. 예술의 이 피상적인 아름다움이 다소나마 행복을 주기 때문이다.

> "우리가 진리로 인하여 죽지 않게끔 예술이 있는 것이다."
>
> 니체, 《비극의 탄생》

진실이 우리를 불행하게 할 뿐이라면, 이러한 생각을 일반화하여 진실에서 도피해야만 행복을 얻을 수 있을 거라는 주장까지도 가능하다.

형이상학적 차원이 아니라 개인적이며 심리적인 차원에서도 진실이 너무 끔찍하다면 그런 진실은 더 이상 생각하지 말고 행복을 찾아야 한다. 불편한 진실을 생각하지 않는 것, 나아가 아예 그 진실을 모르는 것이 행복이다. 태어난 지 얼마 안 되어 버림받고 입양된 한 아이가 있다. 아이는 자기가 입양아인 줄 모르지만 양부모의 사랑을 받으며 더없이 행복하게 살아간다. 그의 행복을 깨뜨릴 수도 있는 진실을 알려주어야만 할까? 행복을 진실보다 우선시하면 안 되는 것일까? "아는 게 병이다."라는 말도 있듯이 늘 진실을 안다고 좋은 것은 아니지 않은가?

하지만 진실보다 행복을 우선시하고픈 이유가 꼭 그 진실을 참을 수 없어서만은 아니다. 그보다는 진실에 연연하는 마음, 진실에 대한 탐색 자체가 인간을 불행하게 만드는지도 모른다.

진실이 반드시 가혹하고 참기 어려운 것이란 법은 없다. 진실은 그저 찾을 수 없는 것인지도 모른다. 진실이 존재하는지 그렇지 않은지는 확실치 않지만 진실을 헛되이 찾는 것이 얼마나 힘 빠지는 일인가는 분명

논거 2
진실에 대한 탐색은 힘들고 쓸모없는 짓이므로 행복을 진실보다 우선해야 한다.

히 안다. 그 탐색 과정이 그토록 불안하고 피곤한데 왜 행복을 더 우선으로 생각하면 안 되는가?

과학적 진리를 찾으려고 애쓴 나머지 정신을 놓아버린 '미치광이 과학자'의 예를 생각해 보라. 심각한 정신질환을 일으키거나 결국 자살로 생을 마감한 저 수많은 철학자들을 생각해 보라. 진리 탐구는 위험한 게 아닐까? 결코 찾을 수 없는 '진리/진실'이 인생의 목표가 된다면 어떻게 절망에 빠지지 않고 살아갈 수 있을까?

우리가 찾든 찾지 못하든 진실은 위험하다!

진실을 이미 찾았다고 생각하는 사람들은 아직 그 진실을 찾지 못한 이들을 포용하지 못하는 경향이 있다. 그런 이들은 불관용에 빠져 그 '진실/진리'를 모두에게 강요하고 싶어 한다. 중세의 잔인한 종교재판을 생각해 보라. 스탈린 체제의 피비린내 나는 숙청 또한 스탈린주의자들이 역사의 진실을 어떻게 생각했느냐와 불가분의 관계에 있다.

하지만 '진실'은 굳이 존재하거나 발견되지 않더라도 위험할 수 있다. 진실은 자꾸만 도망가며 자신을 찾는 자를 견디기 힘든 절망에 빠뜨리고 행복을 방해하곤 한다.

이 말은 세계의 진실뿐만 아니라 개인적 진실에 대해서도 유효하다. 나는 '나의 진실'을 찾지만 영영 찾지 못할 수도 있다. 더욱이, 그러한 진실이 있기는 한가? 나는 '나의 진실'이나 '나의 정체성'으로 통일될 수 없는 서로 이질적인 정동(情動), 욕망, 관념, 계획 따위의 집합이 아닐까? 만약 그렇다면 나는 행복의 실체와 만나기 위해서 '나의 진실'을 발견하고 싶다는 이 바람을 포기해야 하지 않겠는가? 존재하지도 않는 '나'를 끊임없이 찾아봤자 괴롭기만 하지 않겠는가? 실제로 니체는 그러한 '나의 진실'이 우리를 구성하는 이질적 본능들의 합(合)을 은폐하는 허상이라고 보았다. 그래서 니체는 우리에게 삶의 생생한 순간들을 누리며 행복을 맛보라고 권한다. 그는 《차라투스트라는 이렇게 말했다》에서 "행복은 힘이 증대되는 느낌이다."라고 썼다. 이 힘이 곧 나의 힘은 아니지만 그래도 나의 한 부분이 다른 부분들을 압도하는 힘이기는 하다. 예를 들어 내가 참신하고 조리 있는 생각을 하고서 커다란 기쁨을 느꼈다고 치자. 그 이유는 나의 한 부분(니체가 "예술의 본능"이라고 불렀던 창조적 부분)이 다른 부분(니체가 "두려움의 본능"이라고 불렀던, 관습적 사유의 도식들을 재생산하려는 부분)을 누르고 이겼기 때문이다. 이때에 나는 "힘이 증대되는 느낌"을 받고 니체가 말하는 행복을 느낀다. 하지만 이 행복은 나의 통일성을 포기할 것을, 진리의 탐색을 그만둘 것을 요구한다. 행복은 '나'의 일부에서만 존재한다. 하나로 통일된 나의 진실을 더 이상 믿지 않을 때에만 다소의 행복이나마 주어진다.

진실을 밝히는 것이 늘 좋지만은 않다고들 한다. 어쩌면 이러한 상식적인 태도에는 진실이 위험하거나, 견디기 어렵거나, 찾을 수 없는 것이라는 직관이 숨어 있는지도 모른다. 만약 그렇다면 진실을 외면하는 편이 낫다. 이로써 평범한 속인들의 지혜는 진정한 지혜가 된다.

또한 속인들의 지혜는 진리에 인생을 바치기 위해 요구되는 자질이 보통사람들의 자질은 아니라는 말을 하고 싶은 것인지도 모른다. 모두가 과학자나 철학자처럼 건강, 시간, 사회적 삶을 희생해가며 영원히 찾을 수 없을지도 모르는 진리 탐구에 평생 매진할 수는 없다. 개인적 진실을 찾겠다고 모두가 허구한 날 정신분석을 받을 수는 없다. 진리에 대한 고민은 학자나 철학자, 명철한 의식을 지닌 개인 등의 일부 엘리트의 전

논거 3
진실보다 행복에 접근하기가 쉽기 때문에 행복을 진실보다 우선시해야 한다.

유물처럼 보인다. 반면에 '행복을 진실보다 우선시하는 태도'는 누구나 취할 수 있다.

논지 전환

진리 탐구는 진정 인간을 행복하게 할 수 없나?

그러나 이 시점에서 논증의 한계가 드러난다. 행복을 추구하는 인간과 진리를 추구하는 인간의 분리는 지나치게 과장되었다. 진리에 대한 탐구는 ─ 진리를 찾을 수 있든 그렇지 않든 간에 ─ 결코 인간을 행복하게 할 수 없단 말인가? 좀 더 간단하게 말해서 우리가 진리보다 우선시하는 행복이 허망하거나 일시적인 것일 수도 있지 않을까? 진리의 문제를 회피해 봤자 그저 덧없는 도취를 얻을 뿐이고 이내 곧 환멸을 느끼게 되지 않을까?

예를 들어 세계의 진실이나 삶의 의미 같은 문제가 너무 까다롭고 버겁다는 이유로 계속 도피한다면 인생을 살면서 겪게 마련인 불행들에 대처할 준비가 되지 않을 것이다. 가까운 사람의 죽음·사회생활에서의 실패·자연재해 등과 같은 불행들이 결국은 그러한 문제를 던지기 때문이다. 그때에 너무 타격을 입지 않으려면, 가급적 불행을 잘 버텨낼 준비를 하려면 미리 '진리/진실'의 문제를 스스로 제기해 보는 편이 나을 것이다. 진실을 회피하지 않는 것이 불행에 맞서는 준비요, 미래의 행복에도 도움이 될 일이다.

개인적 삶에 있어서도 자신의 진실을 부정하며 살다가 되레 더 큰 역습을 당할 위험이 있다. 앞에서 들었던 입양아의 예를 다시 보자. 그는 자기가 친부모에게 버림받았다는 사실을 모른다. 그는 아무 의혹도 없이 잘 지내다가 어느 날 갑자기 원인 모를 우울증에 빠질 수도 있다. 아주 오래전부터, 왠지 여기가 자기 자리가 아닌 것 같다는 느낌을 무의식적으로 억누르며 살아왔던 것이다. 하지만 자기 출생의 진실을 알지 못

178

하므로 그 느낌을 이해할 수는 없었다.

진실에 대한 회피나 거부의 막다른 길은 주의나 기분을 전환하는 인간의 모습에서도 나타난다. 파스칼의 《팡세》에도 그러한 인간의 모습이 그려져 있다.

"사람은 죽음과 비참과 무지를 치유할 수 없으므로 자기의 행복을 위해 이것들을 생각하지 않기로 했다."

파스칼, 《팡세》

기분전환하는 인간은 신의 진리, 인간 조건의 진리를 회피하며 소란스러운 세상과 피상적인 도취에 빠진다. 하지만 그 도취는 잠깐이다. 머지않아 불안과 의문의 시간이 온다. 그렇다면 더 이상 도망가면 안 된다. 더욱이 이것은 파스칼 자신의 경험에서 우러나온 깨달음이다. 그는 한때 진리 탐구보다 사교계에서 피상적 행복을 찾았으나 훗날 신의 진리를 명상함으로써 더 크고 참된 행복을 얻었다고 한다.

어쨌든 진리가 엄연히 존재하는데, 행복을 진리보다 우선시한다면 그 행복은 결코 완전할 수 없다. 진리에 대한 물음은 우리의 정신이나 무의식 어딘가에 유예된 채 남아 있을 것이기 때문이다.

진리에 대한 고민에서 해방된 아무 근심 없는 행복을 옹호한다고 해도 그렇다. 성년에게 아무 근심이나 고민이 없는 삶이 가능할까? 설령 그런 삶이 가능하다 해도 결국 어리석은 삶 아닌가? 행복한 바보가 되자는 말인가? 정말로 고민 없이 살 수 있단 말인가? 어떤 대가를 치르더라도 그런 삶을 원한다는 뜻인가? 독일 철학자 로베르트 슈페만은 《도덕의 근본 개념》에서 아주 특수한 실험을 상상했다. 어떤 사람을 수면제나 마취제의 힘을 빌려 재운다. 그 후에 이 사람의 뇌에 황홀경을 느끼게 하는 화학물질을 주기적으로 주입해서 그 '행복한' 상태를 수십 년간 유지시킨다. 수십 년 후에는 실험대상이 된 사람이 너무 나이가 들었으므로 안락사 시킨다. 이 실험의 대상자가 되고 싶어 할 사람이 있을까? 아무도 없을 것이다! 그렇다면 우리는 의식적 주체의 진실에서 괴리된 인공적 행복은 원하지 않는다는 말인가? 이제는 좀 더 완전하고 덜 기만적인 행복, 진실보다 우선시되지 않는 행복을 찾아야 할까?

본론 2

아니다. 행복을 진실보다 우선시 해선 안 된다.

논거 2
우리는 진실을 앎으로써 두려움 에서 벗어난다.

행복을 진실보다 우선시해선 안 되는 첫 번째 이유는 아마도 진실에 우리의 불행을 치유하는 힘이 있기 때문일 것이다.

아기가 너무 허약하게 태어나서 걱정하는 엄마가 있다고 치자. 그녀는 낳은 지 얼마 되지도 않은 아기가 죽을까 봐 너무 두려워서 행복할 수 없다. 행복한 바보는 이 엄마에게 풀리지도 않을 고민은 하지 말고 문제를 회피함으로써 행복을 찾으라고 할 것이다. 하지만 이 조언을 받아들일 엄마는 없다. 일단 자기가 결정한다고 해서 생각이 안 날 일도 아니다. 그보다는 이 엄마의 두려움과 불안을 해결할 더 좋은 방법이 있을 것이다. 인간 조건의 진실, 생명과 인생의 연약함을 진지하게 생각해 보는 것도 한 방법이다.

물론 그 아기는 죽을 수도 있다. 하지만 그 아기는 아예 태어나지 않을 수도 있었다. 아기의 엄마가 아기의 아빠를 만나지 않았다면, 아니 엄마 본인이 세상에 태어나지 않았다면 말이다. 하지만 이 모든 우연적 삶들이 존재했기에 지금 그 아기가 존재하게 된 것이다. 어쩌면 이러한 생각이 아기의 존재를 있는 그대로 기쁘게 여길 수 있는 최선의 방법이 될 수도 있다. 세상에 없을 수도 있었던 아기가 존재한다. 인생의 근본적인 우연 속에서 아기는 기적처럼, 그러면서도 더없이 생생하게 현존한다. 이때 인간 조건의 우연성이라는 진리와 지극한 행복은 상관관계를 가진다.

이것은 전형적인 에피쿠로스주의의 추론이다. 에피쿠로스는 우리의 행복을 우연적인 것으로 여기고 평가할 것을 제안했다. 우주와 인생의 우연이라는 진리를 사유함으로써 삶을 특권으로 인식하고 충만하게 받아들이는 것, 이것이 에피쿠로스주의의 비결이다. 이때부터 진리와 행복은 조화를 이룬다. 이러한 진리에 대한 인식에는 행복을 더욱 충만하게 하고 두려움을 떨치는 힘이 있다.

에피쿠로스는 《메노이케우스에게 보낸 편지》에서 인간은 신이나 죽음에 대한 잘못된 생각 때문에 괴로워할 때가 많다고 했다. 인간은 못된 짓을 하면 신이 벌할까 봐 두려워하고 죽음은 참을 수 없는 고통일 거라고 생각한다. 하지만 진리를 앎으로써 불행에서 해방될 수 있다.

만약 신이 존재한다면 그들은 한없이 무심할 것이다. 그들은 인간들이 무슨 짓을 하는지에 연연치 않고 그저 신으로서 존재할 것이다. 그렇다면 쓸데없이 두려워할 필요가 없다. 죽음은 '우리에게 아무것도 아니며' 우리를 고통스럽게 할 리도 없다. 나는 살아 있다면 죽은 것이 아니요, 죽었다면 고통을 느낄 만한 의식도 없을 것이다. 그러니 왜 걱정을 한단 말인가? 따라서 에피쿠로스에게는 진리를 깨닫는 것이 행복의 조건이다. 이 행복은 지혜와 거의 비슷한 의미를 지니며 '아타락시아(심신의 평정)'으로 표현된다. 에피쿠로스는 이러한 행복과 진리의 동조를 앎으로써 "사람들 사이에서도 신들처럼 살게" 된다고 결론을 내린다. 다른 사람들은 '행복을 진리보다 우선시하면서' 자신이 불행한 이유도 알지 못한 채 보통사람들처럼 살아갈 것이다.

물론 우리는 아타락시아가 현자들에게만 허락된 행복이라고 반박할수도 있다. 그러나 이러한 반박은 성립되지 않는다. 우리도 누구나 우연성을 깨닫고 자신이 경험하는 행복을 더욱 생생하고 충만하게 고양할수 있기 때문이다. 고대에 에피쿠로스학파가 그토록 성공을 거두었던이유가 바로 여기에 있다. 행복에 대한 가르침은 현자들에게 국한된 것이 아니었기에 에피쿠로스의 '정원'에는 그 가르침을 들으려는 자들이끊이지 않았다.

논거 2
진리를 아는 것이 상위의 행복
(현자의 행복)이다.

진리와 행복을 조화시키려는 태도를 좀 더 첨예하게 밀고 나가면 진리를 아는 것 자체가 가장 지고한 행복이라는 생각에 이른다. 진리를 아는 것은 행복의 수단이 아니라 가장 상위에 있는 행복 그 자체다. 스피노자는 이 행복을 '지복'이라고 불렀고 그보다 앞서서 플라톤은 '현자의관조적 삶'이라고 불렀다. 플라톤에 따르면 인간으로서 이데아의 천상에서 빛나는 영원한 진리들을 관조하는 것보다 더 완전한 행복은 없다고 하였다. 지고의 행복은 철학하는 이에게만 허락되며 사물의 현상이나 그에 대한 판단(억견臆見)에 휘둘리지 않는 삶을 드높인다. 그러니 행복을 진리보다 우선시하기는커녕 진리를 그 무엇보다 중요시하고 그 결과로서 지고의 행복을 누릴 일이다. 스피노자의 지복은 사물의 진정한 원인에 대한 앎, 신의 진리, 다시 말해 우리가 살아가고 우리를 절대적으로결정하는 자연의 진리를 아는 것이다. 그러한 지복 속에서 현자는 "자신의 불멸성"을 체험한다. 그의 행복은 진리의 영원한 본성에 대한 앎과일체를 이룬다.

그러나 이 명철한 깨달음은 진리와의 또 다른 관계로 이해될 수 있다. 진리의 부재 그 자체를 아는 것이 곧 진리가 되기도 한다. 니체는 우리의 삶이 어이없을지라도, 어떤 진리도 우리에게 깨달음이나 구원을 주지 않을지라도 인생을 긍정하는 '비극의 즐거움'을 이 지고한 행복이자 초인의 행복으로 정의했다. 진리가 존재하지 않는다면, 사실은 이것이 진리라면 우리가 앞에서 살펴보았던 '진리에 연연치 않는 삶'을 전혀 새로운 눈으로 바라볼 수 있다. 니체는 차라투스트라의 입을 통하여 이 진리의 부재를 바라보라고, 세계에 의미가 없을지라도 오직 우리만이 존재에 대한 긍정을 통하여 의미를 줄 수 있음을 이해하고 기쁘게 살아가는 초인답게 행동하라고 말한다.

세계의 진리를 앎으로써, 혹은 진리의 부재를 직시함으로써 행복해지라는 이 제안들도 여전히 형이상학적이다. 어쨌든 그 두 경우 모두 행복을 진리보다 우선시해서는 안 되며 진리(진리 자체 혹은 진리의 부재)에서 행복을 구해야 한다.

관조하는 현자, '복자(福者)', 즐거운 초인은 우리에게 다소 멀게 느껴지는 존재들이지만 그래도 그들은 모두 우리의 것으로 삼을 수 있는 이상에 대해 말한다. 이 명철한 행복, 시선을 피하지 않고 환상에서 벗어나는 행복, 진리를 있는 그대로 받아들이는 행복……. 이제 이 행복을 세계에 대한 진리가 아니라 자신에 대한 진리에 적용해 볼 시점이다.

우리가 어떤 사람인지를 아는 것이 가장 좋은 행복의 비법은 아닐까? 자신을 과소평가하거나 자신을 가장 잘 계발할 수 있는 길에서 벗어나 있을 수도 있고, 반대로 자신을 과대평가하거나 환상에 젖어 살 수도 있다. 예를 들어, 기량이 뛰어난 운동선수가 자신에 대한 진실보다 행복을

논거 3
진정한 행복은 자신에 대한 진실을 아는 것이다.

우선시할 수 있을까? 그의 행복은 체력과 기술을 갈고닦아 자신의 기량을 최대한으로 끌어내는 것이리라. 자신의 진짜 실력을 직시하지 않고서 그러한 행복에 도달하지 못한다. 그의 행복은 자신에 대한 명철한 의식에서 체험될 것이다. 운동선수뿐만 아니라 우리 모두에게도 삶은 자신의 진실이 드러나는 기회요, 그러한 기회를 놓치지 않는 것이 아마도 가장 큰 행복일 것이다.

그러나 자신의 진실을 안다는 것은 가족의 역사를 아는 것이며, 자신과 부모의 유년기를 아는 것이기도 하다. 우리는 그 역사 안에 존재하기 때문이다. 많은 부모가 아이를 보호한다는 구실로 '가족의 비밀'을 숨겨 화근을 만든다. 의식은 그러한 진실을 모를지라도 무의식은 알 수도 있다. 그러한 경우, 자신의 진실을 모른다는 것이 행복을 좌절시킬 수도 있다.

죽어가는 사람을 돌보는 이들은 잘 안다. 살면서 이룬 것이 없다고 생각하거나 자아실현의 기회를 놓쳤다고 생각하는 사람들일수록 죽음을 두려워한다. 반면에 뭔가를 성취했다고 느끼는 이들은 좀 더 차분하게 죽음을 맞는다. 때로는 삶이 행복했기에 죽음마저 거의 행복에 가까운 상태에서 맞을 수 있는 듯 보이기도 한다. 그들의 행복은 자신의 진실과 만났었다는 것이다.

델포이의 무녀는 신탁을 청하러 오는 이들에게 "너 자신을 알라."라고 조언했다. 어쩌면 자신에 대한 앎에 진정한 행복의 열쇠가 있기에 그러한 조언을 했던 것은 아닐까.

<!-- 논지 전환 -->
하지만 자신에 대한 진정한 깨달음은 죽음을 앞두고야 비로소 이를 수 있을 것이다. 그렇다면 그 깨달음에 아직 이르지 못한 동안에는 행복

과 진리가 무슨 상관이 있는가? 우리를 정말로 행복하게 만드는 것은 진리의 발견이 아니라 진리를 추구하는 과정에 있는 것은 아닐까?

게다가 우리는 그 진리의 존재를 증명할 수 없다. 현자가 알기를 열망하는 세계에 대한 진리도, 개인이 행동이나 정신분석을 통해서 객관적으로 파악하기 원하는 주체의 진실도 증명되지 않는다. 어쩌면 진리는 존재하지 않지만 그럼에도 우리는 진리를 추구함으로써 가장 인간적인 행복을 느끼게 되는지도 모른다.

무엇이 우리를 진정으로 행복하게 하는가? 행동을 통해 자신을 구체적으로 펼치고, 자신의 가치를 차츰 객관적으로 인정받아나가는 것이 행복 아닌가?

본론 3

아니다, 행복을 진리보다 우선시해서는 안 된다.

논거 1

우리는 객관적 인정을 추구함으로써 행복해진다.

어쨌든 헤겔은 인간에게 고유한 행복이 그런 것이라고 보았다. 인간은 여러 가지 욕망을 충족시키려 하지만 사실 그 욕망들은 모두 가장 심원한 하나의 욕망, 즉 자기 가치를 객관적으로 인정받고픈 욕망을 표현한다. 하지만 그러한 인정은 결코 충분할 수가 없다. 우리 인간은 결국 죽을 것이며 그 점을 의식하기에, 그 사실이 우리의 가치를 위협하기에, 인정받기 원하는 욕망은 끝을 모른다. 인정을 받음으로써 우리는 행복해지지만 그러한 인정은 결코 완성되지 않는다.

나의 행복은 주관성에서 벗어나 나의 진실이 객관적으로 인정받는 데 있다. 나의 일과 삶이 헛되지 않음을 입증해 주는 타자들을 통해서 말이다. 자신에게서 걸작을 써낼 만한 작가의 잠재성을 느끼는 것이 주관적 진실이더라도 헤겔에 따르면 나는 그 진실을 객관적으로 입증해야만 행복해질 수 있다. 요컨대, 구체적으로 나는 책을 써서 출판사를 찾고 나의 가치에 대한 객관적 비판을 들어야만 할 것이다. 그렇게 인정받기 전에는 나의 진실은 주관적인 것, 직관이나 감정의 상태에 지나지 않는다. 나의 진실은 인정과 더불어 객관적 진실, 객관화된 진실, 객관화의 과정에 있는 진실이 된다.

그러니 행복은 진실보다 우선할 수는 없다. 자신의 진실을 객관적으로 인정받고자 할 때에만 행복도 가능하기 때문이다. 이 인정을 받기 위한 싸움은 아마 영원히 끝나지 않겠지만 그 싸움이 나를 인간으로서 살아가도록 지탱해주고 나를 행복하게 한다. 그러나 이 행복은 더 이상 고대 철학자들의 행복(자족을 알고 자기 자신이나 세계와 평화로운 관계를 맺음)이 아니다. 이것은 자기 안에서 탐구의 활력, 삶에 의미를 부여하며 인정받고자 하는 욕망을 느끼는 근대인의 행복이다.

논거 2
행복은 자기에 대한 주관적 탐색에 있다.

이렇듯 행복은 개인적 진실, 즉 주체의 진실 추구와 밀접하게 관련되어 있다. 하지만 진실의 객관적 인정에서 행복을 찾아야 한다고 보았던 헤겔과 달리, 좀 더 내밀한 의미에서의 주관적 진실에 충실함으로써 진정한 행복을 추구할 수도 있다. 여기서 말하는 주관적 진실은 정신분석을 통해서 조금씩 드러난다. 정신분석학의 전망은 그동안 무의식적이었던 자신의 진실을 의식하려고 노력함으로써 어떤 행복을 도모하거나 행복까지는 아니더라도 '원초아'에 대한 무의식적 저항에서 비롯된 불안에서 해방되는 데 있다. 프로이트는 이러한 정신분석학의 전망을 "원초아가 있던 곳에 자아가 오게 될 것이다."라는 유명한 문장으로 요약한 바 있다.

프로이트 정신분석학의 가르침 중 하나는 사람들이 종종 진실보다 행복을 우선시하기에 불행해지고 만다는 것이다. 참으로 많은 이들이 자신의 사연을 알고 싶어 하지 않기에 고통 받는다. 그 의식되지 못한 사연이 속에서 곪으면서 그들의 내면을 망가뜨리는 것이다.

정신분석학은 우리에게 진실을 은연중에 드러내는 말을 풀어놓을 것을 제안한다. 그 진실이 더 이상 억압당하지 않고 이해될 때에 새로운 행복의 가능성이 떠오른다. 여기서도 프로이트나 라캉이 말하는 '진리/진실'과 '행복'의 의미를 잘 새겨들어야 한다.

여기서 문제가 되는 주체의 진실은 자아라는 분할할 수 없는 일체나 고정된 동일성의 중추가 아니다. 라캉은 주체의 욕망이 우리 존재를 구조화한다고 보았으며 우리가 가급적 덜 불행하기 바란다면 그 욕망에 충실해야 한다고 했다. 정신분석은 본질적으로 무의식적인 그 욕망을 우리의 '진실'로서 받아들이게 한다. 다시 말해 우리는 그 욕망을 배신하기 때문에 우울증에 빠지고, 여러 가지 징후를 통하여 불행의 표적이 되며, 자기 자신에게 불성실하게 된다. 그러므로 진실보다 행복을 우선시해서는 안 된다. 자기 욕망의 진실에 대한 불성실이 우리를 불행하게 만들기 때문이다. **행복하고 싶다면 그 욕망의 진실에 충실하고자 노력해야 한다.**

따라서 여기서 논하는 행복은 기분 좋은 상태를 지속적으로 누리는 것보다 자기 욕망에 충실할 것을 추구하는 과정에 있다. 정신분석이 바로 이 추구의 과정인데, 그 과정이 언젠가 완료된다는 보장은 없다.

행복을 추구하는 것, 행동을 통해 객관적 인정을 받음으로써 행복하기를 바라는 것, 분석을 통해 자신의 욕망에 충실하려 하는 것이 행복이다. 자신을 배반하지 않으려고 노력하는 것이 행복이다. 우울증은 이 점을 명확하게 보여준다. 우울증에 빠지면 더 이상 행복해지려는 노력을 하지 않는다. 바로 그게 우울증 환자가 불행한 이유이다. 그런 때에 우리는 자신 안의 어떤 것을 배반했다고 느낀다.

논거 3
세계의 진리든
자신의 진실이
든, 결국은 같은
행복의 문제라
면?

그래서 진실을 추구함으로써 우리는 행복해진다고 주장한다. 하지만 세계의 진리, 인간 조건의 진실을 찾는 것과 자신의 개인적 진실을 찾는 것이 정말로 서로 다른가? 결국은 그 호기심은 동일하고, 인간 고유의 현실과 맺는 관계라는 점도 동일하지 않을까? 더구나 그 양쪽 모두에 동일한 행복이 달려 있지 않을까?

몸이 약한 아기를 출산하고 괴로워하는 엄마의 예를 다시 한 번 들어보자. 행복한 바보는 고민하지 않으면 그만이라고 믿는다. 그는 모성의 보편적 진실도, 이를테면 이 사회 속에서 어머니가 되는 방식에 대해서도 의문을 품지 않는다. 따라서 그런 의문을 계기로 개인적 진실을 직시하고 그에 충실할 기회조차 없다. 그는 진실보다 행복을 우선시해야 하는 사람이기 때문이다. 그런데 우리는 그 엄마가 인생의 우연성이라는 진리를 깨달음으로써 행복을 느낄 수도 있다고 살펴보았다. 이때에는 진리가 인간을 행복하게 할 수 있었다. 하지만 이 엄마의 개인적 진실에 대한 추구와 인간 조건 전반의 진리에 대한 추구를 정말로 따로 떼어 생각할 수 있을까?

사실 가혹한 진실이 어느 정도 행복을 위협하기도 하지만 반대로 행복이 더욱 절실하게 다가오게 하기도 한다. 예를 들어 한 생명을 낳은 엄마로서, 모든 생명은 언젠가는 죽는다는 생각도 할 것이며 생명은 기적인 동시에 참으로 연약하다는 생각도 할 것이다.

진리에 대한 의문은 분명히 더 많은 고민을 낳기는 하지만 행복을 더 풍요롭고 명철하며 심오하게 드높인다. 곧 사라져버릴 것 같은 행복이야말로 가장 벅찬 행복이 아닌가? 게다가 생명을 낳은 어머니가 어떻게 목숨의 덧없음을 생각하지 않을 수 있단 말인가? 어떻게 그 어머니가 모성의 진실, 생명의 진실에 대한 물음과 무관하게 행복을 느낄 수 있단 말인가?

하지만 무엇보다 중요한 것은 모성과 생명의 진실에 대한 의문이 자기 자신의 진실에 대한 의문으로 발전된다는 것이다. 그녀는 세상에 유일한 존재로서, 자기만의 방식대로, 이 인생의 특별한 어느 한 순간에, 자신이 모성과 생명에 대해서 어떻게 생각하는가를 직시하게 된다.

이런 의미에서 '진리'와 '개인적 진실'의 문제는 한데 얽혀 있다고 볼 수 있다. 철학의 관심이 바로 여기에 있다. 철학은 일반적이고 보편적인 의문을 제기하지만 그로써 개별적 삶에 울림을 갖기 원한다. 일반적 물음들이 개인의 삶에 대한 물음들로 이어진다. 나는 그렇게 살 수 있을까? 내 인생은 인간 조건을 누릴 자격이 있나? 우리는 진리와 개인적 진실을 동시에 탐색하며 그 답변과 행복을 동시에 추구한다. 그리고 그로써 행복해지는 것이다.

결론

행복을 진리보다 우선시함으로써 행복이 좌절될 수도 있다. 행복해지기를 원한다면 행복 그 이상을 바라보아야 한다. 여기서 말하는 '그 이상'이 아마 '진리'에 해당할 것이다. 진리는 만물의 섭리와 자신의 조화를 이루어 충만한 삶을 살았던 고대인들의 지혜로서 인간을 행복하게 할 수 있다.

또한 '그 이상'은 '진리'가 아니라 진리에 대한 탐색일 수도 있다. 세계의 진리 혹은 개인적 진실을 추구함으로써 우리는 좀 더 '근대적인' 의미에서의 행복을 누리게 된다. 그러한 요구, 불만, 기약들의 총체가 우리 삶을 더욱더 열정적으로 북돋아주기 때문이다.

따라서 행복을 진리보다 앞세울 것이 아니라 되레 **진리를 행복보다 우선시해야 한다.** 또한 이 논제는 우리의 삶에서 하나가 되어 있는 것을 분리하고 있다. '자신의 진실'에 충실할 때에만 참으로 인간다운 행복이 있다. **'진리'에 대한 호기심을 통해서만 진정으로 인간다운 행복을 누릴 수 있다.**

Q **철학이 죽음에 대한 준비가 될 수 있나요?**

플라톤은 몽테뉴에 훨씬 앞서서 "철학은 죽는 법을 배우는 일이다." 라고 했습니다. 플라톤에게 죽음은 우리가 태어나기 전에 누렸던 영원 불변한 진리들을 되찾는 기회입니다. 따라서 '죽음에 대한 준비'라는 말 은 신체의 죽음, 본질적이지 않은 것의 죽음으로 영혼이 불멸의 시각에 서 만물을 바라보게 된다는 의미를 함축합니다. 쉽게 말해, 현자가 되는 것이지요. 동양의 현자들 중에는 죽음이 우리에게 요구할 것을 '예측함 으로써' 죽음에 대한 준비를 하라고 권고하는 이들이 있습니다. 죽음은 우리가 애착을 갖고 있는 존재, 장소, 사물과의 이별을 요구합니다. 그러 니 아예 지금부터 그 애착을 끊어버리자는 겁니다. 그렇게 하면 죽음이 닥치더라도 우리는 아무것도 더 잃지 않을 테니까요. 인도의 신 가네샤 는 종종 한 손에 작은 도끼를, 다른 손에는 밧줄을 든 모습으로 묘사됩니 다. 도끼는 생에 대한 애착을 끊어내기 위한 것이요, 밧줄은 영성을 고양 시키기 위한 것이지요. 그럼 여기서 제기되는 문제가 있습니다. 우리는 진짜로 죽지는 않되 어떤 면에서 죽음으로써 죽음을 준비할 수 있습니 까? 생을 포기하지 않고, 생을 흥미롭게 하는 애착을 끊어버리지 않고도 죽음을 준비하는 것이 가능한가요?

혹자는 정반대의 제안을 하고 싶을지도 모릅니다. 생의 모든 가능성들을 시험해보고, 풍부한 경험과 식견을 쌓으면 죽음을 앞두고도 "준비가 됐습니다.", "난 살 만큼 살아봤습니다."라고 말할 수 있지 않을까요? 하지만 생의 가능성들은 무궁무진해서 결코 전부 다 시험해볼 수는 없습니다.

우리는 죽음이 뭔지 모릅니다. 죽음을 경험할 수는 없습니다. 그러니 죽음을 준비하기도 어려울 수밖에요. 노화, 질병… 죽음의 발단들은 경험할 수 있습니다. 또한 애도나 추모 같은 죽음의 결과도 겪을 수 있고요. 그러나 '죽음' 그 자체는 우리가 만날 수도 없으며 어떤 것일지 그려볼 수조차 없습니다. 그러니 죽음에 대한 '준비'라는 말도 부적절해 보이지요. 하지만 그렇다고 해서 이 문제를 치워버릴 수만은 없습니다. 뭔가를 놓치고 살았다고 생각하는 사람, 만나야 할 것을 만나지 못했다고 느끼는 사람일수록 죽음을 두려워합니다. 반면에 인생에서 성취감을 느끼는 사람일수록 죽음을 차분하게 맞이하는 경향이 있지요. 물론 그들도 '준비'가 되었다고 볼 수는 없습니다. 그들에게도 죽음은 좋은 일이 아닙니다. 하지만 인생에서 이루어야 할 것을 이룬 이상 그렇게까지 나쁜 일도 아닙니다. 바로 이것이 성찰의 지침, 나아가 인생의 지침이겠지요.

철학적 생각하기

행복이란 무엇인가?

테니스코트에서 나는 명백한 사실을 인정해야만 했다. 그는 나보다 강했다. 훨씬 빠르고 정확했고 힘과 절도가 넘쳤다. 어찌나 압박을 당했는지 숨도 못 쉴 지경이었다. 그렇지만 이기고 싶었다. 승리를 간절히 원했다. 나는 공을 받아치는 동작과 위치 선정, 경기 전략에 집중했다. 꼭 이기고 말겠다는 의지가 속에서 부글부글 끓어올랐다. "원하면할 수 있다!"라는 구호가 무색할 지경이었다. 그래, 그런 말 많이 들어봤지, 원하기만 해도 할 수 있다고! 하지만 그날 테니스코트에서의 나에게는 이 말이 반어법으로밖에 들리지 않았다. 당시 나는 이기고 싶은 마음이 앞서서 몸이 좀체 풀리지 않았다. 요컨대, 승리를 원할수록 패색이 짙어지고 의혹으로 심신이 괴로웠다. 이 방향 저 방향으로 거세게 몰아치는 물에 빠진 사람 같았다. 그런 사람이 발버둥을 치면 칠수록 더 빨리 물에 가라앉게 되는 것과 마찬가지랄까. 나는 단 한 순간도 자신에게 닥치는 물살을 있는 그대로 받아들이지 못했다. 하지만 오히려 물살에 몸을 맡길 때에 비로소 자신의 위치를 파악하고 어느 쪽 방향으로 헤엄을 쳐야 할지 알 수 있을 것이다. 그러한 받아들임의 순간, 그 '스토아주의적인' 순간이 나를 구원할 수 있으리라.

그러다가 상황이 변했다. 내가 '원하거나' 결정해서 된 일은 아니었다. 사실 어떻게 해서든 이기고 싶다는 마음이 갑자기 사라진 것이다. 나는 경기에 재미를 붙이기 시작했다. 이기든 지든 상관없이 이렇게 충만한 순간을 살 수 있다는 것이 좋았고, 구름 뒤의 햇살과 내가 밟고 있던 코트의 인조잔디와 공이 부딪치는 소리와 서브를 넣을 때마다 등에서 느껴지는 뻐근함까지도 좋아졌다. 나의 동작이 차츰 유연해지고 좋아졌다. 어떻게 해서든 내가 원하는 방향으로 공을 보내야겠다고 악착같이 기를 쓰지 않았더니 경기의 흐름이 바뀌었다. 이제 상대가 나를 보고 조급증을 내며 실수를 연발하기 시작했다. 간절한 바람을 버렸더니 훨훨 날아다니는 기분이었다. 나는 거칠 것 없이 나아갈 수 있었다. 그래서 나는 이겼다. '마음을 비우기'가 어떤 효과를 발휘하는지 보았고 '너무 바라면 안 된다.'는 의지의 패러독스를 몸소 경험했던 셈이다. 사실 나는 몇 포인트만 더 잃으면 경기가 끝날 상황에서야 비로소 마음을 비웠다. 그랬는데 결과는 더 좋게 나왔다.

이 테니스 시합 이야기는 까다로운 문제를 제기한다. 때로는 놓아버릴 줄도 알아야 한다. 잘하고 싶으니까 잘하고 싶어 하지 말아야 한다? 그런데 뭔가 이상하다. 놓아버리기를 바라는 것도 어쨌든 '바라는 것'이 아닌가! 정신분석을 받는 환자는 자기 입에서 나오는 말을 통제하려고 하지 말아야 한다. 자유롭게 튀어나오는 말이 비로소 의미를 지닐 수 있도록 말이다. 하지만 환자가 자유롭게 말해야 한다는 데 너무 연연하면 오히려 자유롭게 말할 수 없어진다. 그렇다면 이기고 싶어 하는 테니스선수들에게, 정신분석을 받는 환자에게 뭐라고 조언해야 할까? 그 시합에서 이기긴 했지만 나 역시 잘 모르겠다.

한 가지만큼은 확실하다. 내가 테니스 시합에서 거둔 승리는 지배적인 철학의 전통에 의문을 제기한다. 실제로 서양 철학에는 스토아학파에서 데카르트를 거쳐 칸트에 이르는 의지론적 전통이 있다. 스토아주의자들은 의지에 힘입어 우리가 운명을 받아들일 수 있다고 했다. 또한 데카르트는 우리의 오성과 감성, 상상력은 제한되어 있으나 의지만은 무한히 발전시킬 수 있는 능력이라고 말했다. 우리는 언제나 더 많은 것을 바랄 수 있다. 그래서 데카르트는 우리가 다른 무엇보다 의지에 있어서 신을 닮을 수 있다고 결론내렸다. 칸트에게 의지는 인간을 자유롭고 도덕적이게 하는 것이다. **인간은 선을 바람으로써 이기적 본성과 결정론에서 자유로워지기 때문이다.** 요컨대 자유나 신과의 닮음, 도덕과 같은 것은 다 의지의 문제다! 하지만 이러한 의지옹호론을 일정 부분 경계하고 이 철학자들이 다루었던 영역에만 한정할 필요가 있다. 실제로 너무 바라면 안 된다는 말도 맞기 때문이다. 불면증 환자는 무슨 말인지 잘 알 것이다. 잠들기를 간절히 바랄수록 잠을 이루지 못한다. 나의 테니스 시합도 그 점을 잘 보여준다. 바라는 마음을 조금 접었더니 의지의 결실이 새롭게 돌아왔다. 어쩌면 '더' 바라기보다는 '잘' 바라는 것이 중요할지도 모른다. 언제나 의지를 불태우기보다는 적절한 때를 보아 그래야 하는 게 아닐까.

막스 베버는 선한 의도가 복잡한 현실과 만나 참담한 결과를 낳는 사태, 다시 말해 원래 의도에 비추어보아 '역설적인' 결과가 빚어지는 사태를 '결과의 역설'이라고 일컬었다. 그는 《소명으로서의 정치》에서 한 러시아 노조운동가의 예를 든다. 그는 진심으로 광부들의 권리를 옹호하려고 했다. 하지만 차르와의 면담 후에 돌아온 것은 극심한 탄압뿐이었다. 이 이야기가 나의 테니스 시합과 무슨 상관이 있을까? 두 경우 모두 자신이 원하는 것을 직접적으로 바라는 방법은 통하지 않았다는 공통점이 있다. 노조운동가는 광부들의 생활조건이 개선되기를 너무 직접적으로 바랐기에 원하던 결과와 정반대되는 결과를 얻었다. 나는 직접적으로 승리를 열망하지 않았기에 이길 수 있었다. 우리를 심란하게 하는 이 '역설 구조'가 20세기 인문학의 중요한 가르침 중 하나다. 우리는 이 구조를 여러 형태로 발견할 수 있는데 '결과의 역설'처럼 부정적인 버전이 있는가 하면 자유주의 경제학자들의 '구성효과'처럼 긍정적인 버전도 있다. 특히 자유주의 경제학자들은 애덤 스미스의 '보이지 않는 손'이라는 개념을 합리화하여 사회적·경제적 최적 상태에 도달하려면 개인들이 각자 그러한 상태를 지향하지 않아야 한다고 설명한다. 저마다 개인의 이익을 최대한 만족시키려고 한다면, 우리는 공동체의 최적 상태에는 이르지 못한다는 것이다. 개인의 이익은 전체의 이익이라는 방향 안에서 자연스럽게 구성될 것이다. 이것이 바로 '구성효과'이다.

헤겔에게서도 이러한 역설 구조는 찾아볼 수 있다. 위대한 인간은 단순히 자신의 사소한 정념을 만족시키기 위해 움직이면서도 역사를 좋은 방향으로 나아가게 한다. 따라서 그는 보편적 역사의 진보를 굳이 바라지 않으면서도 그 진보에 이바지하게 된다. 이러한 역설 구조가 도덕의 문제를 제기한다는 점은 분명하다. 이 구조대로라면 선에 도달하기 위해서는 선을 직접적으로 바라서는 안되는데, 이것은 정말 의심스러운 주장이다. 도덕은 바로 선한 의도, 선을 바라는 마음에 따라 정의되지 않는가. 더 이상 선을 바라지 않는다면 (결과적으로는) 선에 이른다 해도 진정으로 도덕적이라고 할 수는 없을 것이다.

에피쿠로스주의자나 스토아주의자 같은 대부분의 고대인들은 행복을 자기와의 평화나 세계와의 평화로 보았다. 그러나 헤겔이나 니체 같은 근대인들은 그렇게 평정한 상태보다는 어떤 탐색이나 추구를 행복으로 여겼다. 더 큰 행복을 바라는 마음에 고무되는 것, 그것이 바로 행복이라는 것이다. 고대인들의 행복은 만족이었다. 근대인들의 행복은 불만과 따로 떼어 생각할 수 없는 어떤 희망이다. 고대인들의 행복은 잘사는 것, 목욕물에 기분 좋게 몸을 담그듯 행복 안에서 헤엄치며 머무는 것이다. 반면에 근대인들의 행복은 다이빙이다! 나는 테니스 시합에서 그 두 가지 행복을 연달아 맛보았다. 처음에는 다다라야 할 목표가 있고 이기고 싶다는 욕망이 있었기에 행복했다. 그다음에는 나 자신과 외부 세계, 나의 신체, 따뜻한 공기가 조화를 이루고 내가 그 자리에 존재한다는 이유만으로 행복했다.

아마 여기에 세 번째 행복을 덧붙여야 할 것이다. 이겼다는 만족감 말이다! 잘 생각해 보면 이 세 번째 행복은 두 번째 행복과 흡사하지만 첫 번째 행복의 결과라고 할 수도 있겠다.

Q 어째서 철학자들은 이론을 실천에 옮기지 못하나요?

가장 잘 아는 철학자인 '나'의 예를 들어서 설명해 보겠습니다. 나는 책을 쓰거나 학생들을 가르치면서 서양 철학의 의지론적 전통을 비판하고, '마음 비우기'를 강조했지만 정작 스스로는 그렇게 하지 못할 때가 많습니다.

나는 왜 내가 남들에게 전수할 정도로 잘 아는 가르침을 내 삶에 적용하지 못하는 걸까요? 어째서 일상에서의 나는 강단에 설 때나 철학책을 쓸 때와는 정반대의 인간이 되는 걸까요? 어째서 나는 벽에 부딪쳐도 계속 들이받고 보는 걸까요? 왜 나는 뭔가가 마음대로 안 되면 미치도록 약이 오를까요? 학생들에게는 전부 다 이해가 될 때까지 반복적으로 읽을 필요 없다, 너무 안달하지 마라, 라고 하루에도 몇 번씩 이야기를 하면서 왜 나 자신은 뭔가 이해가 안 가는 것이 있으면 참지를 못할까요?

'마음 비우기'는 나한테 꿈이나 이론상으로만 가능한 이야기입니다. 장애물은 어떻게 해서든 무너뜨려야 직성이 풀리지요. 좋아하는 사람들에게는 바라는 것도 엄청 많고요. 나는 쓸데없이 시간을 죽일 줄 모르는 사람입니다. 망설이는 시간, 비는 시간도 참지 못합니다. 나는 의지의 화

198

신이고 아마 어렸을 때부터 그랬던 모양입니다. 정말로 진이 빠지거나 도저히 넘을 수 없는 장벽이 생기기 전까지는 간절한 바람을 멈출 수 없는 사람이지요.

우리는 자기가 아는 것만을 – 자기가 아는 것에서 출발해서 – 말합니다. 그런데 나는 내가 실제로 할 수 없는 것을 어떻게 잘 말할 수 있을까요? 내가 그렇게 잘 말하는 이유는 바로 실제로 그렇게 살지는 못하기 때문입니다. 니체의 절묘한 지적을 들어볼까요. "자신은 속박에서 해방되지 못하는 사람이라도 친구를 그러한 속박에서 풀어줄 수는 있었다." 니체의 저작은 회한을 풀어주는 해독제이지만 니체 본인도 회한에 대해서는 뭘 좀 아는 사람이었지요. 니체 본인은 회한에서 벗어나지 못했습니다. 벗어나려고 노력은 했지요. 그는 병들었지만 우리에게 '건강의 비법'을 자신의 글로써 제안했지요. 내가 병들었다고 해서 여러분에게 건강에 대해서 설파하지 못할 이유는 없습니다. 내가 제정신이 아니라고 해서 여러분이 지혜를 찾도록 돕지 못할 이유도 없고요. 내가 증오로 가득 찼다 해서 여러분의 마음을 사랑으로 채우지 못하는 것은 아닙니다. 모든 선생이 자신의 본모습과 정반대되는 이미지를 설파하는 것은 아닌지 의심할 만도 하지만 그 선생도 분명히 싸우고 있는 겁니다. 그리고 그 선생에게도 감사하자고요. 그의 악이 우리에게 선을 끼치고, 그의 예속이 우리를 자유롭게 하며, 그의 편협함이 우리의 도량을 크게 키워줄 수 있으니까요.

부 록

L'ANNEXE

절대 vs 상대

절대성은 어원상 '어떤 관계를 맺지 않음'을 뜻한다. 하지만 상대성은 반드시 어떤 관계에 처해 있다. 절대성은 비교될 수 없지만 상대성은 언제나 어떤 것과 비교가 된다. 예를 들어 어떤 처벌이 '상대적으로' 무겁다고 한다면 지은 죄에 비교하거나 다른 처벌들에 비교해서 그렇다는 뜻이다. 이처럼 절대/상대의 구분은 원래 명확한 것처럼 보이지만 실제로 세부적인 면으로 들어가면 꼭 그렇지만도 않다.

살인은 절대적인 악처럼 보인다. 하지만 정당방위의 경우에는 침해자를 죽이는 것이 자기가 죽는 것보다는 상대적으로 덜한 악으로 간주된다. 사형제를 정당화하는 주장들도 같은 논리에 입각해 있다. 어떤 범죄자가 정말로 위험한 인물로 여겨진다면 그 범죄자를 죽이는 것이 상대적으로 덜 악한 처사가 될 수도 있다는 것이다. 이 두 경우에서 살인은 절대적 악이 아니다. 사람을 죽인다는 것이 더 이상 절대적으로 악하게 여겨지지 않는 것이다. 이런 식의 추론을 첨예하게 발전시켜나가면 우리는 '상대주의자'가 될 것이며 더 이상 선과 악을 절대적인 것으로 여기지 않을 것이다.

'절대군주제'라는 다른 예를 들어보겠다. 이러한 유형의 권력 형태에서 정말로 절대적인 것은 무엇인가? 절대군주제는 그 정의상 왕이 신의 '절대적' 권력을 위임받았다는 뜻이다. 그렇다면 왕의 권력은 자기 아닌 다른 것과의 관계에 위치해 있다. 따라서 그 권력은 사실 절대적이지 않다. 하지만 '절대'는 시간적으로나 공간적으로나 한계가 없다는 뜻이기도 하다. 하지만 프랑스의 절대군주제는 민중이 들고일어나 혁명을 일으킴으로써 무너지고 말았다. 따라서 그 권력은 지속되지 않았다는 점에서도 절대성을 띠지 못했다. 홉스가 《리바이어던》에서 '절대 권력'을 정당화했다고 비판하는 사람들이 있지만 그것은 오해다. 리바이어던의 권력은 확실히 막강하기는 하지만 어디까지나 계약에 의해 수립된 것이었다. 사람들이 그에게 권력을 위임하기로 결정을 내렸기에 그는 막강한 권력을 누리게 되었고, 그 권력은 최초의 계약에 대하여 상대적이다. 과연 절대 권력이라는 것이 존재할까? 사실은 절대 권력이라는 것도 언제나 사람들의 복종에 달린 것 아닌가?

> "폭군들은 우리가 무릎을 꿇는다는 이유에서만 대단하다."
>
> 라 보에티, 《자발적 복종》

종교적 관점에서 신을 절대자로 본다는 것은 신의 권력과 지식에는 한계가 없으며 신은 존재하기 위하여 우리에게 기대지 않는다는 뜻이다. 하지만 그 절대자가 우리의 믿음에 대하여 상대적이지는 않은지 의심해볼 수도 있을 것이다. 포이어바흐의 주장이 바로 이것이다. 그는 인간이 자신의 고유성(자유, 의식, 창의성 등)을 부정하고 그러한 성격을 신에게 투사했다고 본다. 따라서 신은 절대적이지 않으며 그러한 인간의 투사에 달려 있다. 따라서 인간이 투사를 그만두면 신은 '죽게' 된다.

> "인간이 빈곤해짐으로써 신은 풍요로워진다."
>
> 포이어바흐, 《기독교의 본질》

추상 vs 구체

　행복은 구체적으로는 느낌이다. 바닷가의 아름다운 집 한 채, 사랑하는 사람과 함께 있을 때, 엄마 품에 안겨 새근새근 잠자는 아기… 이런 식으로 정의를 하면 우리는 예시를 통해서만 행복에 접근할 수 있다. 이때에 우리는 행복을 관념화하지 않았다. 행복을 '추상적으로' 정의하지 않았다는 말이다. 추상적 정의를 하려면 행복의 구체적 상황들에서 공통점을 끌어낼 수 있어야 한다. 바닷가의 집에 있을 때나 사랑하는 사람 곁에 있을 때에는 나 자신과의 관계, 세계와의 관계가 평화롭고 안정감이 있으며 행복해지기 위해서 더 이상 무엇을 바라지 않는다. 바로 이 느낌을 따로 끌어내어 관념화하는 것이 추상적 정의다. 다시 말해 구체적인 행복은 바닷가 집 마루판이라는 소재, 맨발로 밟을 때 기분 좋은 느낌이 드는 그 물질, 사랑하는 이의 몸이 주는 포근함이다. 하지만 행복에 대한 추상적 관념은 조화, 만족 등이 될 것이다.

　'구체적인 것(concret)' 이라는 단어는 '(결합하여) 단단하게 됨' 을 뜻하는 라틴어 '콘크레투스(concretus)' 에서 나왔다. 우리가 흔히 보는 '콘크리트' 처럼 말이다! 구체적인 것이 물질적인 것과 관련된다면 추상적인 것은 정신적인 것과 관련된다. 삶은 구체적이고 철학은 추상적이라는 말이 있다. 여기에서 피할 수 없는 문제가 제기된다. 철학은 정말로 좀 더 나은 삶에 도움이 될 수 있는가? 추상적 관념에 우리의 구체적 삶을 적극적으로 조절할 만한 힘이 과연 있을까? 칸트는 그렇다고 말하며 추상적 관념이 구체적 조절 기능을 하는 경우들을 보여준다. 그가 1793년에 영구평화론을 들어 국제기구의 구체적인 조건들을 제시한 것도 역사의 진보라는 추상적 관념에 이끌렸기 때문이다. 하지만 철학적 추상화의 포부를 조롱하는 철학자들도 분명히 있다. 고대 그리스의 철학자 디오게네스는 사람들이 버젓이 보는 앞에서 자위행위를 하거나 대낮에 등불을 들고 다니는 등 기행을 일삼았다. 그는 등불을 보고 놀라는 사람들에게 "인간을 찾습니다."라고 말하곤 했다. 디오게네스는 반어와 과장을 구사하여 '인간'의 추상적 관념이 어처구니없음을 보여준 것이다. 프랑스의 반혁명론자 조제프 드 메스트르 역시 자신은 인간은 모르고 그저 독일인, 오스트리아인, 영국인, 이탈리아인 등을 알 뿐이라고 했다. 그는 그 구체적인 인간들에게서 어떤 공통점을 추상해낸다는 것이 불가능하다고 생각했던 것이다. 그 공통점이야말로 인간의 본성, '인간'의 추상적 관념에 해당할 것이다. 따라서 드 메스트르가 왜 그토록 '인권의 추상적 보편성'을 격렬하게 성토했는지도 이해가 간다. 또한 '인간주의의 권리'에 대한 비판들은 항상 이러한 '추상/구체'의 대립성에 근거하고 있다.

> "나는 독일인, 영국인, 이탈리아인을 만났고 몽테스키외 이후로 우리가 페르시아인이 될 수도 있다는 것까지 알지만(프랑스인인 몽테스키외가 《페르시아인의 편지》라는 책을 썼다는 이유로 농담을 하는 것이다) 인간은 한 번도 만난 적이 없다."
>
> 조제프 드 메스트르

분석 vs 종합

여자와 데이트 약속을 한 남자가 꽃다발을 고르고 있다. 그는 꽃다발에 붉은 장미가 많고 노란 장미는 적다는 데 주목하고 곁들인 잔가지가 무엇인가를 살폈다. 요컨대, 그는 꽃다발을 '분석'한 것이다. 하지만 그는 꽃다발을 선물할 겨를이 없었다. 여자가 도착하자마자 이별을 선언했기 때문이다. 여자는 잘 생각해 봤는데 그와 만난 3년이 하나도 좋지 않고 지긋지긋했다고 했다. 이것은 '종합'이다. 분석은 대상이 어떻게 이루어져 있는지 그 구성을 파헤친다. 종합은 주요한 특징들을 모으거나 그 대상의 통일성을 파악하고자 한다. 꽃다발의 예를 다시 들어보자. 꽃다발을 구성하는 요소들(붉은 장미, 노란 장미, 곁가지 등)을 각기 고립시켜 비례를 파악하는 것은 분석이다. 그 꽃다발이 전체적으로 유쾌하고 활기찬 느낌을 준다고 파악하는 것은 종합이다. 칵테일을 분석한다면 어떤 재료와 성분이 각기 얼마만큼 들어갔는지에 주목할 것이다. 하지만 종합을 한다면 칵테일 전체의 맛과 인상에 대해서 평가할 것이다. 정신분석학은 '분석'이기 때문에 환자의 정신세계의 복잡한 구성(억압된 충동, 추억, 무의식적인 가족관계의 도식 등)에 대해서 연구한다. 그러나 정신분석은 '종합'에 의해 종결될 수 있다. "사실은 우리 어머니 때문이 아니었군요." 자, 그렇다면 칵테일로 축배를 들고 어머니께 꽃다발을 선물할 일만 남았다.

"정신분석가는 분석을 한다. 종합을 하는 것은 환자의 몫이다."

자크 라캉

원인 vs 결과

　인간은 왜 법을 존중하는가? 이 물음에 대하여 어떤 이들은 습관, 처벌에 대한 두려움, 교육 등의 '원인'을 지적한다. 하지만 '결과', 궁극적 목적을 기준으로 하는 설명도 있을 수 있다. 사람들이 법을 존중함으로써 함께 살아갈 수 있다든가, 더 나은 인간이 될 수 있다든가 하는 식으로 말이다. '원인'을 통해서는 설명을 한다. 하지만 '결과'까지 검토한다는 것은 좀 더 이해하려는 노력이다.

　원인 설명 모델은 정밀과학의 모델이다. 어떻게 해서 그렇게 되는가를 설명하는 모델인 것이다. 화학은 어떤 침전 현상을 원인을 통해 설명하려 한다. 과학은 원인이 아닌 결과 혹은 목적에 관심을 기울였기에 오랫동안 방황을 면치 못했다. 아리스토텔레스를 위시한 근대 이전 과학자들의 결과에 의한 해석 모델은 오히려 오늘날의 인문학 모델에 가깝다. 예를 들어 심리학은 인간 행동을 목적론적으로 이해하려 한다. 다시 말해 각 사람이 자신의 행동에 부여하는 의미에서 출발하여 이해하려고 하는 것이다.

　하지만 실제 사태는 좀 더 까다롭다. 심리학 같은 인문학에서 한 사람의 행동이 그가 추구하는 결과에 따라서 규명된다고는 하지만 그의 행동에도 '원인', 적어도 '그럴 법한 원인'은 있다(사회적 조건, 경기 상황 등). 그러므로 우리는 그러한 대립관계를 좀 더 자세하게 다듬을 수 있겠다. 물리학, 화학 같은 자연과학은 "어떻게?"라는 물음에 답하려 하기에 원인에 더욱 주목한다. 심리학, 역사학, 사회학, 철학 같은 인문학은 "왜?"라는 물음에 답하고자 하며 원인과 결과를 고찰함으로써 그에 답한다.

우연 vs 필연 vs 가능

한 청년이 열차를 놓쳤다. 그는 허겁지겁 플랫폼으로 뛰어갔지만 간발의 차로 열차는 이미 떠나고 말았다. 청년은 할 수 없이 다음 열차를 탔다. 그는 열차 안에서 한 아가씨를 만났고 훗날 그 둘은 부부의 연을 맺었다. 그들 두 사람은 '우연'에 감사할 것이다! 일어나지 않을 수도 있었을 것이 우연이다. 청년은 처음에 타려던 열차를 놓치지 않을 수도 있었고, 다른 여자를 만나 결혼할 수도 있었고, 계속 독신으로 살 수도 있었다. 자신에게 일어난 일을 제대로 가늠하기 위해서는 그 일을 우연한 것으로 생각해야 한다. 이것이 바로 고대 에피쿠로스학파의 철학적 방법이었다. 에피쿠로스주의자들은 우주의 존재를 우연적인 것으로 여겼다. 그러니까 세계는 물론이요, 우리도 존재하지 않을 수도 있었다. 하지만 기적적으로 우리는 존재하게 되었으니 마음껏 누리자! 카르페 디엠(Carpe Diem, 현재를 즐겨라)'의 심오한 뜻이 바로 이것이다.

청년과 아가씨는 먼 훗날 노부부가 되어 열차에서의 첫 만남을 회상했다. 그때 숫기 없던 청년은 열차에서 내리면서 안경을 떨어뜨렸었다. 청년이 들고 있던 안경을 놓쳤기 때문에 안경은 떨어졌다. 안경이 떨어진 것은 물체의 낙하법칙에 따른 '필연'이다. 필연은 '일어나지 않을 수 없음'을 뜻한다. '필연'과 '필요'를 혼동해서는 안 된다. 예를 들어 근시인 사람은 사물을 잘 보기 위해서 안경을 쓸 '필요'가 있다. 하지만 모든 근시가 안경을 쓰게끔 결정되어 있지는 않다. 따라서 이 경우에 '필연'이라는 말은 어울리지 않는다. 필연 앞에서 인간은 자유롭지 않다. 사람이든 안경이든 허공에 놓이는 순간 아래로 떨어지게 마련이다. 반면에 우연 속에서는 인간에게 행동의 여지가 있다. 인간에게 가능성이 열리는 것이다.

가능은 우연과 흡사한 데가 있다. '가능'은 일어날 수 있음을 뜻한다. 가능은 우리가 할 수 있는 것에 좀 더 강조점을 둔다. 가능은 우발성이기도 하지만 우리의 역량이라는 의미가 더 크다. 청년이 열차에서 그녀를 만난 것은 우연이었다(필연이나 운명이 아니었지만). 그 만남을 '가능한 일'이었다고 말한다면 우연에 끼친 영향력을 조금 더 강조하는 셈이다. 그 청년이 할 수 있었던 행동(모르는 여자에게 다가가기, 대화의 물꼬 트기), 즉 인간이 우연에 대해서 어떤 영향력을 끼쳤느냐에 주목하는 것이다.

믿음 vs 앎

한 남자와 한 여자가 서둘러 교회로 걸어간다. 그들은 미사 시각에 늦었다는 것을 안다. 여자는 교회에 가던 중에 불현듯 자신이 정말로 하느님을 믿는지 의문이 들었다. '그래, 난 하느님을 믿어.' 여자는 속으로 생각했다. 앎은 경험을 통하여 증명되거나 검증된다. 그들이 미사에 늦었다는 것을 '알기' 위해서는 휴대전화나 손목시계를 보고 시각을 확인하기만 하면 된다. 반면에 믿음은 그 실체가 가정에 지나지 않는 것을 대상으로 삼는다. 신, 타인의 감정, 내일의 날씨…… 우리는 이런 것들의 실체를 가정할 뿐이다.

우리는 전부를 알 수 없기 때문에 믿는다. 또한 우리에게는 한 번도 보지 못한 어떤 것을 머릿속으로 그려볼 수 있는 능력이 있기 때문에 믿는다. 동물에게는 믿음이 없다. 신은 모든 것을 알기 때문에 믿음이 없다. 따라서 믿음은 동물적인 것도, 신적인 것도 아니다. 그렇다면 믿음은 인간만의 고유성인가? 남자는 교회에 들어가기 전에 갑자기 아내가 지금도 예전처럼 자기를 사랑하는지 궁금해졌다. '그래, 난 그렇게 믿어.' 남자는 교회 문을 밀고 들어가면서 그렇게 생각한다. 사실은 확실하지 않은 일, 증명할 수 없는 일이므로 '앎'이 아니다. 믿음이 부정적으로 치달으면 경신(輕信), 맹신(盲信)이 되고 긍정적으로 나아가면 신뢰가 된다. 믿음의 아름다움은 바로 이 균형에서 나온다. 또한 이렇게 균형을 잡아야 하기 때문에 믿음이 어려운 것이다.

본질 vs 우유(accidentel, 우발, 비본질)

불화를 겪고 있는 한 부부가 고급 식당에 마주앉았다. 남편이 먼저 말을 꺼냈다. "내가 이 상황을 어떻게 보고 있는지 말해 보지. 우리 사이에서 중요한 것, 본질적인 것은 서로 사랑해서 결혼했고 두 아이를 낳았다는 거야. 지금 우리 사이가 나빠졌다는 것은 어쩌다 보니 우발적으로 이렇게 된 거지."

우리는 아리스토텔레스에게서 본질과 우유의 구분을 볼 수 있다. 만약 이 남편이 아리스토텔레스주의자라면 그는 '본질'이라는 말로 부부 관계의 근본적 성격, 다시 말해 그 관계를 정의하는 가장 중요한 것을 가리켰을 것이다. 또한 '우발(우유)'이라는 말로는 그 관계의 부수적인 성격, 그 관계를 정의하는 데 필요하지는 않은 성격을 가리켰을 것이다. 따라서 이 남편이 하고 싶은 말은 그들 부부의 관계가 애정과 두 아이들로 정의되며 지금의 일시적인 불화로 정의되지 않는다는 것이다. 아리스토텔레스는 "인간은 정치적 동물"이라는 말을 '동물' 과 '정치' 가 인간의 두 가지 '본질적' 성격이라는 의미에서 했다. 바로 그 두 가지 성격이 인간을 정의한다. 그렇다면 인간의 신체적 특성이나 감정적 특성, 운동을 즐긴다든가 화를 잘 낸다든가 하는 자질구레한 특성들은 '우유적인' 것에 지나지 않는다.

설명 vs 이해

"지금 10분째 설명하고 있는데 너희는 아무것도 이해 못하는구나." 선생님이 말한다.

설명한다는 것은 스스로 상대의 수준에 맞추려는 노력과 점진적 논증을 의미한다. 이해한다는 것은 정신의 깨달음이다. 그러므로 이해는 훌륭한 설명의 결과일 수 있다.

이러한 구분은 자연과학(물리학, 화학 등)과 인문학(심리학, 사회학, 철학 등)의 차이와도 관련된다. 자연과학의 대상은 자연이다. 이러한 학문은 자연의 사물들을 원인, 법칙 등으로 '설명' 하고자 한다. 인문학은 인간의 본성을 대상으로 삼아 인간을 '이해' 하려 하며 인간의 행동, 의도 등의 의미를 탐구한다. 이때, 설명은 합리적 원인을 찾는 것이며 이해는 우리가 연구하는 인간이 추구하는 목적성, 의미를 파악하는 것이라 하겠다.

막스 베버의 '이해사회학' 은 사회학자가 사람들이 자기 행동에 부여하는 의미가 무엇인가를 생각할 때에 인간의 일, 사회의 일을 비로소 이해할 수 있다고 본다. 이때부터 사회적 사태나 사회 속에서 개인들이 내리는 결정을 단순히 설명만 한다는 것은 불가능하며 이해하고자 노력해야만 한다.

반면에 뒤르켐은 "사회적 사실을 사물로서 취급하라."고 했다. 이때 그는 인문학(사회학)에 자연과학의 방법을 적용하려고 했기에 이런 말을 했던 것이다. 뒤르켐은 사회 내 개인들의 선택을 그들이 행동에 부여하는 의미를 고려하지 않은 채 이성적으로 설명하고자 했다. 뒤르켐의 기념비적 저작 《자살론》에서 이 의도는 잘 드러난다. 그는 자살을 일련의 원인들, 혹은 통계적인 가능조건들로 설명하고 자살자들이 자살이라는 행위에 어떤 의미를 부여하는가에 대해서는 고찰하지 않았다. 뒤르켐은 자살을 이해하려 한 것이 아니라 설명하려 했던 것이다.

> "우리는 자연을 설명하고 심리를 이해한다. [⋯] 그리하여 우리가 정신적 삶, 역사, 사회를 연구하는 방법들과 자연에 대한 지식으로 나아가는 방법들은 매우 달라진다."
>
> 딜타이, 《기술적 · 분석적 심리학의 이념들》

형상 vs 질료

망치를 예로 들어보자. '형상/형식'의 관점에서 망치는 날렵하게 생겼고 손잡이는 길쭉하며 머리는 두툼하다. '질료/물질'이라는 관점에서 망치는 나무와 쇠로 되어 있다.

아폴론을 표현한 조각상을 예로 들겠다. '형상/형식'의 관점에서 이 조각상은 비례가 완벽하다. '질료/물질'이라는 관점에서 조각상의 소재는 청동이다.

형상이 무엇을 담아내는 모양새라면 질료는 내용에 해당한다. 망치도 그렇고 조각상도 그렇고 일단 어떤 물질(소재)에 모양새를 부여한 것이다. 망치는 실용성을 목적으로 물질에 모양새를 부여한 것이고 조각상은 아름다움을 느끼게 하기 위해서 그렇게 한 것이다.

우리는 예술이나 기술 아닌 다른 것들에 대해서도 '형상/질료'의 구분을 적용할 수 있다.

그래서 칸트는 과학적 인식의 작업은 오성이 우리의 감각기관에 주어지는 것들을 분석하는 작업이라고 했다. 그러한 지각의 소여(所與)는 질료, 즉 재료에 해당하고 오성이 거기에 형식을 부여하는 것이다. 달리 말해 인간의 지성은 질료에 부여하는 형상을 통해서 드러난다.

진리를 정의할 때에도 이 구분을 적용한다. 우리는 반박할 수 없는 추론의 형식을 갖추었으되 그 내용은 없는 논리적 진리를 가리켜 '형식적 진리'라고 한다. 여기에 대립되는 것이 어떤 물질적 실체와 그것을 가리키는 말이 부합함을 뜻하는 '실질적 진리'다. "날이 맑다."라는 말과 그 상황에서의 날씨가 실제로 맞아떨어진다면 그 말은 실질적으로 참이다.

이제 "드문 것은 모두 귀하다. 잡종견은 드물다. 그러므로 잡종견은 귀하다."라는 추론을 살펴보자. 우리는 여기에서 논리적으로만 참인 주장의 위험성을 볼 수 있다. 이 추론은 내용상으로는 전혀 맞지 않다. 현실적인 내용을 전혀 참조하지 않고 있는 것이다. 이 추론은 '형식적으로만' 참이다. 따라서 형식적 진리는 참이 아닐 수도 있다. 또한 이처럼 대전제 – 소전제 – 결론으로 이어지는 연역적 추론방식을 '삼단논법'이라고 한다.

종 vs 개체

'개체/개인'은 더 이상 나눌 수 없는 존재로서 정의된다. 개체나 개인을 실제로 나누려 든다면 죽이고 말 것이다. 그러므로 개체/개인은 더 이상 쪼갤 수 없는 핵 같은 것이다. 이 책을 읽은 여러분 한 사람 한 사람은 개인이다. 한 사람을 별개의 두 존재로 쪼갤 수는 없다.

하지만 두 개인은 같은 종에 속한다. 생물학은 서로 결합하여 자손을 생산할 수 있는 두 존재는 같은 종이라고 정의한다.

여러분이 이 책을 덮고 나서 어떤 이성을 만난다고 치자. 그 이성과 훗날 자녀를 낳게 된다면 그것이 바로 두 사람이 같은 종에 속해 있다는 증거다. 인간은 원숭이와 흡사한 데가 많지만 같은 종은 아니다. 인간과 원숭이가 함께 자손을 볼 수는 없기 때문이다. 베르코르의 소설 《자연에서 벗어난 동물들》에서는 숲속에서 발견된 '트로피'라는 괴상한 동물들이 인간인지 원숭이인지 왈가왈부하는 장면이 나온다. 한 학자가 동료 여성 학자에게 최종 테스트를 제안한다. '트로피'와 교접해 보아 자식을 잉태할 수 있는지 시험해 보라는 것이다!

이상 vs 현실

한 여자가 여성잡지를 훑어보다가 '이상형의 남자는 있을까?'라는 기사에 주목했다. 여자 바로 옆에는 현실 속의 남자, 바로 그녀의 남편이 코를 골며 자고 있었다. 여자는 남편이 코를 골지 않으면 얼마나 좋을까 생각한다. 현실은 우리가 실제로 만나는 것이요, 이상은 완벽한 규준이다.

우리는 그 규준에 비추어봄으로써 현실이 이상적이지 않다는 것을 확인한다. 여자는 자명종을 내일 아침 일어나야 할 시각에 맞추고 불을 껐다. 하지만 좀체 잠이 오지 않았다. '이상형의 남자'는 틀림없이 코를 골지 않을 것이다. 하지만 남편에게는 '이상형'에게는 결코 없을 무엇인가가 있다. 남편은 손으로 만질 수 있지만 이상형은 그럴 수 없다. 남편은 변할 수도 있고 더 좋은 남편이 될 수도 있지만 이상형의 남자는 이미 완벽하기에 변하지 않는다. 여자는 그런 생각을 하며 미소를 짓다가 잠이 들었다.

그러니까 '이상형의 남자'는 쓸모가 없다. 그녀만의 시각에서 이상형의 남자가 어떤 판단의 기준이나 참고가 될 수는 있을 것이다. 또한 아내의 이상형이 남편에게는 더 멋진 남자가 되고 싶다는 자극을 줄 수도 있을 것이다. 이처럼 이상은 현실을 고무하고 이끄는 지평이다. 칸트가 이성적 관념(이상)의 조절 기능에 대해서 말한 것도 같은 맥락에서 보아야 한다. 이상은 현실을 제어하고 조절하는 용도로 쓰일 수 있다. 현실주의자들은 이 점을 너무 자주 잊곤 한다.

동일성(정체성) VS 평등 VS 차이

우리는 모두 다르다. 몸집, 사회적 수준, 성별, 외모 등에서 분명히 차이가 있다. 하지만 그러한 차이가 민주주의 안에서 정치적 평등을 누리는 데에는 방해가 되지 않는다. 우리는 투표를 하고, 사회적 안전을 보장받고, 공교육을 받는 등 동일한 권리를 누린다. 또한 기독교적 시각에서도 인간은 여러 가지 차이에도 불구하고 신 앞에 평등하다고 본다. 우리는 모두 피조물이며 신에게 심판을 받는 존재들이라는 것이다. 더구나 내세에서의 삶은 이러한 차이를 넘어선 평등을 담보로 한다. 하느님의 왕국에서는 부자도 없고 가난한 자도 없다지 않는가. 큰 자와 작은 자, 잘난 자와 못난 자가 따로 구분되지 않는다고 하지 않는가. 따라서 우리는 평등하면서도 서로 다를 수 있다. 법적으로는 평등하되 사실적으로는 차이가 있을 수 있다.

오늘날에는 차이를 인정해달라는 요구가 좀 더 거세다. 동성애자들은 '게이 프라이드' 같은 행사를 통하여 그들의 차이를 인정받고자 노력하고 있다. 그 밖에도 다양한 소수자 집단들이 이러한 '차이에 대한 권리'를 호소하고 있다. 이제는 우리 모두가 우리의 차이를 표현할 권리를 평등하게 누려야 한다는 데까지 사람들의 의식이 미쳤다고 볼 수 있을 것이다.

하지만 평등이 곧 '동일성'은 아니다. 우리가 법적으로 평등하다는 이유로 구체적 현실 속에서 모두 똑같이 살 수는 없다. 우리는 아마도 평등하겠지만, 동일하진 않다! 알렉시스 드 토크빌은 《미국의 민주주의》에서 민주주의는 평등과 균등을 혼동하게 만드는 경향이 있다고 비판했다. 우리는 이웃과 평등한 권리를 누린다는 사실에 기뻐하기보다는 사회적으로 더 높은 지위를 누리는 그 이웃과 '똑같은 차', '똑같은 집', '똑같은 보수'를 누리고 싶어 한다. 정치적 평등이 경제적, 사회적 차이를 수반한다는 사실을 받아들이지 못하는 것이다. '평등주의'의 위험이 여기에 있다. 알렉시스 드 토크빌은 우리의 독자성은 차이에서 나오는 것이므로 우리 모두를 동일하게 몰아가고 싶어 하는 민주주의 고유의 경향과 싸워야 한다고 지적하고 싶었던 것이다.

하지만 다행스럽기도 해라! 다른 사람들과 동일해지기 위해서는 먼저 자기 자신과의 동일성이 확보되어야 할 것이다. 이러한 동일성(정체성) 개념은 비록 우리가 살아가면서 계속 변할지라도 내면에는 변하지 않는 공통의 그 무엇이 있음을 전제한다. 그런데 그런 것이 정말로 있는지는 확실치 않다! 흄, 니체, 사르트르는 정체성 개념을 파괴한 철학자들이라고 할 수 있다. 그들의 저작을 읽다 보면 개인의 정체성이란 허울 좋은 속임수에 불과한 게 아닌가 생각된다.

> "나는 다수의 힘들이다. [⋯] 어떤 때에는 이 힘이, 또 어떤 때에는 저 힘이 전면으로 등장하여 자아의 외관을 취하는 것이다."
>
> 니체, 《사후 유고》

직관적인 것 vs 논증적인 것

논리적 추론, 증명, 명쾌한 철학 강의는 논증적이다. 다시 말해 여러 단계를 점진적으로 밟아나가면서 하나의 담론을 구조화한다는 뜻이다. 그리스어 '로고스(logos)'는 이성과 말(담화)을 동시에 의미했다. 더욱이 합리성 자체가 논증적이라고 할 수 있다. 반면에 어떤 사람이 '직관적'이라고 한다면 그 사람은 이런저런 단계를 거치지 않고 직접적으로 사물이나 상황을 파악한다는 뜻이다. 직관적인 사람은 바로 이해한다. 데카르트는 《정신의 지도를 위한 규칙》에서 직관을 '정신의 시선'이라고 했다. 반대로 논증적 추론은 '정신의 분석'에 해당할 것이다.

그렇지만 직관에도 두 종류가 있다. 우선 논증적 추론의 출발점이 되는 직관이 있다. 예를 들어, 나는 어느 날 직관적으로 무한한 신에 대해서 깨닫고 그 후에 신의 존재에 대해서 논증적 추론을 전개할 수도 있을 것이다. 또 다른 직관은 오히려 오랜 논증적 분석의 결과에 가깝다. 아르

키메데스가 "유레카(찾았다)!"를 외쳤을 때 그의 직관은 허공에서 뚝 떨어지지 않았다. 그 직관은 사유의 출발점이 아니라 오랜 고민과 모색의 결과 혹은 보상이었다.

객관 vs 주관

한 소년이 부모에게 고등학교를 중퇴하겠다고 선언했다. 소년은 화가가 되고 싶어 하는데 스스로 대단한 재능이 있다고 생각한다. 그러자 아버지가 반대했다. "물론 그렇게 생각할 수 있다. 하지만 재능이나 아름다움 같은 것은 몹시 '주관적'이야." 그러자 소년은 그의 작품을 아버지가 한 번도 보지 못했기 때문에 그러는 거라면서 자신의 재능을 '객관적'으로 증명하겠다고 했다. 소년은 작품들을 몇 점 완성해서 아버지에게 보여주었다. 아버지는 아들의 작품들을 흥미롭다는 듯이 감상했지만 그 정도로는 충분치 않다고 했다. 아버지는 아들의 솜씨가 썩 괜찮다고 보았지만 자신은 전문가가 아니라고, 게다가 겨우 두 사람만으로 어떻게 틀림없는 판단을 내리겠느냐고 했다. 그래서 아들은 화랑을 구해서 자기 작품을 많은 사람들에게 보여주기로 결심했다. 대부분의 관객들은 젊은 예술가의 독창성과 재능에 감탄했다. 아버지는 아들에게 다가가 정말로 그가 자랑스럽다고, 하지만 너무 이른 나이에 학업을 그만두도록 허락하기가 망설여진다고 했다. 아들은 몇 주 후에 화랑에서 언론 보도 스크랩을 받아왔다. 미술계와 언론계에서 인정받는 유명 미술평론가들이 그의 재능을 인정한다는 증거였다. 아버지도 언론보도를 보고서 아들의 재능이 이제 '객관적'으로 인정받았음을 알았다. 물론 이것은 과학적인 의미에서의 객관성(엄밀한 실험이나 통계에 의해 증명된 객관성)은 아니다. 하지만 모리스 메를로퐁티가 '다수의 주관성들이 서로 만나 빚어낸 결과'라는 뜻으로 말했던 객관성은 충분히 될 수 있다. 어쨌거나 아버지가 아들의 뜻을 허락하기에는 충분한 객관성이었다. 문제는 아들의 꿈이 바뀌었다는 거다. 아버지가 기껏 결심을 굳히자 아들은 화가보다는 변호사가 되고 싶다고 했다나.

의무 vs 구속

'납세'는 의무인가, 구속인가? 국가가 부를 재분배하는 것이 마땅하기에 나의 소득에 따라 일부를 내놓는 것을 자랑스럽게 생각하고 세금은 반드시 내야 하는 것으로 스스로 여긴다면 '의무'이다. 하지만 세율이 지나치게 높고 납세 기준에 동의할 수 없기에 내가 번 돈으로 국고를 채워줄 마음이 조금도 없다면 납세는 '구속'이 될 것이다(비록 법적으로는 납세가 의무일지라도 나에게 구속이 된다는 뜻이다!). 구속은 외부에서 오지만 의무는 내 안에서 온다. 내가 반항적이거나 반사회적 성격의 소유자라면 소득신고나 납세 같은 법적인 '의무'도 순전히 '구속'으로 여겨질 것이다. 그러나 내가 투철한 시민의식의 소유자라면 법적 의무를 온전히 다하고픈 마음이 있을 것이다. 물론 소득신고나 납세는 국가가 요구한다. 그러나 내가 그것을 마땅하다 여기고 자발적으로 그렇게 해야 한다고 생각하기에 법적 '의무'는 진정한 '의무'가 된다.

어떤 걸인이 무기를 들고 나에게 돈을 내놓으라고 협박한다면 나는 어쩔 수 없이(구속에 의해) 돈을 내놓는다. 그의 무기는 나에게 외부적인 것이다. 그는 무기를 써서 내가 자기 말에 따르도록 강요했다. 그러나 내가 어느 걸인에게 측은한 마음이 들어 돈을 주었다면 그 관대한 행동을 나에게 강요한 사람은 다름 아닌 나 자신이다. 나는 도덕적 의무라고 생각되는 바를 실천에 옮긴 것이다. 이처럼 진정한 의무에 있어서는 나에게 강요하는 사람이 나 자신뿐이다.

기원 vs 토대(근거)

우리 가족은 독실한 기독교 집안이라서 일요일에는 꼭 성당을 간다. 첫째 딸이 첫영성체를 할 때가 되어 교리교육을 받는다. 딸아이는 신앙고백도 했다. 그 아이의 신앙의 '기원'은 무엇인가? 아마도 부모의 종교생활, 그 아이가 어려서부터 받은 교육이 그 기원일 것이다. '기원'은 그저 시초를 뜻한다. 하지만 그 아이의 신앙의 '토대(근거)'를 찾는다면 단순한 시초나 맥락 그 이상을 살펴야 한다. 신앙을 갖게 된 좀 더 근본적인 원인, 정당하게 여겨질 만한 증거를 찾아야 하는 것이다. 이를테면 그 아이의 신앙의 근거는 신의 존재 그 자체라고 대답할 수 있겠다. 《도덕의 계보학》에서 니체는 기독교적 도덕이 역사적 기원은 있지만 근거는 없다고 말했다. 니체는 신이 존재하지 않는다고 보았기 때문에 기독교를 근본적으로 정당화할 만한 이유가 없다고 생각했다. 신앙의 기원만 강조하고 근거는 없다고 비판한다면, 결국 그 신앙은 사라질 것이다. 실제로 신앙에 근본적인 이유가 없다면 그 신앙은 언제고 사라질 수 있으니까. 물론 니체는 신앙을 그처럼 몰아내는 것이야말로 자신의 소명이라고 여겼다.

설득 vs 납득

청바지를 사야겠다는 생각이 들어서 오전에 쇼핑을 하러 나갔다. 청바지를 사가지고 집에 돌아와 다시 입어보니 허리는 너무 크고 허벅지는 너무 꼭 끼어서 거울에 비친 꼬락서니가 말이 아니었다. 아까 가게에서 바지를 입어보았을 때에는 점원이 몸매와 바지의 라인이 딱 맞아떨어진다는 둥, 이 옷을 입으니 기가 막히게 늘씬해 보인다는 둥 이 바지를 사야만 하는 이유들을 내 대신 늘어놓았었다. 그 점원이 나를 꼬드긴 것이다. 그는 내가 이 바지를 사게끔 '설득' 했다. 이 바지가 나에게 잘 어울린다고 '설득' 했다. 그런데 그의 말은 거짓이었다.

그때 엄마가 방에 들어와서 내가 오전 내내 쇼핑을 하러 나가놓고서는 너절한 청바지를 사왔다는 것을 알았다. 엄마는 내가 공부를 하기 싫어서 도피하려는 마음으로 쇼핑을 한 것 같다고, 오늘 할 일을 내일로 미루는 것은 무책임한 태도라고 했다. 엄마는 이번 시험이 나에게 얼마나 중요한지, 시험공부를 마치는 일이 얼마나 시급한지 강조했다. 그러고는 옷장을 열어 보이고 나한테 이미 청바지가 얼마나 많은지 보여주었다. 결국 나는 엄마 말씀을 '납득' 했다.

사실은 새 청바지가 그렇게 급하지 않았는데도 나는 빨리 청바지를 사야 한다고 스스로를 '설득' 하면서 해야 할 공부로부터 도피했던 것이다. 내가 엄마 말씀을 '납득' 한 이유는 엄마가 청바지 가게 점원처럼 말을 잘해서가 아니라 이치에 맞는 추론을 펼쳤기 때문이다. 나의 환심을 사려는 말이 아니라 논리적인 말, 참된 말이었기에 나도 납득할 수 있었던 것이다.

점원과 엄마의 관계는 프로타고라스 같은 소피스트들과 소크라테스 같은 철학자들의 관계와 마찬가지다. 소피스트는 설득의 대가요, 달변가이지만 진실하지 않다. 그는 A라고 주장할 수도 있고 A의 정반대를 주장할 수도 있다. 철학자는 진리에 대한 관심에 따른다. 그래서 상대를 설득시키기보다는 설령 처음에는 충격을 줄 수 있더라도 납득시키기를 원한다.

유사(닮음) vs 유비

어떤 사람이 어깨가 떡 벌어지고 얼굴도 투박한 것이 소를 닮았다고 치자. 하지만 그렇다고 해서 이 사람의 행동방식에도 소와의 '유비' 관계가 있으란 법은 없다(여자를 대하는 태도가 수소가 암소를 대하는 방식과 비슷하다거나).

닮음, 즉 유사성은 겉모습에만 해당된다. 비슷해 보이긴 하지만 그게 다이기 때문에 섣불리 적용해서 생각하면 안 된다. 유비는 좀 더 깊은 생각을 요구하며 종종 근본적인 행동방식을 규명하는 도구로 쓰이기도 한다. 닮음은 두 항(項)만의 관계다. 예시에 등장하는 '①남자'는 '②소'를 닮았다. 그러나 유비는 이 '①남자'가 '②여자'를 대하는 태도와 '③수소'가 '④암소'를 대하는 태도에 공통점이 있을 때에만 성립한다.

> "첫 번째 항에 대한 두 번째 항의 관계가 세 번째 항에 대한 네 번째 항의 관계와 같다면 유비가 성립한다. [⋯] 예를 들면 인생에 있어서 노화는 하루에 있어서의 황혼과 마찬가지다."
>
> 아리스토텔레스, 《시학》

이론 vs 실천

  '이론상' 민주주의는 국민주권, 즉 인민들에게 권력이 있음을 뜻한다. '실천적으로' 민주주의는 권력 경쟁을 선거, 권력에 대한 견제와 비판 가능성 등을 통하여 평화적으로 조직한 하나의 체제에 불과하다. 하지만 이론과 실천을 이런 식으로 대립시킨다면 지나친 단순화다. 실제로는 이론이 실천을 끌어낼 수 있다. 우리가 인민들에게 권력이 있다는 민주주의의 이론을 믿기에 실제로도 인터넷을 통한 의견조사, 참여 게시판 등을 통하여 우리의 권력을 행사하고자 노력할 수 있는 것이다. 반대로 민주주의가 실천적으로 권력 경쟁을 평화적으로 조직한 하나의 체제에 불과하다면 그 또한 민주주의에 대한 하나의 이론을 형성하는 것이다!

  '이론/실천'의 문제를 좀 더 파고들자면 실제로 사용되는 다양한 기술적 도구들이 이론을 구현한 것이라는 점도 생각해야 한다. 이를테면 원자력발전소에서 사용되는 입자가속기는 아인슈타인의 상대성이론을 거의 직접적으로 적용하여 만들어진 것이다.

> "판단력이 부족한 탓에 결코 자신의 삶에서 실천을 하지 못하는 이론가들이 존재할 수도 있다고 상상하자. 예를 들어 공부는 잘했지만 정작 조언을 해야 할 때에는 어떻게 할지 모르는 의사나 법조인이 있을 수 있다는 말이다."
>
> 칸트, 《이론상으로는 참이지만 실천적으로 아무 가치도 없는 것이 있을 수 있다는 진부한 생각에 대하여》

초월 vs 내재

여러분이 기독교인이고 우리와 세계를 넘어서 존재하는(우리의 지식이나 행동으로 완전히 파악할 수 없는) 신을 믿는다고 치자. 그렇다면 여러분은 '초월적인' 신을 믿는 것이다. 하지만 범신론자처럼 신이 자연에 있다고, 우리가 지각하는 만물에 있다고 믿는다면 '내재적인' 신을 믿는 것이다.

어떤 사람이 다른 사람을 죽이고도 법의 심판을 피했다. 하지만 여러분이 신의 정의를 믿고 그에게 천벌이 내릴 거라고 생각한다면 여러분은 초월적 정의를 믿는 것이다. 그러나 정의가 상황의 흐름에 따라 언제고 실현될 날이 있을 거라고 생각한다면(예를 들어 살인범이 후회하고 괴로워하며 살다가 비참하고 쓸쓸하게 죽어가는 것도 정의의 실현이라고 생각한다면) 여러분은 내재적 정의를 믿는 것이다.

보편 vs 특수

18세기 프랑스에 레몽 뒤랑이라는 목수가 있었다고 치자. 그는 '특수한' 개인이다. 그에게만 해당되는 고유한 속성들이 있다는 뜻이다. 그는 가구를 만들거나 물건을 사거나 여러 가지 활동을 하면서 다른 '특수한' 개인들과 관계를 맺는다. 이처럼 모든 대상은 그 자신의 특징을 가지고 다른 것과 구별되어 인지된다.

그러나 모든 대상은 다른 대상과 관계를 맺고 있으며 그들과 공통되는 특징도 지니고 있다. '내 집'에는 동네의 다른 집과 공통적인 특징이 있다. 동네의 여러 다른 집들은 모두 '집'이라는 공통점이 있다. '내 집'이나 '동네의 집'은 '집'에 대해서 '특수'이며 후자는 전자에 대하여 '보편'이다.

레몽 뒤랑은 나중에 혁명주의자가 되었다. 그는 이제 자유 같은 보편적 가치들을 믿게 되었다. 보편적 가치란 그와 직업이 같은 목수들에게만 의미가 있는 가치, 혹은 프랑스인들에게만 의미가 있는 가치가 아니다. '온 세상'에서 마땅히 통할 가치가 보편적 가치다.

플라톤

기원전 420-340년. 그리스 철학자. 소크라테스의 제자로서 어떤 저작도 남기지 않은 스승의 사상을 자신의 글로써 전달했다. 아카데메이아의 설립자이며 이데아 사상을 내세웠다.

플라톤은 천상을 '이데아들의 세계'로 보았다. 우리가 사는 세상은 '참된' 세상이 아니다. 참된 세상은 다른 곳에 있다. 이데아들의 세계인 천상이 바로 그 참된 세상이다. 이 세상에는 그 이데아들이 불완전하게 밖에 존재하지 않는다. 요컨대, 저 높은 곳에서는 '원리'들이 빛나지만 지상에서 우리는 이리저리 휘둘리고 미혹된 채 그런 원리들이 존재한다는 것만 다소 의식한다. 플라톤주의는 이처럼 우리가 사는 감각적 세계(mundus sensibilis)와 이데아들이 영생을 누리는 가지적 세계(mundus intelligiblis)의 구분에 근거한다. 감각적 세계에서 인간들은 외모와 성격과 품성이 모두 다르다. 그러나 천상에는 유일한 인간의 이데아가 있을 뿐이다. 인간이라는 존재가 무릇 어떠해야 하는가에 대한 하나의 원칙밖에 없다. 따라서 그 가지적이고 추상적인 인간의 이데아에 비추어 다양하고 구체적이며 감각적인 인간들을 심판하는 것도 가능하다.

플라톤주의의 이데아는 이상(理想)과 매우 흡사하다. 그래서 그의 이데아론을 '플라톤의 이상주의'라고 하기도 한다. 니체는 영원한 천국과 지상을 구분하는 기독교 사상이 플라톤의 이상주의를 대중화했을 뿐이라고 했다. 감각적 세계는 다각성, 다양성, 우연성, 상대성을 특징으로 하는 비본질적인 것의 세계다. 예를 들어 이 세상에는 높은 탁자, 야트막한 탁자, 침대머리 탁자, 식탁 등등 온갖 크기와 높이의 탁자들이 있다. 하지만 가지적 세계의 이데아들은 단일성, 필연성, 보편성, 불멸성을 특징으로 한다. 그 세계는 본질적인 것의 세계요, 이데아는 아마 '본질'에 비교될 수 있을 것이다. 따라서 그 세계에는 탁자의 이데아, 탁자란 모름지기 어떠해야 한다는 원리밖에 없다. 감각적 세계에서 수많은 탁자들을 자세히 관찰해봤자 탁자의 본질에 대해서 알 수 없다. 그보다는 '눈을 들어 천상을 바라보는' 방법이 낫다. 다시 말해 감각적 세계의 다양한 탁자들에게 등을 돌리고 탁자란 어떠해야 하는가를 자기 안에서 관조하고 사유하라는 뜻이다.

그렇다면 감각적 세계와 가지적 세계의 관계가 중요한 문제가 된다. 플라톤은 우리가 비록 이 세계에 있더라도 이데아들의 세계의 가치에 부합하는 삶을 살아야 한다고 말한다. 그런데 우리가 영원한 원리에 걸맞은 삶을 살 수 있는가? 오직 철학자만이 영원한 이데아들을 관조하고 우리의 행동방식을 살핌으로써 그에 부응할 수 있다. 감각적 세계와 가지적 세계의 관계라는 문제는 또 다른 방향에서도 제기된다. 지상에서의 삶에서 우리를 영원한 이데아로 이끌어주는 존재는 무엇인가? 플라톤은 《향연》에서 이 두 번째 질문에 대하여 답한다. 내가 끌리는 대상이 연륜이 있고 지혜로운 남자라면 그러한 아름다운 육체에 대한 욕망이 차츰 미(美)의 이데아를 향한 욕망, 나아가 진(眞)의 이데아를 향한 욕망으로까지 나아가게 된다는 것이다. 내가 욕망한 것은 그 육체가 아니라 그 육체의 '아름다움'이라는 것을 깨달을 때에 나는 첫 번째 단계를 뛰어넘고, 그러한 아름다움이 그 비례의 사실성에 있음을 깨달을 때에 또다시 한 단계를 뛰어넘는다. 결국 내가 욕망한 것은 어느 특정한 육체가 아니라 진(眞)이었던 것이다. 인간은 이러한 단계들을 밟아 이데아들의 천상으로 향할 수 있다. 하지만 이러한 기획은 그리 민주적이지 않다. 플라톤주의는 결국 지혜로운 사람들, 소수의 엘리트들이 이끌기 때문이다. 니체는 기독교가 누구나 천국에 갈 수 있다는 가르침으로 이러한 플라톤주의의 기획을 민주화했다고 보았다. 또한 교회는 개별적 현자를 대체했다. 그래서 기독교는 니체의 표현을 빌리자면 "민중을 위한 플라톤주의"다.

우리는 플라톤의 천상이데아론에서 출발하여 **인식론, 정치철학, 사회철학, 미학** 등 플라톤 철학의 모든 측면들을 살펴볼 수 있다.

철학의 정의 그 자체, '눈을 들어 천상을 바라볼 수 있는 능력'은 분명히 이데아론과 직결되어 있다. 현자의 순수한 관조적 시선은 인간 행동을 상대적으로 낮게 본다. 이제 우리는 몽테뉴가 인용한 플라톤의 놀라운 문장, 즉 "철학은 죽음을 배우는 것이다."를 좀 더 이해할 수 있을 것이다. 이 죽음은 '감각적 세계에서의 죽음', 비본질적인 다양성에 사로잡힌 육체의 죽음으로 봐야 한다. **인식론**에 있어서도 플라톤은 일견 놀라워 보일 수 있는 독창적 사상을 전개했다. 그는 모든 인식이 사실은 아득한 기억을 다시 떠올리는 재인식에 지나지 않는다고 했다. 이러한 플라톤의 상기설(想起說)은 《메논》에 잘 나타나 있다. 인간은 태어나기 전에, 그러니까 이 제한된 육체에 제한된 시간 동안 '떨어지기' 전에 이데아들의 세계에 살았다. 우리는 죽으면 다시 그 세계로 돌아가게 될 것이다. 따라서 태어나기 이전의 인간은 영원불변한 진리에 흠뻑 파묻혀 살았다. 우리가 이 세상에서 번쩍 정신이 나듯 무엇인가를 깨우치는 것도 사실은 탄생 이전에 접했던 진리를 '알아보는' 경험이다. 그래서 '인식'은 언제나 '재인식'이다. 우리가 이미 아는 것에 대한 기억을 되살리는 것이다. 인식은 상기다. 우리가 명백히 아는 것은 친근한 관념이요, 그러한 관념이 친근한 이유는 우리가 이 육체에 깃들기 전에 이미 그러한 관넘들과 더불어 살았기 때문이다. 그러므로 플라톤에게 죽음은 악이 아니다. 죽음은 우리는 무겁고 서툰 육체의 옹색한 한계에서 해방시키기 때문이다. 우리는 죽음으로써 불멸을 되찾는다. "철학은 죽는 법을 배우는 것이다."라는 말은 육신의 죽음으로 한계에서 벗어나기 전이라도 사유를 통하여 그 영원한 이데아들을 관조할 수 있다는 뜻이다. 그리스어로 '신체'를 '소마(soma)'라고 한다. 한편, '세마(sema)'는 '무덤'을 뜻한다. 플라톤은 기꺼이 이 비슷한 두 단어로 즐길 수 있는 말장난을 놓치지 않는다. 신체는 감옥, 영혼의 감옥이다. 하지만 그 무덤은 특별하다. 우리는 일정한 시간 동안만 그 무덤에 갇혀 지낸다. 우리를 육체에서 풀어주고 자유케 하는 것이 바로 죽음이다!

플라톤의 **정치철학**은 《국가》에 잘 나타나 있다. 그는 민주주의에 대해서 상당히 비판적이었다. 적어도 당대에 막 싹트기 시작한 민주주의의 초기 형태에 대해서는 그랬다. 그러한 비판도 그의 천상이데아론과 무관하지 않다. 플라톤은 민주주의가 권력을 제대로 알지도 못하면서 누리게 된 이들의 체제, 정치에 본질적으로 필요한 이데아(민중, 선, 정의 등)를 관조한 적도 없으면서 정치를 하는 이들의 체제라고 보았다. 그러한 민주주의를 지배하는 것은 이성이 아니라 정념이다. 민중은 권력을 집행할 만큼 교육을 받지 못했으므로 과거의 통치자들에 대한 원한에 따라 움직일지 모른다. 오히려 과거의 귀족들은 불의한 정치가 판치게 내버려두지 않을 것이다. 그래서 민주주의는 '폭정'으로 타락할 위험이 농후하다. 그래서 플라톤은 《국가》와 〈일곱 번째 편지〉에서 일관되게 철인정치론을 펼친다. 이데아들의 천상에서 정의의 이데아, 덕의 이데아를 관조한 철학자라야만 도시국가를 다스릴 왕의 재목이라는 것이다.

간단히 말해 원리의 지배를 받는 이들만이 능히 사람들을 다스릴 수 있다고 하겠다.

미학적 차원에서 플라톤은 "시인들을 도시국가에서 몰아내자!"고 말한다. 《국가》 제10권에서 침대 그림을 실제 침대와 침대의 이데아에 비교한다. 플라톤에 따르면 침대의 그림은 실제 침대보다 침대의 이데아에서 더욱더 멀다. 최소한 실제 침대는 잠잘 때 쓸모라도 있다. 실제 침대는 침대의 이데아에서 한 단계 멀리 있다. 즉, 진리는 아니지만 나름대로 용도가 있다. 침대를 만드는 장인은 쓸모 있는 침대를 만들려면 어느 정도 침대의 본질을 고려해야만 한다. 하지만 화가는 언제나 어떤 특수한 침대를 그릴 뿐만 아니라 자기 마음 가는 대로 특수한 각도에서 바라본 모습을 그리고 특수한 색깔을 칠해서 표현한다. 그래서 플라톤은 예술이 "진리와의 관계에서 한 단계 더 멀리에" 있다고 말한다. 예술작품은 침대의 본질에 연연하지 않으며 아무런 쓸모도 없다. 예술이 누리는 것은 거짓 자유요, 그러한 거짓 자유로 아무거나 자기 마음대로 할 권리나 '자격'을 삼는다. 그러한 예술은 허상의 예술이다. 침대가 아닌 것을 침대로 믿게 하는 눈속임일 뿐, 진리나 용도에 대한 관심은 조금도 없다. 실제로 플라톤은 당대 예술의 현혹적인 경향에 반대하는 입장이었다. 제우크시스라는 화가는 바위에 포도를 그렸는데 그 포도가 얼마나 사실적인지 비둘기들이 쪼아 먹으려 했다고 한다! 플라톤이 예술을 폄하하고 예술 비판의 철학적 전통을 수립했다고는 하나 플라톤과 예술의 관계, 특히 시(詩)에 대한 관계는 그렇게 단순하지 않다. 젊은 날의 플라톤은 시인지망생이었고 엄밀한 철학적 논증보다 신화, 이미지, 비유를 자주 끌어들였다. 사실 그는 대부분의 철학자들과 달리 진짜 글쟁이였다.

《소피스트》에서 플라톤은 이집트 예술을 현혹적 예술이라기보다는 모방의 예술이라고 옹호하면서 기존의 입장과 다소 차이를 둔다. 이집트 예술은 최소한 실제 사물의 비례를 그대로 모방하려는 노력에 충실했다는 것이다. 그는 이렇게 좋은 모방(이집트 예술에서처럼 인체의 각 부분을 가장 단순한 각도에서 충실하게 재현하려는 노력)과 나쁜 모방(당시의 그리스 예술에서처럼 실제 비례와 상관없는 모사)을 구분했다. 하지만 민주주의와 예술에 대한 냉담함, 그리고 이처럼 약간 수정된 예술관에서도 영원한 이데아에 충실하려는 경향, 참된 것에 대한 사랑은 항상 드러난다.

플라톤이 설립한 학당 아카데메이아의 문 위에는 "기하학을 모르는 자, 이 문으로 들어올 수 없다."고 적혀 있었다. 이 말은 참된 비례를 사랑하고 알기 원하는 자만이 이곳에서 공부할 수 있다는 뜻으로 받아들여야 한다. 기하학은 우리의 정서, 첫인상, 감각적 세계의 외관과 거리를 두고 참된 비례를 탐구하는 학문이기 때문이다. 수학이 학문의 여왕이라면 그 이유는 수학이 어느 학문보다도 사물의 감각적 측면을 배제하고 기하학적, 대수학적 순수 개념으로 사유하기 때문이다.

스승에게 충실했던 제자 플라톤은 《소크라테스의 변명》에서 이러한 진리에 접근하는 방법으로 '영혼의 산파술'을 제시한다. 이 기술은 일련의 질문, '촉구', 반어법 등을 통하여 대화상대가 편견에서 해방되어 이미 자기 안에 있는 진리를 깨닫게 한다. 요컨대 이미 아는 진리를 다시 '상기'하게 하는 기술이다. 그러나 플라톤은 이 작업의 어려움을 잘 알고 있었다.

저 유명한 '동굴의 비유'를 보라. 인간은 겉으로 보이는 것들에 매여 있다. 그들은 동굴 밖으로 나가본 적이 없기 때문에 동굴 벽에 비치는 그림자만 보고 그것을 실재로 착각한다. 철학자는 동굴을 박차고 나가는 사람이다. 그는 동굴 밖을 보았고 눈에 보이는 것의 허위성을 깨달았다. 하지만 그가 동굴에 돌아와 진실을 가르쳐주어도 사람들은 허상에 집착하여 철학자의 말을 믿으려 하지 않았다. 사실 플라톤도 당시에 대화편으로 큰 성공을 거두진 못했다. 우리는 오늘날 플라톤의 대화편을 고전 중의 고전으로 여기지만 사실 플라톤은 당대의 유명한 극작가들과 견줄 만한 대중적 호응을 갈구했고 자신의 대화편이 새로운 문학 장르의 효시가 되기를 바랐다. 하지만 그러한 바람은 이루어지지 않았다. 희극과 비극은 계속해서 관객을 끌어들였으며 시인들은 결코 '도시국가에서 쫓겨나지' 않았다. 반면에 플라톤의 대화편은 아는 사람들만 암암리에 아는 작품이었다. 하지만 플라톤은 아주 오랜 후에 확고한 명성을 얻었다. 영국의 철학자 화이트헤드가 "서양철학 전체가 플라톤의 대화편에 붙인 각주에 지나지 않는다."는 말을 남겼을 정도로.

아리스토텔레스

기원전 384-322년. 그리스 철학자. 의사의 아들이자 플라톤의 제자. 리케이온의 설립자이자 현실주의와 백과전서주의의 효시이기도 하다.

'호랑이새끼를 키운다.'라는 말이 있다. 아리스토텔레스는 플라톤의 제자로서 20년 가까이 아카데메이아를 드나들었다. 하지만 아리스토텔레스의 저작은 대부분 그의 스승 플라톤의 저작을 반박하는 입장을 취하고 있다.

플라톤이 영원불변하고 유일무이한 이데아들의 천상을 사랑한 철학자라면 아리스토텔레스는 지상주의자, 다수성의 철학자다. 플라톤은 끊임없이 감각적 세계를 외면하고 이데아를 관조하려고 노력했지만 아리스토텔레스는 감각적 세계에 밀착하여 관찰하기 위해 이 세계를 구성하는 다양성과 다수성에 주목했다. 아리스토텔레스가 그 어떤 철학자보다 유형론과 분류학에 애정을 보였던 것도 그 때문이다. 그는 인내심을 갖고 정확성을 기하여 동물, 인간의 특징, 정치 체제의 유형 등을 부단히 정리했다. 존재하는 모든 것의 백과사전적 지식을 수립하겠다는 거대한 계획이 있었기 때문이다. 아마도 아리스토텔레스는 백과사전적 야심을 최초로 품었던 철학자일 것이다. 플라톤은 눈에 보이는 것을 외면했지만 아리스토텔레스는 인식과 행동에 있어서 관찰과 감각이 갖는 가치를 재조명했다. 망치를 만들고 싶은 사람에게 망치의 이데아를 관조하는 작업이 과연 도움이 될까? 오히려 다양한 망치들을 직접 보고 관찰하는 것부터 시작해야 하지 않나? 최적의 정치 체제를 구상하려 할 때에도 정치의 원리 그 자체를 구하기보다는 기존의 다양한 정치 체제들을 살펴보고 교훈을 끌어내야 할 것이다. 하지만 이처럼 관찰, 감각, 경험의 가치를 재조명했다고 해서 아리스토텔레스를 단순한 경험론자로 보아서는 안 된다. 그는 인식의 다양한 영역들에 대해서도 또 다른 하나의 유형론을 전개했다. 그래서 수학 같은 순수이론의 영역과 물리학, 정치학, 도덕학 등의 실천적 영역(프락시스), 예술과 수공업 같은 생산의 영역(포이에시스)을 구분했다. 아리스토텔레스에게 이 영역들은 어느 하나가 다른 것보다 우위에 있지 않다. 모든 영역에는 나름의 관심, 특수성, 정합성이 있다. 플라톤이 수학을 모든 인간 활동의 진실을 밝히는 열쇠로 보았던 태도와는 상반된다. 그래서 아리스토텔레스는 자기만의 학당을 따로 설립할 수밖에 없었고 그 학당이 바로 리케이온이다. 리케이온은 아테네

인근의 한 숲속에 있었으며(동물과 식물을 관찰하기 좋은 입지를 골랐던 것일까?) 플라톤의 아카데메이아와 직접적인 대결구도를 보였다. 그러니 아카데메이아처럼 "기하학을 모르는 자, 이 문으로 들어올 수 없다." 같은 문구는 통하지 않았다! 오히려 리케이온에 어울리는 문구는 "다양성을 사랑하지 않는 자, 이 문으로 들어올 수 없다."쯤 되지 않을까. 다시 말해 플라톤주의자는 리케이온에 전혀 어울리지 않았을 것이다.

천상을 바라보는 플라톤과 지상을 관찰하는 아리스토텔레스의 대립은 두 번째 대립, 즉 우연성, '존재하지 않을 수도 있는 것'을 어떻게 보느냐로 이어진다. 우연은 인간 세상의 특징이다. 사람과 사람의 만남, 사회생활, 정치생활…… 우연이 깃들지 않는 구석이 없다. 여러분이 봄에 태어났다든가, 누군가를 만났다든가, 여러분이 싫어하는 후보가 대통령으로 선출되는 등의 그 모든 일은 '일어나지 않을 수도' 있었다. 우리가 사는 세상은 필연적 진리의 세상이 아니다. 플라톤은 필연(존재하지 않을 수 없는 것, 이데아)만을 보기 위해 우연을 폄하했지만 아리스토텔레스는 우리에게 그러한 우연을 외면하지 말고 현실로 만들라고 제안하고 우연에 대처하는 데 도움이 될 만한 조언을 준다. 조언이라는 말이 무색하지 않은 이유는 그의 《에우데모스 윤리학》이나 《니코마코스 윤리학》은 그야말로 실천철학이기 때문이다. 하지만 플라톤의 저작에서는 구체적으로 좀 더 잘살기 위해서 어떻게 하라는 조언을 발견하기가 힘들다. 아리스토텔레스의 저작은 그렇지 않다. 그의 저작 가운데 '프락시스'와 관련된 부분은 이 우연적 세계에서 살아나가는 데 필요한 지침이라고 해도 과언이 아니다. 인간이 계발해야 할 능력에 대해서도 두 철학자의 시각차가 보인다. 플라톤은 지적 성실성, 소크라테스적 반어법, 앎에 대한 사랑을 높게 친다. 아리스토텔레스가 높이 평가하는 능력은 좀 더 행동지향적이다. 기회(카이로스)를 포착하는 능력, 그가 '프로네시스'라고 불렀던 경험에서 우러난 실천적 지혜, 구체적 상황에 주의를 기울임으로써 계발할 수 있는 판단감각 등이 그러한 능력에 해당한다.

플라톤은 우연이 인간에게 의미도 없고 효용도 없다고 회피한다. 하지만 아리스토텔레스는 우연을 받아들일 뿐 아니라 우리에게 우연을 사랑해야 한다고 말한다. 우연에 대한 이 입장의 차이에서 출발하여 상이하고 대립적인 두 개의 인간관이 성립한다. **플라톤의 인간관은 인간의 이데아를 우리가 지향해야 할 완벽한 지평으로 제시하는 이상주의다. 아리스토텔레스의 인간관은 구체적으로 가급적 불완전하지 않게 살 것을 제안하는 현실주의다. 따라서 윤리와 도덕의 대립관계도 아리스토텔레스와 플라톤의 관계에서 처음 시작되었다고 할 수 있다.** 플라톤은 인간이 – 최소한 현자는 – 도덕이라는 기준을 따라야 한다고 보았다. 그 도덕이란 영원하고 보편필연적인 선의 이데아. 하지만 아리스토텔레스처럼 도덕보다 윤리를 우선시한다면 이 우연적인 세상에서 모든 행동의 기준을 선의 이데아에 두기란 불가능하다고 보고 언제나 시대와 상황에 맞게 최선의 방식으로 적절한 행동을 취하겠다는 뜻이다. 도덕은 우리에게 절대적인 선을 행하라고 요구하지만 윤리는 그저 끊임없이 변화하는 세상 속에서 '최대한' 선을 행하라고 요구할 뿐이다. 아리스토텔레스는 《에우데모스 윤리학》과 《니코마코스 윤리학》을 통하여 그러한 윤리의 창시자가 되었다. 따라서 그는 플라톤에 비해 자신이 사는 시대를 고려하는 사상가였다고 할 수 있다.

아리스토텔레스가 인간의 특질을 어떻게 정의했는지 살펴보면 좀 더 이해가 될 것이다. 그는 단 한 번도 어떤 미덕이나 자질(정의, 용기 등)을 그 자체로서, 일종의 절대성으로 정의한 적이 없었다. 그는 미덕이나 자질을 두 가지 결함에 상대적으로 비추어 제시한다. 다시 말해, 어떤 자질은 언제나 두 결함 사이의 중용이다! 예를 들어 용기는 무모한 만용과 비겁함 사이에 있다. 플라톤은 용기를 갖기 위해서는 용기의 이데아에 최대한 충실해야 한다고 말한다. 하지만 아리스토텔레스는 '저 높은 곳'에서 용기를 찾을 것이 아니라 우리가 사는 바로 이곳에서, 현실 속에서의 두 결함에 다 같이 거리를 두고 그 정치 체제를 찾으라고 말한다. 플라톤은 이상주의자다. 용감해지고자 하는 사람은 영원한 용기의 이상에 매달려야 한다. 아리스토텔레스는 현실주의자다. 용감해지고자 하는 자는 비겁하지도 않고 무모하지도 않은 적정선을 지키고자 노력해야 한다. 플라톤은 높은 곳을 바라보라 하고 아리스토텔레스는 중용을 지향하라 한다. 이 논쟁은 아직도 끝나지 않았다. 플라톤에게 올바른 판단을 내린다는 것은 이데아의 빛을 받아 현실을 제대로 보게 된다는 뜻이다. 아리스토텔레스에게 올바른 판단을 내린다는 것은 현실에서 출발하여 장차 규범이 될 만한 것을 – 비록 잠정적인 규범이지만 – 정한다는 뜻이다.

결국 현실과의 관계가 플라톤과 아리스토텔레스에게서 각기 다르다. 플라톤에게 감각적 현실은 무엇보다 외면해야 할 것이다. 그렇게 외면을 해야만 나는 나중에라도 현실로 돌아가 행동할 수 있다. 그러나 아리스토텔레스에게 현실은 내가 더 낫게 행동하기 위해 반드시 부딪쳐야만 할 것이다.

따라서 불가피한 결과의 차이가 나타난다. 정치철학으로 넘어가면 아리스토텔레스와 플라톤의 입장 차이는 더욱 두드러진다. 플라톤은 정치를 학문으로 보았다. 또한 학문의 여왕 수학을 알아야만 정치권력을 제대로 사용할 수 있다고 했다! 따라서 왕이 될 사람이 반드시 철학과 수학을 배우든가, 철학자가 왕이 되는 것이 합당하다. 도시국가를 다스리는 일에는 반드시 지식이 필요하다. 반면, 아리스토텔레스에게는 정치가 학문이라기보다는 기술이었다. 우리는 여기서 영역들을 혼동하지 않으려는 아리스토텔레스의 배려를 볼 수 있다. 그는 정치를 이론의 영역이 아니라 실천의 영역에 한정시켰다. 아리스토텔레스가 잘못 생각했다고 보기는 어렵다. 수학이 정치인들에게 무에 그리 쓸모가 있단 말인가? 학문은 필연적인 것을 다룬다고 했다. 하지만 정치적 인간은 우연적 세상에서 행동하지 않는가? 아리스토텔레스는 《정치학》에서 솔론과 페리클레스의 예를 들어 정치라는 기술에는 실제로 기술 이상의 재능이 좀 더 필요함을 보여주었다. 정치는 끊임없이 변하고 예측할 수 없는 일이 일어나는 세계 안에서의 일이다. 그러한 세계 안에서는 과거의 경험을 아무리 참고한다 해도 반드시 좋은 결정을 내린다는 보장이 없다. 과거의 경험은 기껏해야 우리가 절대 해서는 안 될 일을 가르쳐줄 뿐이다. 따라서 통치의 기술은 배워서 익힐 수 있는 것이 아니다. 아리스토텔레스는 정치를 가르치는 학교가 존재한다는 것 자체가 말이 안 된다고 생각했다. 그래서 모든 정치학술기관은 아리스토텔레스적이라기보다는 플라톤적이다! 그러나 명령의 기술은 학교에서 배울 수는 없어도 실전을 통해 갈고닦을 수 있다. 현실주의자 아리스토텔레스는 여기서도 다양한 상황들을 경험함으로써 날카로운 판단력, 상서로운 기회를 포착하는 감각이 나오며 '프로네시스(실천적 지혜)'가 고양된다고 본다. 역설적으로 《정치학》에서 아리스토텔레스는 이러한 프로네시스를 진정으로 구현하는 인물로 정치가 대신 의사와 배를 지휘하는 선장의 예를 든다(아리스토 텔레스의 부친은 의사였고 조부는 선장이었다). 이러한 경우들을 살펴보건대 정치에 학문이 필요하진 않지만 그래도 앎은 요구된다. 가능한 것이 무엇인지 알아야 하고 '카이로스'를 직관적으로 포착하는 감각이 있어야 한다. 의술을 행할 때에도 '카이로스'는 얼마나 중요한가. 의사는 너무 일찍 손을 써도 안 되고 너무 늦게 손을 써도 안 된다. 선장은 항해 경험이 풍부해야 하고 자기 배의 성능을 잘 알아야 하며 선원과 설비가 얼마나 오래 버틸 수 있을지 가늠해야 한다. 가급적 배와 사람을 위험에 빠뜨리지 않고 항구에 무사히 도착하는 것이 그의 목표다. 그러나 그가 아는 것만으로는 충분치 않다. 그에게도 재능이 필요하다. 아리스토텔레스는 플라톤과 달리 예측불가능성에 대단히 민감했다. 일기예보만 봐도 그렇다. 선장이 장차 도착할 지역의 날씨와 풍속을 정확하게 예측하기란 불가능하다. 그렇다면 어떻게 해야 하나? 해답은 없다. 그렇게 보자면, 정치는 하나의 학문으로 볼 수 없고 정치를 가르치는 학교도 있을 수 없다. 정치란 혁신을 일으키고 신속하게 대처해야 하는 일이다. 단순히 어떤 규칙을 적용하면 명쾌하게 판단이 설 수 있는 일이 아니란 말이다. 아리스토텔레스가 기후의 예측불가능성, 하늘의 고약한 변덕을 그토록 강조했던 것도 어쩌면 플라톤의 주장을 반박하는 하나의 방식이 아니었을까? '천상'에는 이데아 말고 다른 것들도 있다는 말을 하고 싶었던 것은 아니었을까?

정치철학에 있어서 민주주의에 대한 평가도 두 철학자의 차이를 잘 보여준다. 플라톤은 민주정을 냉혹하게 비판했다. 아리스토텔레스는 민주정을 옹호했다. 사실 아리스토텔레스와 스피노자는 서양 철학의 전통에서 민주주의를 진정으로 옹호한 몇 안 되는 철학자에 속한다! 우리는 지금까지 정치인 개인의 재능을 중요시하는 입장을 살펴보았기 때문에 아리스토텔레스가 그럼에도 불구하고 민주정을 옹호했다는 점에 놀랄 수도 있다. 하지만 속을 들여다보면 아무런 모순도 없다. 아리스토텔레스는 도시국가를 다스리는 일이 극도로 까다롭고 복잡하다고 보았다. 게다가 정치는 학문으로 해결할 수 있는 일도 아니다. 따라서 개인의 재능에서 답을 찾든가, 민주적 의사결정으로 답을 찾아야 한다. 좋은 판단은 그저 한 사람의 행위일 수도 있으나 집단의 합의에서 나올 수도 있다. 더욱이 민주적 의사결정에는 재능이 뛰어난 한 사람의 이성보다 더 많은 장점들이 있을 수 있다. 따라서 아리스토텔레스가 민주정을 옹호한 이유는 합리적 결정을 내리고 법을 제정하게 될 확률이 그만큼 높기 때문이었다. 아리스토텔레스의 생각은 단순하다. 플라톤은 민중은 정치를 할 만한 소양이 없다고 했다. 사실 그럴지도 모른다. 하지만 집단토론과 숙고의 과정이 그 부족함을 메워줄 수 있다. 한 장소(고대 그리스의 경우에는 아고라)에 모여 하나의 주제를 놓고 함께 토론할 때에 우리는 저마다 개인적 능력(이성과 언어)을 발휘한다. 우리가 우리의 인간다움을 제대로 실현으로 인간으로서의 능력을 계발하기 위해서라도 민주주의는 필요하다. 아리스토텔레스의 **"인간은 정치적 동물이다."**라는 저 유명한 말은 이러한 의미로 해석해야 한다. 인간은 정치 없이는, 정치를 하기 전에는 '잠재적으로만' 인간이다. 민주적 토론과 숙고의 과정을 통하여 인간은 '현실적으로도' 인간이 된다. 인간은 인간다움을 실현하기 위해 정치를 필요로 하니까 정치적 동물이다. 동물이 인간이 되기 위해 더 필요한 것이 있다면 그게 바로 정치라는 말이다. 물론 어디까지나 이성과 언어를 계발하는 정치라는 전제에서 말이다. 인간은 아마도 말을 하는 동물이기 때문에 정치적 동물이기도 할 것이다. 말을 하지 않는다면 '더불어 잘산다는 것'에 대해서 함께 논의할 수도 없다. 민주적 토론은 인간들이 '공존'하며 이성과 담론(논증적 합리성)을 계발할 수 있게 하고 우리를 강한 정서적 유대관계로 묶어준다. 이러한 '필리아' 혹은 정치적 우애는 오늘날 흔히 말하는 '연대'와 흡사하다. 그래서 아리스토텔레스의 정치철학은 민중을 주저 없이 '큰 동물'이라고 불렀던 플라톤과는 매우 동떨어진 결론에 도달한다.

아리스토텔레스와 플라톤의 차이는 민주적 토론과 철학적 대화의 차이이기도 하다. 민주적 토론이 도출하는 진리는 그 토론에 미리 앞서 존재했던 것이 아니다. 반면에 소크라테스가 영혼의 산파술을 써서 대화상대가 진리를 '낳도록' 했다는 것은 어쨌든 그 대화상대의 내면에 진리는 이미 존재했고 철학적 대화는 '수면으로 끌어올리는' 역할만 했다는 뜻이다. 요컨대 플라톤에게서는 진리가 대화에 앞서 존재한다. 아리스토텔레스에게 진리는 토론과 숙고의 과정을 통해 만들어지는 것이다. 물론 플라톤의 철학적 대화에서도 진리를 깨닫기 위해서는 다른 사람들과 함께 있어야 할 필요가 있다. 그러나 아리스토텔레스의 경우에는 '함께 있음'이 다른 의미에서 좀 더 큰 힘을 갖는다. 우리는 같이 있음으로써만 이성을 계발하고 '잘산다는 것'에 대한 문제를 제기한다. 그래서 우리는 '정치적 동물'이다. 그게 진정한 민주주의다.

물론 아리스토텔레스 철학에도 구태의연하거나 완전히 오류로 판명된 측면들이 있다. 예를 들어 그의 목적론이 그렇다. 사실 아리스토텔레스는 자연에 존재하는 사물들의 제일원인이 그 사물들이 추구하는 궁극적 목적에 있다고 보았다. 식물은 자라는 것이 목적이요, 늑대는 양을 잡아먹는 것이 목적이다. 요컨대, 자연은 어떤 일도 헛되이 행하지 않는다. 그러나 자연과학을 이처럼 궁극적 목적 개념으로 파악함으로써 아리스토텔레스는 원인과 목적을 – 원인과 의미를 – 혼동하고 말았다. 덕분에 자연과학이 진정한 원인을 규명하기까지 참으로 오랜 시간이 필요했다. 하지만 아리스토텔레스는 더러 오류를 범하면서도 전반적으로 놀라운 업적을 이루어냈다. 그는 민주적 토론의 의미를 발견했고 당대에 걸맞게 인간주의를 정의하는 몇 가지 가치들도 수립했다. 그는 윤리학의 창시자이자 논리학, 생물학 같은 지식의 전반적인 영역들을 정립했다.

심지어 간접적으로는 '형이상학'이라는 단어도 아리스토텔레스에게서 유래했다고 볼 수 있다. 로도스 출신의 안드로니코스는 아리스토텔레스 사후 3세기 후에 이 위대한 철학자의 수많은 저작들을 전집으로 묶었다. 그는 이 어려운 작업에 임하면서 먼저 자연적 세계(동물, 식물 등)를 다룬 저작들을 한데 분류했다. 그 후에 존재, 신(세계의 제일원인)을 다루는 저작들을 한데 묶어서 그냥 '메타(~후에)'라고만 썼다. 이리하여 '자연학(physique) 후에'라는 말에서 '형이상학(métaphysique)'가 나왔다! 머지않아 '메타'는 단순히 '~후에'라는 뜻이 아니라 '~을 넘어서서, ~을 초월하여'라는 뜻을 갖게 되어 오늘날과 같은 형이상학의 의미가 수립되었다. 형이상학적 문제란 물리적 세계를 넘어선 것과 관련된 문제다. 이를테면 신, 세계의 기원, 사물의 궁극적 존재이유, 영혼의 불멸성 같은 이런 것들이 형이상학의 소관이다.

데카르트

1596-1650년. 프랑스의 철학자이자 수학자. 방법적 회의와 잠정적 도덕의 창시자로서 오성의 한계와 신의 존재를 동시에 증명했다!

데카르트는 철학의 궁극적 경험이다. 그는 모든 것을 첨예하게 의심했던 사상가로서 지식을 새롭고 견고한 기반에 다시 정초하기 원했다. 오늘날 '데카르트적(cartésian)'이라는 형용사가 연상시키는 비루한 합리성을 생각해서는 안 된다.

이 경험은 일단 의심의 경험이다. 데카르트는 우선 모든 것을 의심하는 데서 출발한다. 그의 목표는 어떤 의심에도 흔들리지 않는 것에 지식을 정초하는 것이다. 물론 그럴 만한 것이 있어야 하지만 말이다.

오래되어 거의 다 썩은 사과들을 담아놓은 바구니가 있다. 썩은 사과들을 버리기로 했다가 그중 몇 개를 깜박 잊어버린다면 멀쩡한 사과까지 같이 썩게 내버려둘 위험이 있다. 몇 개의 썩은 사과를 버렸던 것은 아무 소용도 없다. 어차피 바구니 속의 사과들은 다시 썩어 있을 테니까. 데카르트의 방법은 모든 사과들을 하나하나 꼼꼼히 살피고 확실히 성한 사과들만 바구니로 돌려보내는 것이었다. 그는 행여 성한 사과가 하나도 남지 않을지라도 그렇게 모든 사과를 의심해보기로 했다.

데카르트가 대단한 것은 바로 이러한 용기 때문이다. 의심은 토대의 견고성을 확인하기 위한 방법이지, 의심이 데카르트 철학의 궁극적 목적은 아니다. 엘리스의 피론처럼 끝까지 의심을 거두려 하지 않았던 고대의 회의론자들과 데카르트가 분명히 다른 점이 바로 여기에 있다. 그러나 의심이 진리를 정초하기 위한 수단이요, 방법이었을 뿐이라 해도 데카르트의 근본주의적 성격은 유효하다.

누가 세계가 실재한다고 나에게 증명할 것인가? 꿈을 꿀 때에도 나는 세상이 있다고 생각하지만 그 꿈속의 세상은 존재하지 않는다. 그런데 지금도 내가 꿈을 꾸는 중은 아닐까? 누가 나에게 나의 몸, 내 앞의 물잔이 실재한다고 증명해줄까? 손을 뻗어 만질 수 있으면 그걸로 충분할까? 사막에서 기진맥진한 사람은 신기루를 보고 진짜인 줄 안다. 내가 촉각을 믿듯이 그는 자신의 시각을 믿은 것이다. 나와 그 사람에게 다른 점이 뭐가 있는가? 따라서 자신의 감각을 믿고 확실성을 정초할 수는 없다. "감각은 우리를 속인다."라고 데카르트는 결론을 내린다.

데카르트는 밀랍의 예를 들어 설명한다. 나는 감각을 통하여 밀랍 조각을 만지고, 냄새 맡고, 눈으로 보고, 원한다면 맛을 볼 수도 있다. 밀랍 조각은 차갑고 단단하며, 살짝 기분 좋은 냄새가 나고, 불그스름한 빛을 띠며, 맛은 그다지 좋지 않다. 데카르트는 감각을 믿을 수 없다는 것을 보여주기 위하여 그 밀랍 조각을 불에 가까이 가져가보라고 말한다. 밀랍은 뜨겁고 물렁해져서 더 이상 쥐고 있을 수조차 없게 된다. 또한 냄새도 달라지고 눈에 보이는 형태나 색깔마저도 달라진다. 이제 밀랍의 맛을 보기란 불가능하다. 그렇다면 이 밀랍 조각의 진실은 무엇인가? 그에 답하려면 나의 감각에서 온 것을 모두 거부해야 할 것이다. 나에게 필요한 것은 생각이다. 정신이 내면을 들여다보아야 한다. 모든 것을 의심하더라도 내가 의심하고 있다는 이 생각만은 남는다. 그렇다면 이것이 가장 견고한 토대가 아닌가? 내가 의심하는 순간에조차 나는 내가 의심한다는 것을 생각한다. 여기에는 반박의 여지가 없다. 따라서 나는 모든 것을 의심할 수 있으나 나는 여전히 '생각하는 것'으로 남는다. 나의 존재가 꿈이나 목마른 자의 신기루가 아니라는 증거, 그건 바로 내가 생각한다는 사실이다. 사막에서 기진한 사람에게도 한 가지 확실한 것은 있다. 그가 본 오아시스는 신기루일 수도 있지만 그가 주위의 모든 것을 의심하기 시작한다 해도 그의 의심은 한계에 부딪친다. 어쨌든 그도 생각을 한다는 것만은 분명하기 때문이다. 이리하여 **"나는 생각한다, 고로 나는 존재한다."**라는 데카르트의 유명한 명제가 등장한다.

데카르트의 근본주의가 이 안에 집결되어 있다. 대부분의 사람들은 "나는 느낀다, 고로 나는 존재한다."라고 말하고 싶을 것이다. 사유와 철학은 여기에서 일종의 강렬한 실존적 경험으로 제시되고 있다. 데카르트는 고대의 영성훈련과 기독교의 명상 전통에 입각해 있다. 그러한 훈련과 명상은 단순한 이론적 사색이 아니라 강렬한 실존적 경험이다. 데카르트 철학에도 이미 실존주의적인 면모는 있다!

사실 데카르트의 작업에는 서로 역설적인 관계에 있는 두 가지 태도가 있다. 한편으로는 모든 것을 의심하고 세계의 존재 자체를 의문시하는 급진적이고 첨예한 태도가 있다. 다른 한편으로는 신중하고 다분히 상식적인 선에서 벗어나지 않는 합리성이 있다. 이 두 측면이 서로 얽혀 있을 때가 많기는 하지만 《성찰》이 혁명적이고 급진적인 데카르트를 보여준다면 《방법서설》은 상식을 설파하는 신중한 데카르트를 보여준다. 데카르트 자신도 "상식은 세상에서 가장 공평하게 분배되어 있다."고 하지 않았던가.

데카르트는 1637년에 《방법서설》을 집필했다. 그는 이 책을 누구나 읽을 수 있게 하려고 라틴어가 아니라 프랑스어로 썼다. 이 책은 편견에 휘둘리지 않는 사유에 필요한 네 가지 규칙을 제시한다. 상식을 구사하는 법을 가르쳐주는 이 규칙들은 놀랄 만큼 단순하다.

첫째, 자명한 것에서 출발한다. 단, 겉으로 보기에만 자명한 것이 아니라 '주의 깊은 정신'으로 살피기에도 자명한 것이어야 한다.

둘째, 문제를 가장 단순한 부분들로 세분한다.

셋째는 종합의 규칙이다. 단순한 것에서 복잡한 것으로 나아가며 문제를 풀어야 한다.

넷째, 추론을 다시 검토한다. 열거를 통해 빠뜨린 것이 없는지 확인한다.

요컨대, 이 네 가지 규칙에서 혁명적인 것은 없다! 수학적 증명에 대한 정의도 마찬가지다. 데카르트는 수학적 증명이 늘 두 단계를 거친다고 보았다. 일단, 직관의 단계가 있다. 자명한 공리는 증명하는 것이 아니라 직관으로 아는 것이다. 그다음에는 연역의 단계가 있다. 너무 빤한 얘기 아닐까?

그렇다면 왜 이토록 상식이 넘치는 철학자가 신의 존재를 증명하겠다는 야심을 품었을까? 왜 데카르트는 그렇게나 열심히 우리 오성의 한계를 보여줌으로써 궁극적으로는 무한한 것이 존재함을 증명하려고 했을까?

역설적으로 보일지 모르지만 사실은 그렇지 않다. 데카르트는 제한된 우리의 오성에서 출발하여 신에 도달한다. 좀 더 정확히 말하자면 우리 안에 무한한 존재에 대한 관념이 있고 신에 대한 관념이 있다는 사실에서 출발하는 것이다. 그 점에 대해서는 누구나, 심지어 무신론자까지도 인정할 준비가 되어 있다. 인간은 신에 대한 관념을 품을 수 있다. 그런데 데카르트는 우리가 생각할 수 있는 모든 관념은 세계 속에서의 유한한 경험을 바탕으로 형성된다고 보았다. 인간은 유한한 오성과 그가 아는 유한한 것에서 출발하여 유한한 관념들을 만든다. 인간은 혼자 힘으로 무한에 대한 관념을 형성할 수 없다. 따라서 무한을 생각할 수 있는 어떤 무한한 존재가 그러한 관념을 우리에게 더해준다고 보아야 한다. 그러므로 신은 존재한다. 이것이 바로 데카르트의 신 존재 증명, 성 안셀무스에게서 영향을 받은 소위 '존재론적 증명'이다. 여기서 데카르트의 사유의 순수한 '실험'에 주목하자. 그는 관념에서 출발하여 모두가 이해할 수 있는 몇 단계의 추론을 거쳐 무한한 신의 필연적 존재라는 결론에 도달한다!

물론 데카르트의 신앙과 그의 합리주의 철학의 관계를 문제삼을 수 있다. 《방법서설》의 제1규칙이 자명한 것에서 출발하라는 것이었다. 또한 데카르트는 수학적 진리가 일차적으로 자명한 것(공리)에 근거해야 한다고 했다. 하지만 우리는 왜 자명한 것을 알 수 있을까? 데카르트는 신이 인간 정신에 '본유관념(선천적 관념)'을 마련해주었기 때문에 인간은 자명한 것을 알 수 있다고 대답한다. 하지만 '본유관념' 덕분에 우리가 신 존재 증명 단계를 밟을 수 있다면 결국 신이 있기 때문에 신이 있음을 증명할 수 있다는 말과 뭐가 다른가! 증명을 하기도 전에 신의 존재를 전제한 셈 아닌가?

데카르트의 신 존재 증명이 설득력이 있든 없든 간에, 이 증명을 떠받치는 무한과 유한의 변증법은 지금까지도 흥미로운 철학적 주제다. 우리의 정신은 유한하나 무한한 것을 생각할 수 있다. 우리의 정신은 유한하나 무한히 계발할 수 있는 능력이 있다. 그 능력이 뭘까?

상상력은 아니다. 우리는 종종 상상력이 무한하다고 생각하곤 하지만 데카르트는 인간이 언제나 세계 내의 경험에서 비롯된 현실적 이미지들을 결합하면서 상상한다고 보았다. 우리는 분홍색 코끼리를 상상할 수 있다. 이러한 상상이 기상천외하기는 하지만 사실 '분홍색'과 '코끼리'를 결합한 것뿐이다. 따라서 상상력은 결코 무한히 뻗어나가지 않으며 우리의 인식에 제약을 받을 것이다.

감각도 무한히 계발할 수 없다. 감각은 매우 제한된 범위에서 지각으로 이어진다. 인간의 시력은 부엉이의 시력만 못하고 인간의 청력은 개의 청력만 못하다.

인간의 오성도 제한적이다. 그래서 데카르트는 인간이 무한히 계발할 수 있는 유일한 능력이 '의지'라고 결론 내린다. 실제로 우리는 언제나 더 많은 것을 바랄 수 있다. 좀 더 좋은 것을 바라는 우리의 능력에는 한계가 없다. 따라서 우리는 의지를 통하여 신을 닮을 수 있다. 인간은 유한한 오성과 무한한 의지라는 두 가지 특성으로 정의된다. 인간 안에는 유한(오성)과 무한(의지)이 다 있다. 데카르트주의는 제한된 것과 제한되지 않은 것, 유한과 무한의 변증법이다.

우리는 인간에 대한 이 새로운 정의에 힘입어 데카르트적 사유의 방법론을 좀 더 잘 이해할 수 있을 것이다. 또한 이 사유의 부정할 수 없는 독창성, 자유의 철학을 이해할 것이다.

데카르트의 말대로 인간에게 '본유관념'이 있고 상식이 있다면 우리 인간은 왜 이토록 자주 오류를 범하는가? 데카르트는 우리가 자유롭기 때문이라고 말한다! 이 자유는 우리의 의지와 오성을 분리할 수 있다는 데 있다. 달리 말하자면, 의지는 무한하기 때문에 오성의 한계를 넘어서는 것까지도 원할 수 있다. 사람이 종종 자기가 알지도 못하는 것을 얘기하는 이유도 오성이 정해놓은 한계를 의지가 지키지 않기 때문이다. 따라서 의지가 이유 없이 결정하는 것이 곧 자유의 부정적 사용이다. 신을 탓해봤자 소용없다. 우리가 과오를 범하는 이유는 오성의 한계 안에서 원하지 않았기 때문이니까. 그래서 데카르트의 의지론은 상당히 미묘하다. 우리는 무한한 의지 덕분에 신을 닮을 수 있으나 바로 그 의지 때문에 과오를 범하기도 한다.

하지만 진정한 자유는 오성과 의지가 조화롭게 작용하도록 한다. 이성의 명령에 따라 의지를 행사하는 것이다. 데카르트는 욕망과 거리를 두고 이성적으로 중재하며 숙고를 거친 후에 선택할 수 있는 능력이 곧 '자유의지'라고 했다. 이때 의지의 역할이 결정적이다. 이성의 중재가 이루어지기 전까지는 욕망하지 않을 수 있어야 한다. 오성의 결정에 걸맞게 욕망할 수 있어야 한다는 얘기다. 이것은 오성이 할 수 있는 것과 의지가 할 수 있는 것을 조율하는 또 하나의 실존적 경험이다.

데카르트는 참으로 여러 가지 비난에 시달리는 철학자다. 특히 근대인이 자연과 잘못된 관계를 맺게 된 이유가 데카르트 철학에 있다는 비난은 꽤 널리 퍼져 있다. 데카르트는 '관성의 법칙'을 정식화한 물리학자이기도 하다. 실제로 그는 인간을 '자연의 주인'으로 제시하기도 했다. 사실 그는 '형이상학자'이기도 했으므로 자연은 물질의 순수한 연장일 뿐 신성한 형이상학적 측면이 없다고 생각할 만도 했다. 그러니 우리는 자연을 연구하고 우리의 삶을 구체적으로 개선하기 위해 얼마든지 기술을 발전시켜도 괜찮다. 하지만 여기에서도 중요한 것은 사고실험이다. 데카르트는 당대의 미신적 습속, 자연이 어떤 목적이나 의도를 갖고 있다는 생각과 싸우기 위해서 동시대인들에게 자연을 단순한 물질의 연장으로 보아야 한다고, 인간이 자연의 소유자이자 주인인 '것처럼' 생각해야 한다고 강조했다. 사실 데카르트에게 자연의 진정한 소유자이자 주인은 오직 신뿐이었다.

데카르트는 '~인 것처럼' 사유하는 방법의 대가였다. 인간에게 사고 실험을 제시하는 데 '~인 것처럼 생각해보기' 보다 더 좋은 방법이 어디 있겠는가. 《방법서설》에서 그는 잠정적 도덕의 네 가지 격률을 제시한 다. 의심스러운 상황에서의 행동 지침이라고 할 수 있는 이 격률 속에서 도 '~인 것처럼 생각하기'를 찾아볼 수 있다.

첫째, 자국의 관습을 좋을 것.

둘째, 결정을 내릴 때에는 그 결정이 '최선인 것처럼' 과단성 있게 행동할 것.

셋째, 최대한 자신의 욕망을 충족할 수 있는 방향으로 행동하되 그럴 수 없다면 세계의 질서보다 자신의 욕망을 바꾸도록 노력할 것.

넷째, 진리를 추구할 것.

두 번째 격률에서 '~인 것처럼'의 방법이 보인다. 어떤 결정이 좋은 지 나쁜지는 오직 신만이 안다. 우리는 신이 아니지만 행동을 해야만 한 다. 그래서 의심을 모르는 신의 눈으로 파악한 '것처럼', 그 결정이 객관 적으로 최선인 '것처럼' 행동한다. 더구나 그렇게 하면 실제로 그 결정 이 최선이 될지도 모른다! 유한한 오성을 최대한 발휘하여 숙고하고 일 단 결정했으면 의지를 다하여 밀고나가라. 언제나 두 발로 힘차게 걸어 가며 균형을 잃지 않도록 힘쓰라. 한쪽 다리(유한한 오성)는 너무 짧고 다른 쪽 다리(무한한 의지)는 너무 길고 위험하니 균형을 잡는 기술이야말로 데 카르트의 인간관이라고 하겠다.

스피노자

1632–1677년. 네덜란드의 철학자. 원래는 랍비가 되기 위해 탈무드를 공부했으나 나중에는 신을 완전히 재정의하기에 이른다. 그 때문에 유대교사회에서 추방당하고 렌즈를 연마하는 일로 생계를 유지하며 근근이 살았다.

스피노자의 천재적인 업적을 요약하자면 신을 전면적으로 재정의하는 작업이었다고 말할 수 있다. 그에게 신은 "무한한 속성을 지닌 정합적 실체"(《에티카》 1장 정의6)였다.

또한 그의 업적은 인간의 허상에 대한 첨예한 비판이었다고 할 수 있다. 이 두 가지 소개가 동시에 가능할 것이다. 인간의 허상에 대한 비판이 스피노자를 필연적으로 신의 재정의로 이끌었다고 말이다.

철학자가 미신에 대한 공격에서 출발하여 신에 대한 재정의에 이르렀다고 해도 - 게다가 무신론자로 찍혀 공동체에서 추방당했다 해도! - 놀라운 일은 아니다. 스피노자는 누구보다 철저하게 자신의 동기를 분석했다. 인간은 자신이 느끼는 희망이나 두려움을 설명할 수 없으면서 그러한 대답 없음을 참지 못하기 때문에 허구적 존재들에서 이유를 찾으려 한다. 요컨대, 인간은 자신의 정동(情動)의 진짜 원인을 찾지 못해서 신의 존재, 그 신의 의도 따위를 상정하는 것이다. 스피노자는 이처럼 진짜 원인에 대한 무지가 미신의 기원이라고 보았다. 그는 미신을 비판하면서 인간의 세 가지 허상을 지적한다. **목적론적 착각, 인간중심적 편견, 의인론적 신관이 그 허상에 해당**한다.

목적론적 착각은 '궁극원인에 대한 착각'이다. 이러한 착각은 사물을 사실상 존재하지도 않는 목적을 바탕으로 설명하려 한다. 곡식을 잘 자라게 하기 위해서 비가 내린다든가, 앞을 보게 하려고 눈이 있다든가 하는 식의 주장이 그렇다. 사실은 비가 내려서 곡식이 잘 자라는 것이고,

눈이 있으니까 볼 수 있는 것이다. 따라서 미신을 타파하려면 진정한 원인을 알아야 한다.

인간중심적 편견은 목적론적 착각과 자주 짝을 이루곤 한다. '인간들을 벌하려고 벼락이 떨어진다.'는 생각은 있지도 않은 목적을 가정하는 동시에 벼락이 두더지나 멧돼지에게 떨어질 수도 있는데 굳이 인간을 겨냥하는 것처럼 가정한다. 이것은 우리가 항상 인간을 중심으로 생각하기에 빚어진 허상이다.

의인론적 신관도 비슷한 맥락에 있다. '신이 벼락을 내려 인간을 벌한다.', '폭풍우는 신의 분노를 나타낸다.'는 생각에는 신이 인간과 비슷한 모습을 하고 인간과 비슷한 정서(벌주고 싶은 마음, 분노)를 지녔다는 전제가 깔려 있다. 스피노자는 무엇보다도 신의 본성이 이 같은 의인론이나 인간중심적 투사와 아무 관계도 없음을 보여주고자 했다. 그러다 보니 "신은 무엇인가?"라는 진정한 의문이 차츰 떠올랐다. 인간의 세 가지 허상에 대한 스피노자의 비판은 일신론의 신을 전면적으로 문제시하지 않을 수 없게 했다고 하겠다.

"세계를 창조하기 원한 신."(목적론적 착각)
"신은 인간을 위하여 자연과 동물을 만드셨다."(인간중심적 편견)
"분노와 사랑, 지식과 힘을 드러내는 신."(의인론적 신관)

하지만 인간의 허상에 대한 그의 비판은 여기서 그치지 않는다. 데카르트는 스피노자보다 몇 년 앞서서 인간의 지고한 의식은 욕망과 거리를 두고 자유롭게 선택할 수 있다고 말하지 않았던가. 하지만 스피노자는 자유의지도 허상에 불과하다고 했다(자유 명령이라는 환상)! 인간은 그저 자기 행동의 진짜 원인을 모르기 때문에 스스로 자유롭다 착각하는 것이다. 결정론에 대한 무지가 행동의 원인을 자유의지라고 착각하게 만든다.

스피노자는 그의 사후에 발표된 대표작 《에티카》의 한 대목에서 비탈을 구르는 돌과 자유의지를 내세우는 인간이 마찬가지라고 했다. 돌은 비탈에서 구르지 않을 수가 없다. 인간은 어쩔 수 없이 구르면서 "나는 자유로이 구른다, 내 선택으로 구른다!"고 외치는 돌과 마찬가지다. 인간중심적 편견을 비판했듯이 스피노자는 여기서도 자연과 결정론의 제국 안에서 인간만이 자유의 제국일 수는 없음을 지적한 것이다. 자연의 만물은 결정론을 따른다. 그것들은 원인에 따라 움직이며 전체로서의 자연에 속한다. 인간이라고 해서 그렇지 않을 이유는 아무것도 없다.

그렇기 때문에 스피노자는 유대교 – 기독교 전통의 세계관은 물론 그러한 세계관에서 도출된 데카르트적 사유와도 결별해야만 했다. 사실 유대교 – 기독교에서 인간은 모세를 통하여 신에게 계명을 받지 않았던가. 신은 동물이나 식물에게는 계명을 내리지 않았다. 덕분에 인간은 자연계 안에서 특별히 동떨어진 존재로서 살 수 있었다. 자연이 결정론과 강자의 지배에 따르는 동안에도 인간은 도덕법칙에 따라 살았다. 데카르트도 자연은 그저 물질의 연장일 뿐이지만 인간만이 자유의지와 의식을 지닌 존재라고 보았다.

자유의지라는 환상에 대한 비판은 독립적인 인간 행동이라는 환상에 대한 비판으로 들을 수도 있다. 인간만 세계에서 쏙 빠져나와 독립적으로 행동하거나 사물을 변화시켜서는 안 된다는 비판 말이다. 왜냐하면 스피노자는 인간을 일단 '수동적 정념'을 지닌 존재로 보았기 때문이다. 정확히 말하자면, 인간은 '능동적이기' 전에 타율적이 되고 만다. 인간은 전체로서의 자연 내에 있기 때문에 필연적이고 불가피한 영향을 받게 마련이다. 어떻게 그러지 않겠는가? 인간도 자연 '안'에 있지 않은가? 이리하여 우리의 모든 욕망과 사유가 드러나는 방식은 전체가 우리를 통하여 드러나는 방식이 된다. 나의 성욕은 내가 자연에 속해 있음을 나타낸다. 실제로는 그것도 자연이 나를 통해 드러나는 방식이다. 내가 어떤 아이디어를 떠올릴 때에도 마찬가지다. 나는 전체 안에 있기에 내가 표현하는 모든 것이 전체를 표현한다. 그러지 않기란 불가능하다.

이로써 '도덕이라는 허상'이라고 부를 수 있는 비판이 도출된다. 선악은 전체로서의 자연에서 분리될 수 있는 자유로운 인간의 의식에서만 있을 수 있다. 결정론이 지배하는 자연에는 선악이 없다. 고사리가 자라는 것이 '선'일 수 없고 사자가 토끼를 잡아먹는 것이 '악'일 수도 없다. 그래서 스피노자에게는 자연이 우리를 통해 드러나는 방식에 대하여 좋고 나쁨이 있을 뿐, 절대적인 선악이 없다. 성욕은 선도 악도 아니다. 누군가를 원하는 마음이 우리를 힘과 활기로 가득 채운다면, 스피노자 말마따나 "우리의 행동력을 증대시킨다면" 기쁨의 원천이라고 할 수 있다. 하지만 그 욕망은 슬픔과 원한에 물들 수도 있다. 이처럼 우리의 정념 자체는 좋은 것도 나쁜 것도 아니다. 그저 우리의 삶에 유익한가, 그렇지 못한가라는 차이가 있을 뿐이다. 우리는 정념을 선택할 수 없다. '정념(passion)'이라는 어휘 자체가 어원적으로 '수동성(passivité)'과 관련이 있다. 다만, 정념 가운데 어떤 것은 우리가 행동할 수 있는 가능성, 존재의 잠재성을 증대시키는 반면 어떤 것은 그러지 못한다.

이제 인간을 슬프게 하는 부정적 정념과 기쁨을 주는 긍정적 정념의 차이를 알아보자. 모든 것은 내가 정념을 '적절하게' 생각하느냐 '부적절하게' 생각하느냐에 달렸다. 나의 욕망이 선택한 상대가 나를 거부한다면 그 거절이 내 자유의 한계를 나타내는 것처럼 다가오고 나의 선택에 문제가 있는 것처럼 생각될 수도 있다. 그렇다면 나는 이 거절을 견디지 못하고 죽도록 괴로워할 것이다. 하지만 내가 나의 성적 욕망을 자연이 나를 통해 필연적으로 작용하는 방식으로 이해한다면, 성욕이 인간이라는 종의 존속에 꼭 필요한 것임을 이해한다면, 그 존재에 대한 나의 욕망은 필연이지만 그 존재와의 성관계는 필연이 아님을 이해한다면 나는 그 거절을 좀 더 수월하게 감내할 수 있다. 내가 나의 그 욕망은 자연의 섭리지만 늘 충족되는 것은 아니라고 명철하게 이해한다면 나는 그 이해 자체에서 기쁨마저도 느낄 수 있다. 정념은 원래 수동적이다. 그러나 내가 정념을 이해한다면 나는 능동적이 될 수 있다. 앎이 나를 능동적이게 한다. 나의 정념이 어떤 식으로 필연적인가를 앎으로써 그렇게 될 수 있다는 말이다. 스피노자는 기쁨을 "좀 더 커다란 완전성으로의 이행"이라고 했는데 그러한 이행의 기회를 제공하는 것이 바로 앎이다.

스피노자를 생전에 《신학정치론》 한 권밖에 출간하지 않은, 그저 인간의 허상을 비판한 철학자로 보아서는 안 된다. 사실 이 책이 너무 파란을 일으켰기 때문에 스피노자는 다른 모든 저서의 출간을 포기했다. 물론 그는 이러한 인간의 허상을 비판함으로써 니체와 프로이트의 선구자가 되었다. 니체는 《우상의 황혼》을 썼고, 프로이트는 《환상의 미래》에서 아버지 하느님에 대한 신앙은 일종의 허상이라고 했다. 하지만 스피노자를 이러한 비판과 '부정'의 차원으로만 조명해서는 안 된다. 스피노자는 앎과 기쁨의 철학자이기도 하다. 그의 철학은 가장 지고한 형태의 기쁨을 겨냥하고 있다.

스피노자는 신에 대한 모든 부적절한 생각을 규명하고 신에게 우리가 속한 자연 혹은 전체라는 새로운 이름을 주었다. "신 또는 자연(Deus Sive Natura)"은 신이 '자연 속에' 있다기보다는 신이 곧 자연이라는 뜻이다. 그러므로 스피노자주의를 딱 잘라 '범신론'이라고 말할 수는 없다. 범신론은 '자연 속에서' 신들의 존재를 보는 것이기 때문이다. 신은 무한한 양태로 나타나는 자연, '무한한 속성'을 지닌 '무한한 실체'다. 인간은 신체와 사유라는 두 속성에만 접근할 수 있다. 게다가 우리 아닌 다른 동물은 이 무한한 실체의 또 다른 속성에 접근할 수 있을지도 모르는 일이다. 나아가 어떤 외계인이 우리는 알지 못하는 다른 속성으로 이 무한한 실체를 파악할 가능성도 배제할 수는 없다.

그러나 스피노자가 살던 시대에도 이미 인간의 사유는 이 신에게 '다가갈' 방법이 되기를 바랄 수 있을 만큼 발달해 있었다. 17세기는 근대적인 과학의 태동기다. 이제 인간은 자연이 보편적이고 필연적인 법칙들로 이루어져 있음을 안다. 우리는 과학을 통해 신 − 자연에 접근하고 이해할 수 있다. 자연에서 이루어지는 일을 보편법칙들로 분해하는 것이 사유를 통하여 신에게 다가가는 방법이다. 인간은 신에게 기도하기보다는 신을 이해한다. 그 신에게는 감정보다 이성을 통해서 다가가야 한다.

바로 이것이 그래도 인간이 비탈을 구르는 돌과는 다른 점이다. 인간의 자유의지는 허상에 불과하나 인간은 돌과 달리 왜 자신의 욕망이 필연적으로 자연의 질서를 따르는지 이해할 수 있다. 인간과 돌의 차이는 자유가 아니라 인식, 결정론에 대한 앎이다. 이 앎이 우리를 해방시키고 능동적이게 한다. 인간은 불멸의 존재가 아니지만 필연적이고 보편적인 법칙들을 앎으로써 불멸에 참여한다. 이것이 스피노자가 말하는 '지복'이다. 사물의 필연적 원인을 알고 신 안에서 그것들과 자기 자신을 이해하는 것, 그 자체가 이미 어떤 면에서 스스로를 신성하게 하는 것이다. 이때에 인간은 더 이상 수동적이지 않다. 결정론에 대한 앎이 우리를 자유롭게 하고 가장 지고한 기쁨을 가능하게 한다. 그래서 스피노자 사상은 수동성을 능동성으로 변화시키는 방법이다.

이제 우리는 《에티카》가 왜 명제, 정리, 주석으로 가득한 기하학논문처럼 구성되었는지 이해할 수 있다. 오직 과학만이 미신과 상상으로부터 우리를 보호해주기 때문이다. 오직 과학을 통하여 우리는 신을 알고 그 전체라는 신에 참여할 수 있기 때문이다.

마지막으로, 스피노자가 철학사에서 왜 이토록 독창적인 위치를 차지하는지 생각해자. 그 이유는 스피노자는 대단히 '근대적인' 동시에 '고대적인' 철학자이기 때문이다.

스피노자는 니체가 들고 나타날 파괴의 망치와 프로이트의 명철한 요청을 이미 예고했다는 점에서 근대적인 철학자다. 또한 그는 인간의 욕망을 '코나투스(인간도 자연계에 속해 있기에 가질 수밖에 없는 자기보존의 욕망)'로 보았는데 이 개념 역시 니체의 '힘에의 의지'나 프로이트의 '리비도'와 비교해볼 만하다.

하지만 그의 철학은 세계를 바꾸기보다는 받아들이고 이해하라는 일종의 재정비된 스토아주의를 제안하기 때문에 고대적이기도 하다. 또한 플라톤이 그랬듯이 영원한 법칙들이나 원리들을 지적으로 경험함으로써 불멸을 '맛보라고' 제안한다는 점에서도 고대적이다.

칸트

1724–1804년. 독일의 철학자. 평생 쾨니스베르크 시 밖으로 나가본 적이 없지만 "나는 무엇을 알수 있는가? 나는 무엇을 해야 하는가? 나는 무엇을 바랄 수 있는가?"라는 세 가지 물음에 답하고자 노력함으로써 철학사에 일대혁명을 일으켰다.

첫째 질문 "나는 무엇을 알 수 있는가?"를 다룬 《순수이성비판》은 분명히 철학사를 통틀어 가장 중요한 저작 중 하나다. 인식의 한계를 보여주기 원했던 칸트는 이 저작에서 이성을 무기로 삼아 신의 존재를 증명할 수 있다고 보는 철학자들을 간접적으로 비판했다. 대표적으로는 데카르트와 스웨덴보리가 그런 철학자들인데, 특히 스웨덴보리는 천사들과 '이성의 대화'를 나눌 수 있다고 주장했다. 칸트는 그러한 오만한 태도가 과학정신과 신앙의 아름다움을 동시에 배반한다고 보았다. 칸트는 인간이 합리적으로 증명했다고 주장하는 지식이 실상은 구체적 경험에서 비롯된 것에 지나지 않는다고 보았던 데이비드 흄에게 전적으로 동의하진 않았지만 많은 영향을 받았다. 그리하여 그는 과학적 인식에 두가지 조건을 달았다. 첫째, 인식의 대상은 감각적 경험을 통해서 만날 수있는 것이어야 한다. 그것들은 지각의 대상이다. 둘째, 인간의 정신, 이른바 '오성'에는 지각에 주어진 것들의 관계를 분석할 수 있는 범주가 있다.

그러므로 식물을 자라게 하는 비는 인간이 알 수 있는 것의 영역에 속한다. 첫째, 우리가 감각적 경험을 통하여 비와 식물을 지각할 수 있기 때문이고 둘째, 우리의 오성에 비와 식물을 관계 지을 수 있는 '인과성'이라는 범주가 있기 때문이다. 여기서 주의할 점이 있다. 우리가 비와 식물에 대해서, 혹은 그 둘의 관계에 대해서 아는 것은 비와 식물의 '진리' (칸트는 이것을 '누멘(본질)'이라고 불렀다)는 아니며 비와 식물의 '현상'일 뿐이다. 우리는 비와 식물을 우리가 시공간 속에서 지각하고 인과성에 비추어 분석한 대로만 알 뿐이다. 칸트 철학이 혁명적인 이유가 바로 여기에 있다. 시간과 공간은 세계 속에 존재하는 것이 아니라 우리의 지각을 통해 존재한다(아인슈타인은 훗날 이 사실을 확인시켜줄 것이다). 인과성은 사물들 속에 있는 것이 아니라 우리의 오성에 있다(흄이 이미 주장했던 바이다). 요컨대 우리는 하늘에서 내리는 비와 식물의 성장을 인과관계로 묶음으로써 세계에 우리의 고유한 인식 능력(시공간 속에서의 지각, 인과성에 근거한 분석)을 투사하는 셈이다. 따라서 인간은 사물의 진리에 직접적으로 접근하지는 못하고 인간의 능력을 매개삼아 인간의 깜냥에 맞게 과학적 '진리'를 '구성'한다. 이것이 이른바 '칸트의 구성주의' 인식론이다. 우리가 과학에 대해서 말하는 바는 거짓이 아니며 일상에 매우 유용하지만 결코 '진리'는 아니다. 우리는 세계에 대하여 우리의 능력이 허락하는 것에 한해서만 알 수 있다. 이것이 《순수이성비판》의 핵심이다. 내 앞에서 친구가 햇볕을 잔뜩 쬐고 있다고 치자. 나는 태양과 친구의 이마에 붉게 달아오른 흔적을 금세 인과관계로 묶을 수 있다. 하지만 나는 그 친구에 대해서도, 태양에 대해서도 '진리'는 알지 못한다.

칸트의 의도는 명백하다. 따라서 '세계의 창조주'인 신은 내가 알 수 있는 것의 영역에 속하지 않는다. 인식의 두 조건 중 어느 한쪽도 충족되지 않았기 때문이다. 우리는 경험적으로 신이나 '세계'를 만날 수 없다. 우리는 이런 것들을 시공간 안에서 지각하지 못한다. 또한 우리의 오성에는 이러한 무한한 대상들을 가늠하기에 합당한 범주도 마련되어 있지 않다.

그러나 인간은 신의 존재를 증명할 수는 없어도 신의 존재를 믿을 수

있다. 우리는 신의 존재에 기대를 걸 수 있다. 좀 더 정확히 말하자면 – 바로 여기에 칸트의 시선의 아름다움이 있다 – 우리가 신 존재를 증명할 수 있다면 더 이상 아무것도 기대할 수 없다는 뜻이다. 우리에겐 '세계'가(신이 창조한 일관되고 정합적인 전체로서) 존재한다고, 선하고 전능한 신이 존재한다고 기대할 수 있는 여지가 있다. 뿐만 아니라 '자아'가 존재한다고 믿을 수 있는 여지도 생긴다. 거울에 내 얼굴의 이미지를 비추어본다고 해서, 스스로 자기 팔을 꼬집어본다 해서 자아를 경험할 수 있는 것은 아니다. '자아'라는 일관된 정체성을 나는 결코 경험하지 못한다. "나는 무엇을 바랄 수 있는가?" 칸트는 신, 세계, 자아라고 답한다. 이것은 과학에 힘입어 인간이 바랄 수 있는 것의 한계와 일치한다. 그래서 칸트의 기획은 이 유명한 말로 요약된다. **"나는 신앙의 자리를 남기기 위해 지식에 한계를 정하지 않을 수 없었다."**

하지만 그는 왜 '신앙의 자리를 남기기 위해' 그토록 애를 썼을까? 더욱이 그때는 미신과 신앙에 대한 이성의 승리로 대표되는 계몽주의 시대가 아니었던가? 칸트는 신앙이 미신이 아니기만 하다면 그저 '바람의 여지를 남길' 뿐만 아니라 인간이 더 잘살 수 있도록, 더 나은 인식과 실천을 도모할 수 있도록 도움을 준다고 보았다. 이로써 "나는 무엇을 해야 하는가?"라는 물음에 대한 답도 나온다. 예를 들어 칸트는 《순수이성비판》에서 일관된 세계와 신에 대한 믿음이 있는 과학자들은 그렇지 못한 과학자들보다 자연계 사물들의 인과관계를 더 잘 밝힐 수 있었다고 말한다. 또한 칸트는 자아에 대한 관념이 있는 인간, 나아가 내세나 영생을 믿는 인간은 현재 이 세상에서도 좀 더 도덕적으로 행동할 수 있다고 본다. 그러니까 칸트는 긍정적인 '조절 작용'을 한다는 이유로 신앙을 옹호하는 셈이다. 그는 신, 세계, 자아를 '이성의 이념들'이라고 불렀다.

따라서 '오성'과 '이성'을 잘 구분해야 한다. 오성은 현상들 간의 인과성을 분석할 수 있는 '관계 및 양상을 파악하는 능력'이다. 반면에 이성은 인간이 경험하지 못했지만 표상할 수 있는 거대원리(신, 세계, 자아 등)를 파악하는 능력이다. 인간은 세계에 대하여 지각능력과 오성이 허락하는 것에 한해서만 알 수 있다. 그러므로 인간은 이중의 한계에 부딪친다. 그러나 인간의 한 부분은 이 이중의 한계를 거부하고 무한한 것, 제약없는 것, 무조건적인 것을 갈구한다. 참으로 역설적이지만, 과학의 한계를 거부하는 인간의 이 부분을 칸트는 '이성'이라고 부르는 것이다.

오성은 '추론'을 한다. 이성은 이치를 따지고 계산을 한다. 이성은 무한에 대한 열망에 부응하고 인간에게 기대를 남긴다. 신과 세계와 자아는 존재해야만 한다. 하지만 주의할 것이 있다. 이 세 가지 이성의 이념들은 긍정적인 조절 기능을 할 수 있지만 반대로 독단적으로 작용하여 참담한 결과를 남길 수도 있다. 신에 대한 이념이 있다고 해서 신이 존재한다는 증거는 되지 않는다. 신에 대한 이념이 독단적으로 작용하면 신의 실제 존재를 다른 사람들에게까지 강요하는 셈이 된다. 세계의 진보에 대한 이념이 독단적으로 작용하면 세계가 실제로 진보한다는 생각에 매몰되어 스스로 진보를 이끌려는 자세가 위축되고 만다. 데카르트처럼 신의 존재를 학문적으로 증명하기 원하는 태도는 지식의 영역과 신앙의 영역을 혼동한 것이다. 그런데 칸트는 이 두 영역을 절대로 뒤섞지 않았다. 이성의 이념들이 긍정적인 조절 기능을 하려면 그것들이 이념들에 지나지 않음을, 다시 말해 신앙의 영역에 있음을 명심해야만 한다. 데카르트도, 라이프니츠도, 성 토마스도, 성 안셀무스도 이 조건을 제대로 지키지 않았다. 그들은 신앙과 지식을 혼동함으로써 신앙에도 충실하지 못했고 지식도 무시했다. 일찍이 파스칼이 그러했듯이 칸트도 신은 "체험될 뿐 증명되지는 않는다"고 생각했다. 그러나 칸트가 파스칼과 다른 점은 그렇게 체험되는 것으로써 조절 기능을 삼을 생각을 했다는 것이다.

"나는 무엇을 해야 하는가?"라는 세 번째 물음에 대하여 칸트는 《실천이성비판》을 통해 답한다. "네 의지의 준칙이 항상 보편타당한 입법의 원리가 되도록 행동하라." 그러니까 내 행동이 도덕적인지 그렇지 않은지를 알려면 세상 모든 사람들이 나처럼 행동하면 어떻게 될까 생각해보라는 뜻이다. 세상 모든 사람들이 거짓말할 이유가 있다고 해서 거짓말을 한다면 세상이 똑바로 돌아갈까? 아니, 그렇지 않다. 그렇다면 거짓말은 부도덕한 행위다. 선하게 행동하기 위해서는 잘 생각을 해보는 것만으로도 충분하다. 칸트는 세계에 대한 인식의 한계를 보여주었지만 도덕의 영역에서는 선을 얼마든지 바라고 이성적으로 선을 파악할 수 있다고 했다. 따라서 추론 능력이 있는 인간은 누구나 도덕적으로 행동할 수 있다. "나는 무엇을 해야 하는가?"라는 도덕의 문제는 분명히 "나는 무엇을 알 수 있는가?", "나는 무엇을 바랄 수 있는가?"라는 앞의 두 물음과 연결되어 있다. "나는 과학적으로 인간에 대해서 무엇을 알 수 있는가?" 지각의 대상이자 자연계의 사물과 똑같은 법칙에 따르는 신체에 대해서 알 수 있다. 이러한 결정론을 마주할 때에 바로 "나는 무엇을 해야 하는가?"라는 물음이 자유의 가능성을 엿보게 한다. 나는 자유로이 선을 원하고 행할 수 있기 때문이다. 아무도 내게 강요할 수 없다. 바로 여기에 나의 자유가 있다. 그리고 "나는 무엇을 바라도 되는가?"라는 물음의 답이 내가 좀 더 잘살아가는 데 도움이 될 것이다. 내가 내세를 믿지 않는다면 나의 이기심과 구태여 싸우려 할 필요가 있을까? 반면에 영생이 가능할 수도 있다고 믿는다면 지금 당장 도덕적으로 살기 위해 노력할 힘이 생길 것이다. 칸트가 이 세 가지 물음이 "인간이란 무엇인가?"라는 하나의 물음으로 수렴된다고 결론내린 까닭을 이해할 만도 하다.

헤겔

1770-1831년. 독일의 프로테스탄트 철학자. 나폴레옹의 동시대인이자 (헤겔 자신의 주장에 따르면) '역사의 종말'과 '예술의 죽음'의 시대를 살았던 철학자이기도 하다!

헤겔은 형이상학적 차원에서나 미학적 차원에서나, 정치적 차원에서나 종교적 차원에서나 역사가 진리의 점진적 실현이라고 보았다. 따라서 역사의 종말은 역사가 처음부터 추구해왔던 목표에 도달하는 순간이다.

형이상학적 차원에서 보자면 절대정신(일종의 신)은 그 절대정신에 대한 느낌, 그 진정한 본성(자유)에 대한 직관 자체에 깃들어 있다. 그러나 이 애매한 느낌만으로는 충분치 않다. 절대정신은 객관적으로 자신의 존재를 알기 원한다. 그러한 절대정신의 불안이 인류 역사의 원동력이다. 절대정신은 자신의 가치를 객관적으로 자각하기 위해서 자신과 가장 다른 것(자연)을 두고 그 안에서 차츰 자신을 실현한다(이렇게 살펴보면 신의 천지창조와 다를 바가 별로 없다. 단, 헤겔의 신은 불안해하는 신이라는 차이가 있을 뿐이다). 따라서 역사는 자연을 차츰 정신화하는 방향으로 나아간다. 역사의 주요 단계(문명)들은 절대정신의 자각에 해당한다. 헤겔은 《정신현상학》에서 역사의 진보가 절대정신이 스스로를 자각하는 방법의 진전이라고 분석했다. '정신현상학'이라는 제목 자체가 절대정신이 현상이 된다는 것, 세계 속에서 절대정신이 차츰 객관화된다는 의미를 담고 있다. 따라서 역사의 종말에 이르러 절대정신은 거울을 들여다보듯 세계 내에서의 자신을 관조할 것이다. 헤겔은 자신이 사는 시대가 바로 그 역사의 종말에 해당한다고 보았다. 그래서 자신이 지켜보는 가운데 완성되는 이 역사의 의미를 해방시키는 것이 자신의 소명이라고 생각했다. 그 역사의 의미란, 과거에는 추상적 관념에 지나지 않았던 자유가 근대적인 법치국가의 형태로 실현되는 것이었다. 따라서 '역사의 종말'은 암울한 묵시록이 아니며 단순히 역사가 귀결되어야 할 최선의 지점을 뜻한다. 그때에 사람들은 정치적으로 강력하지만 사회적으로나 경제적으로는 자유로운 국가에서 최선의 행복을 찾을 것이다. 그러니까 역사는 종말에 이르러도 사람들의 삶은 계속 이어질 것이다. 그저 더 이상 그들이 역사에 부여할 만한 의미를 찾으려 하지 않을 뿐이다(어쩌면 문제는 바로 이거다). 그때에 사람들의 삶은 '탈역사적' 성격을 띠게 될 것이다. 기껏해야 그들이 할 일은 역사의 진보가 수천 년에 걸쳐 일궈낸 자유를 한껏 누리는 것뿐이다. 그리고 최악의 경우에는 더 이상 찾거나 추구할 것이 없는 삶의 권태에 찌들고 말 것이다. 니체가 〈두 번째 반시대적 고찰〉에서 헤겔의 역사철학을 비판했듯이 그때에 인간들에게는 '나중 온 자들'의 척박한 삶밖에 주어지지 않는다. 그들은 너무 늦게(역사가 이미 종말에 도달한 후에) 왔다. 다 이루었으니 그들이 역사에서 크게 할 일은 아무것도 없다.

미학적 차원에서, 예술사 역시 감각성에서 차츰 정신성으로 나아가는 진보의 역사다. 예술사의 주요 단계들(이집트, 인도, 중국의 상징예술, 그리스 고전예술, 기독교의 낭만예술)은 인간이 그들의 신앙, 가치, 신(들)을 표상하는 방식이 점점 발전해왔음을 보여준다. 아주 거칠게 요약하자면, 사람들은 처음에 신을 어린아이가 우스꽝스럽게 그린 코끼리처럼 표상했었다(힌두교 '상징예술'에서 코끼리 신 가네샤가 그 예다). 그 후에 그리스 '고전미술'에서 신은 아폴론이라는 완벽하게 균형 잡힌 인체의 모습으로 표상되었다. 기독교가 출현하면서 신은 동물이나 인간의 모습을 지니지 않은 순수한 영적 존재로 표상되었다. 이제 기껏해야 신은 라파엘로의 그림 속에서 성모가 아기예수를 바라보는 애정 어린 눈길을 통해 간접적으로 엿볼 수 있을 뿐이다. 그렇다면 이러한 예술사는 무엇을 보여주는가? 여기서도 절대정신은 자기 자신에 대한 의식을 향해 나아간다.

헤겔 철학을 통해서 우리는 항상 매사를 절대정신의 관점이나 인간의 관점에서 볼 수 있게 된다. 비록 형이상학적 차원의 이야기는 와 닿지 않을지라도 예술사가 인간이 절대자나 신을 표상하는 방식의 발전을 보여준다는 주장에는 공감할 것이다. 역사의 초기에 인간은 자연이나 물질에서 신을 찾았지만(이집트의 태양신, 힌두교의 코끼리신 등) 그 후 절대정신의 진정한 본성을 차츰 깨닫게 되었다. 그래서 역사의 초기에는 예술이 특히 중요했다. 인간은 그들이 추구하는 신이 그러한 코끼리나 태양을 초월한 존재임을 깨닫기 위해서라도 먼저 절대정신을 코끼리나 태양의 모습으로 그려야만 했다. 그러나 일단 깨달음이 있은 후에는 역사 속에서 예술이 지녔던 일차적 기능이 사라졌다. 이것을 헤겔은 "예술의 죽음"이라고 했다. 물론 그는 예술가들이 다 사라진다는 뜻에서가 아니라 보편사의 흐름 속에서의 결정적 순간으로서 "예술의 죽음"을 말한 것이다. 이때부터 절대정신의 진정한 본성을 논하기 위해서 철학이 예술을 대신하게 된다.

아마도 이러한 역사의 진보는 정치적 차원에서 좀 더 명확하게 읽힐 것이다. 헤겔은 《역사 속의 이성》에서 역사의 초기에는 '단 한 사람'만 자유롭다고 했다. 그 사람은 독재자, 혹은 옛 동방의 거대제국의 술탄이다. 역사의 두 번째 단계에 이르면 한 사람이 아니라 여러 사람이 자유롭다. 이 단계가 모든 국민이 아니라 자유민이나 일부 특권층만 정치에 참여했던 그리스와 로마의 초기 민주주의다. 마지막으로, 기독교가 몰고 온 역사의 세 번째 단계에는 모든 인간이 최소한 법적으로는 자유롭다. 헤겔은 프랑스대혁명과 근대적 법의 기초를 마련한 시민법이 이러한 자유의 이상을 사람들의 일상 속에 실현시켰다고 본다. "법은 실현된 자유의 왕국이다."라고 헤겔은 《법철학강요》에도 썼다. 따라서 헤겔은 자유의 법적?정치적 진보 역시 절대정신이 차츰 자기의식으로 나아간다는 증거라고 해석한다. 그는 《역사 속의 이성》에서 "나폴레옹은 말을 타고 달리는 이성"이라고 했다. 이 말은 어떤 위대한 인물들은 역사의 진보를 그만큼 앞당기는 역할을 한다는 뜻이다. 헤겔은 나폴레옹이라는 인물이 자유의 실현으로 나아가는 과정을 촉진시켰다고 보았기에 이렇게 말한 것이다.

결국 예술, 종교, 정치, 철학은 동일한 역사를 서로 다른 언어로 말한다. 예술이 아름다움을 통해 상징화했던 것, 종교가 신앙을 통해 인간에게 계시했던 것을 정치는 법으로 제정하고 최종적으로 철학이 개념의 언어를 통해서 말한다. 물론 그 언어는 헤겔의 언어다! 헤겔은 분명히 누구보다 야심이 컸던 철학자 중 한 사람이다. 그는 전체를 사유하고자 했다. 그런 면에서 헤겔은 스피노자와 비슷한 점이 있지만 헤겔의 '전체'가 역사 속에서, 시간 속에서 드러나는 반면 스피노자의 전체는 자연 속에 영속적으로 존재한다.

헤겔의 사유의 흐름을 흔히 '변증법'이라고 한다. 변증법을 통하여 인간은 이전 단계들을 보전하되 그 단계들을 넘어선다. 역사가 최종적으로 초인적인 절대정신의 역사라면 우리는 이 철학을 좀 더 인간적으로 읽어낼 수 있다. 헤겔은 신조차도 자신의 가치를 보이기 위해 역사 속에서 실현되어야 할 필요가 있다고 말함으로써 우리 한 사람 한 사람도 그러한 자기실현에 매진하라고 촉구하는 게 아닐까? 절대정신도 자기를 알기 위해서는 타자(물질)를 필요로 한다고 말함으로써 우리 역시 타자들과의 만남에 뛰어들라고 권한 것은 아니었을까?

니체

1844-1900년. 독일의 철학자이지만 '신의 죽음'과 '영원회귀'를 예고한 반(反)철학자, 반(反)독일주의자로 더 유명하다.

1870년에 출간된 첫 저작에서 정신병 발병으로 인해 1888년에 중단한 저작에 이르기까지 니체는 대단한 창의성을 발휘했고 실로 다양한 저작들을 남겼다. 그의 작업을 요약하기란 매우 힘들지만 때로는 그의 저작들 사이에서도 모순이나 충돌을 볼 수가 있다. 따라서 니체의 세 가지 면모를 구분해서 설명하는 것이 좋겠다. 이 세 가지 면모는 꼭 순차적으로 나타나지 않으니 항상 니체의 어떤 면모를 두고 하는 말인가를 알아둘 필요가 있다. 게다가 다른 철학자들에 비해서 니체에게는 그렇게 세 개의 얼굴들이 있었다는 사실이 놀랍지도 않다. 그 이유는 니체가 흄과 사르트르와 더불어 '정체성' 개념을 가장 혹독하게 비판했던 철학자이기 때문이다. 정체성이란 모든 개인에게 성격이나 특징의 안정되고 고정적인 핵심이 있다는 개념이다. 그런데 니체는 정체성은 편리한 미끼일 뿐이고 우리의 신체는 언제나 수많은 본능들이 서로 대결하는 무대라고 보았다.

첫째, 니체에게는 형이상학자로서의 면모가 있다. 그의 첫 저작 《비극의 탄생》에서 이 면모가 보인다. 그는 여기서 '디오니소스(술, 욕망, 도취의 신)'로 칭하는 보편적이고 근원적인 진리의 형태를 믿었다. 그런데 이 일차적 진리는 인간들에게 니체가 '아폴론적인' 것이라고 부르는 피상적인 형식들을 통해서만 간접적으로만 나타난다(아폴론은 아름다운 외모와 형식의 신이다). 형이상학자 니체에 따르면 《오이디푸스 왕》 같은 고대 비극들은 세계의 디오니소스적인 진리를 아폴론적 형식으로 드러냈다. 여기서 아폴론적 형식이란 무대에서의 구현뿐만 아니라 배우들이 구사하는 언어적 형식, 상연에 수반되는 연주 등의 음악적 형식까지 모두 말하는 것이다. 이때에 예술은 우리에게 미학적 형식을 통해 진리를 보여주는 역할을 한다. 때문에 니체의 저 유명한 말 "우리가 진리로 인하여 죽지 않게끔 예술이 있는 것이다."가 나왔다. 선도 없고 악도 없다는 것, 세계는 말이 안 되는 광기 어린 도취에 지나지 않는다는 것, 인생의 고통은 어떤 예정된 의도 따위와 무관하다는 것, 요컨대 인간의 삶은 비극적이라는 것, 이게 진리다. 그러니 이 진리에 직접적으로 부딪치는 인간은 죽고 말 것이다. 다행히도 우리에겐 예술이 있다. 그리스 비극은 우리가 능히 견딜 수 있게끔, 심지어 감상할 수 있는 수준으로 이 진리를 드러낸다.

니체의 두 번째 면모는 첫 번째 면모와 상반된다. 그건 바로 자신이 '우상'이라고 부르는 모든 것을 망가뜨리고자 안간힘을 쏟는 '파괴자'로서의 면모다. 형이상학, 종교, 과학, 언어, 심지어 예술이나 철학마저도 그러한 '우상'이 된다. 니체는 정신적이니, 문명화되었느니 자부하는 인간의 이상이나 신앙이 실상은 저열한 본능, 특히 두려움의 본능에 뿌리를 두고 있다고 보았다. 그래서 이제 진리를 믿는 인간, 즉 형이상학자는 - 어떤 면에서 니체는 젊은 날의 자기 자신을 비판한다고 볼 수도 있다 - 현실의 다양성과 직면하기가 두려워 이른바 진리에 대한 숭배로 도피하는 인간으로 그려진다. 자연계의 보편법칙들을 찾고자 애쓰는 과학자도 지각되는 현상의 풍부함과 다양함을 회피하려는 사람으로 보이기는 마찬가지다. 사과, 나뭇잎, 달이 모두 동일한 법칙(만유인력의 법칙)에 따른다는 말은 다양한 것 가운데에서 동일한 것을 찾는 것이고 이는 곧 다양성 그 자체를 부정하는 셈이다. 그는 다양성을 보기가 싫은 것이다. '모든 것을 파괴하고 싶은 듯한' 니체에 따르면 철학에서도 이 같은 생에 대한 부정을 발견할 수 있다. 왜냐하면 철학적 개념은 현상의 다양성을 하나의 의미라는 통일성이나 합리적 언어로 수렴시킨 것이기 때문이다. 단어라는 것 자체가 다양성(온갖 색깔과 크기의 탁자들)을 하나의 의미('탁자'라는 단어)로 수렴시킨다. 파괴자로서의 니체는 예술마저도 생에 대한 부정의 또 다른 양상, 생을 미화함으로써 도피하는 또 다른 방식이라고 본다(《우상의 황혼》, 《인간적인, 너무나 인간적인》, 《도덕의 계보학》 등). 이 니체는 '망치로 철학을 해야 한다고' 말한다. 여기에는 두 가지 의미가 있다. 망치는 우상을 깨부수는 데 쓰인다. 하지만 소화기 전문의가 배를 두드려보고 질병을 진단하는 데 쓰이는 조그만 망치도 있다. 그것은 감춰진 것을 '보게' 하고, 뱃속에 품은 것(두려움을 비롯한 여러 본능들)의 소리를 듣게 한다. 그로써 그들의 머리가 생을 부정하는 해로운 이상들에 찌들고 굳어버렸다고 설명할 수 있는 것이다. 바로 이 때문에 이 두 번째 얼굴의 니체는 철학자보다는 의사 혹은 심리학자를 자칭한다.

세 번째 니체는 예언자, 시인, 설교자로서의 니체다. 그는 새로운 시대를 예고하며 고전적인 철학 텍스트를 팽개치고 좀 더 문학적이고 시적이며 아포리즘에 가까운 언어를 구사한다(《차라투스트라는 이렇게 말했다》, 《안티크리스트》). 이 세 번째 얼굴의 니체는 이해하기가 쉽지 않지만 '영원회귀', '힘에의 의지', '초인' 등 새로운 개념들을 많이 제시한다. 인간이 자신의 생을 바랄 수 있을 때부터 초인이 되어야 한다('힘에의 의지'는 존재하는 것을 긍정하려는 개인적 의지의 역량으로 보아야 한다). 그러한 바람이 너무나 강력하기에 초인은 '영원회귀'를 바랄 정도다. 그래서 니체는 '모든 가치들의 변이'를, 유대교 – 기독교의 거짓 가치들을 떨쳐버리고 공허한 우상들을 모조리 몰아낸 새로운 시대의 도래를 촉구한다. 그 시대에 인간은 진정한 자신의 의지와 힘을 신에게 더 이상 투사하지 않음으로써 '신을 죽이고' 마침내 존재한 모든 것을 온전히 긍정할 수 있게 될 것이다. 그렇게 철학자라는 존재는 차츰 사라지고 차라투스트라, 안티크리스트, 십자가에 못박힌 자, 디오니소스 등의 이름을 가진 예언자의 존재가 부상한다. 이 디오니소스라는 존재의 회귀를 통하여 니체 철학의 통일성이라는 문제가 제기된다.

만약 니체 철학에 통일성이 있다면 그것은 아마도 삶을 흐름이나 도취, 언제나 새롭게 시작되는 생성으로 보려는 생(生)철학적 면모일 것이다. 플라톤주의와 기독교("가난한 자의 플라톤주의")가 영원하고 고정된 이데아들의 천상과 내세, 요컨대 진리를 약속하면서 부정하고자 했던 것이 바로 그 생이다.

프로이트

1856-1939년. 오스트리아의 정신분석학자. 랍비의 아들로 태어나 정신분석학의 아버지가 된 그는 활동하는 무의식의 발견자다.

프로이트는 엄밀히 말해 '철학자'는 아니다. 더욱이 그는 인간 본성을 이상화하려는 철학자들의 성향을 대단히 경계했다. 신경학 전문의에서 정신분석학자가 된 그는 무엇보다 사람들을 돌보고자 힘썼다. 프로이트는 '사상가'이기 이전에 '치료자'였다. '리비도'의 존재를 입증하게 된 것도 히스테리를 앓는 여성들을 이해하고자 노력했기 때문이다(당시에는 이런 여성들에게 전기충격 '요법'이나 쓰고 그걸로 그만이었다). 리비도는 억압된 충동과 결부된 무의식적인 에너지다. 프로이트의 가장 큰 업적은 활동하는 무의식을 발견했다는 데 있다. 우리는 금지와 도덕적 가치들로 가득 찬 문명 속에서 태어나고 성장하기 때문에 충동들을 억압하는데, 이러한 억압이 일어나는 심급이 '초자아'다. 이 억압된 충동은 우리의 무의식의 기저에서 거부되었던 만족을 얻을 날을 기다린다. 무엇이 나를 살아 있게 하는가? 데카르트는 "나는 생각한다, 고로 나는 존재한다"라고 했다. 프로이트는 "내게 리비도가 있다, 고로 나는 존재한다"고 반박한다. 나는 '초자아'와 '원초아'의 서로 모순되는 요구들 사이에서 갈등하기 때문에 '자아'로서 존재한다. 니체는 프로이트보다 몇 년 앞서 《차라투스트라는 이렇게 말했다》에서 생을 비슷한 용어로 설명했었다. "생이 대답하였다. 보라, 나는 언제나 나 자신을 뛰어넘어야 하는 것이로다." 생은 이미 여기서 과정으로, 삶의 에너지 혹은 '힘'으로 등장한다.

하지만 프로이트는 니체와 마찬가지로 스스로 철학자라고 칭하지 않았지만 – 심지어 철학자들을 비난하기까지 하며 – 의사인 그는 리비도를 발견함으로써 철학자와 같은 일을 하게 되었다. 그러한 발견으로 인해 생, 문명, 예술, 인간의 속성, 언어, 해석, 종교, 전쟁 등 대부분의 철학적 개념들이 근본적으로 재정의되었기 때문이다.

예를 들어 '문명(civilisation)'은 프로이트에게서 인간의 자연적 충동들이 문명화되는 과정을 뜻한다. 여기에는 두 가지 의미가 함축되어 있다.

첫째, 우리의 충동, 즉 우리의 본성의 일부는 문명과 양립할 수 없으므로 표현을 금지당한다. 프로이트의 저작 가운데 《문명 속의 불만》은 바로 이러한 내용을 다룬다. 문명이 우리의 한 부분을 억압하기 때문에 그로 인한 상처가 생기고 그 상처는 결코 완전히 아물지 않는다. 그 상처가 우리 최초의 약점이자 우리의 위대함이다.

둘째, 문명은 인간에게 억압된 충동을 충족시킬 기회를 준다. 이 기회가 없으면 '문명 속의 불만'이 깊어지고 폭력과 공격성으로 나타나게 된다. 이 폭력은 인간들 사이에서 나타나지만 자기 자신에 대한 폭력으로 나타날 수도 있다.

'예술'은 문명이 제공하는 그러한 기회들 중 하나다. 프로이트가 제시한 바에 따르면 예술가는(예를 들어, 레오나르도 다빈치는) 억압된 충동의 리비도적 에너지(특히 성적 에너지)를 창작 활동에 투입함으로써 간접적으로 충족시킨다. 그러한 충족은 전혀 성적이지 않으며 문명화된 것이다. 이 충족은 자연적이라기보다는 문화적이고 정신적인 것이 된다. 이러한 '승화' 과정은 탐미주의자가 느끼는 심미적 감정이 될 수도 있다. 탐미주의자는 예술가의 작품을 통하여 자신의 억압된 충동을 문명화된 방식으로 충족시킨다. 따라서 예술은 '문명 속의 불안'을 완화하는 하나의 방식, 이드와 초자아의 갈등을 평화적으로 해소하는 방식이다. 이드는 우리 본성의 한 부분을 억압할 것을 요구하는 초자아가 있기 때문에 존재하는 것이다. 예술의 기적은 이드가 예술에 힘입어 초자아가 용납할 뿐만 아니라 좋게 여기는 방식대로 표현될 수 있다는 데 있다! 초자아는 "교양인이 되려면 루브르 박물관에 가야지!"라고 말한다. 그런데 박물관에서 느끼는 심미적 감정이 우리로 하여금 간접적으로나마 이드를 충족시킬 수 있게도 해준다.

이로써 '인간의 속성', '인간의 본성'이라는 문제가 새로운 방식으로 조명될 수 있다. 인간의 삶에는 매혹적인 변화들이 가능하다. 성적이지 않은 방식으로 성충동을 해소할 수 있는 동물은 인간밖에 없다. 어떤 야수도 자연스러운 공격성을 공격적이지 않은 방식으로 만족시킬 수는 없다. 인간의 충동은 유연하다. 인간의 충동은 꼭 자연이 정해놓은 대상에서 만족을 구하지 않고 우회될 수도 있다는 뜻이다. **이러한 우회를 프로이트는 '도착**(perversion)**'이라고 불렀다. 그러므로 인간은 자기 본성의 일부를 억압하는 동물이며 그로써 구성되는 무의식과 리비도는 문화의 원동력이다.** 프로이트가 밝혀낸 리비도적 에너지는 끔찍한 신경증이나 정신병의 원인이자 문명의 가장 위대한 성과를 낳은 원인일 수 있다. 스피노자의 경우가 그랬듯이 여기서도 인간에게 부정적인 것은 언제라도 긍정적인 것으로 변화될 수 있으며 절대적으로 부정적이라는 법은 없다.

프로이트는 '언어'를 무의식과의 긴밀한 관계 속에서 고찰했다. '의미심장한 실수들'은 바로 그 점을 잘 보여준다. 우리가 말하고 싶어 하지 않는 것, 우리의 의식이 검열하고 싶어 하는 것이 이따금 저절로 튀어나온다. 이때부터 무의식에서 누설된 것을 듣지 않을 수 없다. 의미심장한 말실수는 언어의 '하려다 만 행동'에 해당한다. 하려다 만 행동은 결국 무의식이 자신을 표현하는 데 성공했음을 뜻한다. 우리는 언어를 통해서 우리의 무의식을 헤아릴 수 있다. 데카르트나 부알로 같은 철학자들은 언어를 이미 존재하는 사유의 도구로 보았고, 루소나 헤겔 같은 철학자들은 사유는 앞서 존재하지 않으며 언어가 개입함으로써 비로소 자각될 수 있다고 보았다. 그런데 프로이트는 언어를 무엇보다도 무의식을 의식하기 위한 방법으로 제시한다.

하지만 여기에는 조건이 따른다. 분석을 받는 환자는 자유로운 연상에 따라 머릿속에 떠오르는 대로 말을 해야 한다. 환자의 말이 이성의 족쇄, 의식의 검열에서 해방되어야 무의식이 꿈의 이미지와 환자의 언어를 통하여 이야기될 수 있다. 특히 환자가 꿈에 대해서 얘기할 때가 그렇다. 프로이트에 따르면 꿈은 무의식에 접근하는 왕도(王道)다. 꿈의 이미지들은 무의식적 충동을 만족시키는 기능을 한다, 하지만 그 이미지들은 '해석' 되어야만 하고 그 해석은 언어를 통해 이루어질 수밖에 없다. 인간은 언어를 구사하는 동물이기 때문에 자신의 무의식에 접근할 수 있는 것이다. 정신분석학자 자크 라캉의 작업 전체는 '프로이트에게로 회귀' 하여 인간을 '말하는 존재(parlêtre)' 로 정의하는 데까지 나아갔다고 볼 수 있다.

'전쟁' 이나 '종교' 까지도 무의식의 존재를 확인하는 순간부터 다른 방식으로 받아들여진다. 프로이트는 인간에게 무의식적으로 죽이고 싶은 욕망, 죽고 싶은 욕망이 없다면, 문명 속에서 충족시킬 수 없는 것을 어떤 식으로든 채워야 할 필요가 없다면 전쟁은 일어나지 않을 것이라고 보았다. 프로이트에게 종교는 주로 유년기에서 비롯된 절망에 부응하는 비정상적인 대안이다. 종교는 전능한 아버지, 우리의 생물학적 아버지보다 훨씬 더 강한 '우리 아버지'에게 보호받고 싶은 욕망에 부응한다. 종교는 신에 대해서 말하기 때문에 위험한 것이 아니라 우리 안의 어린아이가 자라지 못하게 방해하고 명석한 통찰을 가로막기 때문에 위험할 수 있다.

프로이트는 아동에게도 성충동이 있다고 주장했고 종교는 보편적 신경증이자 유아기적 퇴행이라고 했다. 그러니 20세기 초에 프로이트의 저작들이 보수적인 빈 학계에서 왜 그토록 파란을 일으켰는지 알 만도 하다. 또한 프로이트가 자신의 작업을 인간의 오만함에 가하는 세 번째 자기애적 상처*라고 말했던 이유도 알 만하다.

사르트르

1905~1981년. 프랑스의 작가이자 철학자로서 정념을 재조명하고 실존주의의 토대를 닦았다. 《리베라시옹》의 창간, 시몬 드 보부아르와의 계약결혼, 노벨문학상 수상 거부 등으로도 세상을 놀라게 한 지식인이다.

사르트르는 철학을 거리로 끌어내려 대중이 접근할 수 있게끔 공헌한 인물이다. 그러한 행보는 크게 세 가지 방식으로 이루어졌다.

첫 번째 방식은 강연이다. 그는 〈실존주의는 휴머니즘이다〉에서 자신의 대표작 《존재와 무》를 대중화했다. 그는 여기서 인간의 '전적인 자유'를 위해 싸웠고 모든 종류의 결정론을 거부했다. 사회적, 역사적, 무

---

*자기애적 상처

코페르니쿠스가 지구가 우주의 중심이 아니라고 한 것이 첫 번째 상처였고, 다윈이 인간은 신의 의도에 따라 창조되지 않고 동물에서 진화했다고 한 것이 두 번째 상처였다. 그리고 프로이트가 인간의 삶 속에서 활동하는 무의식을 발견함으로써 세 번째 상처에 이르렀다

의식적, 종교적 결정론까지 한데 거부한 것이다. 만약 신이 존재한다면 신의 계획에 따라 인간은 실존 그 자체 안에서 결정되어 있을 것이다. 인간의 전적인 자유는 사르트르가 자유를 '존재'가 아니라 '무'로 생각했다는 사실로써 설명된다. 사르트르의 사유가 혁명적인 것은 이 때문이다. 그는 인간을 '존재하지 않는 것'이라고, 좀 더 정확하게 인간은 '존재하는 것이 아니라 존재하지 않는 것이라고' 했다. 이 기묘한 문장 속에 사르트르의 사유 전체가 집약되어 있다. "인간은 존재하는 것이 아니다."라는 말은 인간이 그가 생각하는 것처럼 존재하지 않음을 뜻한다. 예를 들어, 한 인간은 부르주아 계급의 순수한 산물이 아니다. 또는, 불행한 유년기의 순수한 산물이 아니다. 또한 그는 선천적 특징이나 성격으로 정의되지도 않는다. "인간은 존재하지 않는 것이다."라는 말은 인간은 자신이 (아직은) 아닌 것이 될 수 있다는 뜻이다. 우리는 이 놀라운 문장을 두 부분으로 쪼개어 정의함으로써 인간의 삶 속에서 어떤 유연성, 융통성, 가능성에 대한 개방을 엿볼 수 있다. 사르트르는 여기에 인간 조건의 고유성이 있다고 보았다. 그가 '무'라는 말로써 지칭하고자 했던 것도 이것이다. 따라서 '무'는 아무것도 없다는 뜻이 아니다. 사르트르가 말하는 '무'는 무엇이든 될 수 있다. 그래서 《존재와 무》라는 제목에서 '무'가 인간에게 고유한 실존의 양태를 가리킨다면 '존재'는 인간적이지 않은 양태를 가리킨다. 닭은 닭으로서 존재한다. 닭의 행동방식은 닭으로서의 본성에 따라 결정된다. 하지만 인간은 인간으로서 존재하지 않는다. 닭을 결정하듯 인간을 결정하거나 정의하는 것은 아무것도 없다. 인간은 어떤 상황에서 출발하든 – 프로이트, 뒤르켐, 부르디외가 결정론으로 보는 것을 사르트르는 단순히 '상황'으로 본다 – 대통

령이 될 수도 있고 테러리스트가 될 수도 있다. 비열한 사람이 될 수도 있고 용감한 사람이 될 수도 있다. 이성애자가 될 수도 있고 동성애자가 될 수도 있다. 인간은 거대한 가능성들의 장이요, 인간의 우연적 실존은 그의 행동에 따라서 어떤 면모를 띠게 될지 모른다. 이것이 자유다. '실존한다(exister)'는 것은 바로 이렇게 행동을 통해 세계 속에 뛰어들고, 자신의 자유에 구체적인 얼굴을 부여하는 것, 자유가 불안을 모르고 나아갈 수는 없다는 것을 똑똑히 아는 것이다. 사르트르는 이 같은 제안을 함으로써 제2차 세계대전 직후에 스타지식인으로 떠올랐다. 전쟁이 끝나고 번영이 막 시작되려는 당시에, 실존주의는 사람들에게 희망을 품을 이유를 주었다. 결정론을 지지하며 전적인 자유라는 가정을 거부하는 이들에게는 '자기기만'이라는 딱지가 붙었다. 그들이 결정론의 존재를 확신함으로써 다른 사람들까지 자유로워질 수 없게 만든다는 것이었다. 사르트르의 사상은 종종 극단적이고 도발적이다. 그 때문에 사르트르는 찬사를 받는 만큼 미움도 많이 받았다. 아마 20세기 프랑스 지식인 가운데 사르트르보다 더 욕을 많이 먹은 사람도 없을 것이다.

사르트르가 철학을 거리로 내려오게 만든 두 번째 방식은 문학이다. 그는 자신의 철학적 주장들을 《밀실》 같은 희곡이나 《구토》 같은 소설로 담아냈다. 전자가 타자와의 관계에 대한 철학을 구현했다면 후자는 후설 현상학에 대한 사르트르의 발견을 소설적 방식으로 풀어냈다.

그가 철학을 대중화한 세 번째 방식은 저널리즘이다. 사르트르는 프랑스 일간지 《리베라시옹》을 창간했고 사회적·정치적 주제들에 대한 입장 표명을 잠시도 게을리하지 않았다. 그래서 지식인의 정치적 참여를 한때 '사르트리즘'이라고 불렀을 정도다. 공산당에 입당하여 스탈린을 지지했던 전적, 사회계급과 '융합된 집단'(혁명가)으로 설명되는 세계관을 옹호했다는 이유로 사르트르는 1950년대에 자신이 내세운 개인주의적 실존주의와 정반대되는 입장을 취했다는 비난을 많이 받았다. 또한 생애 말년에 유대교 신비주의자 베니 레비를 가까이 하며 과거 자신의 투쟁적 무신론과 모순되는 행보를 보였다는 점에서도 비난을 받았다. 하지만 사르트르에게 이 모든 모순은 진짜 모순이 아니었다. 그는 모든 결정론을 비판함으로써 정체성 개념까지 비판했다. 따라서 사르트르는 우리에게 예고한 셈이다. 우리 존재는 결정된 것이 아니니 우리는 얼마든지 자신을 만들어낼 수 있고 다양한 얼굴들을 차례로 가질 수 있다. 사르트르의 삶과 일련의 방향 전환을 통해서 확실히 그의 철학의 문제가 제기되기는 한다. 내가 전적으로 자유로운 인간으로서 존재하고 나의 모든 행동에 책임이 있다면, 사르트르가 바라던 대로 각각의 행동이 다른 사람들의 눈앞에서 나를 참여시킨다면 나는 내 행동들의 전체적인 일관성, 내 생애의 일관성에 대해서도 책임이 있지 않을까? 게다가 사르트르의 말대로라면 나는 죽음으로써 비로소 '존재'에 접근한다. 이제 나는 아무것도 덧붙일 수 없고 아무것도 수정할 수 없다. 더 이상 나를 '투기'할 수 없고, 마침내 닭이 존재하듯이 존재하게 되는 것이다. 나는 마침내 '무'에서 벗어나지만…… 그 벗어남이 곧 죽음이다. 그리고 다른 사람들은 '내 행동의 합'으로써 나를 판단할 것이다. 그런데 그들이 내 행동의 합에 일관성이 없다고 판단한다면 어떻게 되나?

철학을 만나는 시간

초판 1쇄 발행 　2013년 6월 20일

저　　자 ｜ 샤를 페팽
역　　자 ｜ 이세진

발 행 인 ｜ 신재석
발 행 처 ｜ (주)삼양미디어
등록번호 ｜ 제 10-2285호
주　　소 ｜ 서울시 마포구 양화로 6길 9-28
전　　화 ｜ 02 335 3030
팩　　스 ｜ 02 335 2070
홈페이지 ｜ www.samyang𝓜.com

ISBN ｜ 978-89-5897-251-8(03100)